JN069262

アメリカ批判理論

──新自由主義への応答──

マーティン・ジェイ
日 暮 雅 夫　共編

晃 洋 書 房

序　文

　フランクフルト学派から受け継がれたものに立ちもどることは，資本主義的グローバリゼーションの最終段階である「新自由主義 (neoliberalism)」と呼ばれるようになったものを現代的に論じるのにほとんど貢献しないのではないか，一見するとそのように思われるかもしれない．[1] マックス・ホルクハイマーや社会研究所の同僚たちが展開した批判理論 (the Critical Theory) は，多くの点でマルクス主義の恩恵を受けていたが，資本主義における経済の優位を伝統的に強調することから離れ，代わってしばしば心理学的な――典型的にはフロイトの――洞察を参照しながら，文化的問題に焦点を当てていた．経済的矛盾の激化がシステムを崩壊させると予想されていたが，彼らは現代国家がその矛盾を鈍らせてしまっていると確信し，危機を革命のための機会に転じるという，マルクス主義がプロレタリアートに与えた歴史的役割への信念もまた失っていた．その結果として彼らは，資本家たちが安定するという，行く先に迫っている長い冬の間，いわゆる「冬眠 (hibernation) の戦略」へと引きこもることとなった．このペシミスティックな評価がもっとも明白に表現されたのが，1941年に「国家資本主義」と題されて研究所の機関誌に公刊されたフリードリヒ・ポロックの論考である．彼は，批判理論の第一世代に属する古参の経済学者であった．[2] ポロックの分析は，彼の同僚全員に例外なく受け入れられたのではないが――特に強く異論を唱えていたのは政治理論家フランツ・ノイマンであり，彼はナチズムの研究『ビヒモス』[1] において，「独占資本主義」という代案を擁護した――ホルクハイマーとテオドール・W・アドルノの『啓蒙の弁証法』やヘルベルト・マルクーゼの『一次元的人間』に見られるような批判理論の中心的な主張を共有するものだった．

　ポロックの野心的な主張とは，世間では対極にあるとされた，20世紀中葉の権威主義的政治システムと民主主義的政治システムとの両側面に共通の特徴が見られる新しい時代が，資本主義の歴史において到来したというものだった．ファシズムのイタリアも，ナチのドイツも，そしてニューディールのアメリカも，見た目よりも多くの点で似通っている．ソビエト連邦においてはあまり明確に見えていなかったが，「国家資本主義」と呼ぶこともまた，真正な社会主

義に近づいた何かであるよりも，その命令経済を表すにはより的確な仕方だった（C・L・R・ジェームズのように，当時スターリニズムをトロツキスト的に批判する人物が行っていた議論）[3]．中央集権国家が行う行政管理に好都合となるように，市場メカニズムが一時停止させられることによって，国家資本主義は，依然として有力な支配階級の利益を損なうことなく，そのシステムに周期的に訪れる不安定さを抑制する方法を見出していた．強い国家による経営組織は，階級不平等と戦う労働組合の能力を掘り崩すのと同時に，そのシステムを操縦するために独占企業の力すらも打ち負かした．「政治的なものの優位」は，経済状態が十分「成熟する」以前にロシアにおいてボルシェビキが権力を奪取したことを特徴づけたものだったが，その逸脱した形で，国家資本主義は，同じ優位を具体化したのだった．しかもそれは，下からよりもむしろ上から行われ，現状を転覆させるのではなくむしろ維持するために行われた．

　こうした分析は，新自由主義の予期せぬ登場によって，多くの点において古臭いものとなった．新自由主義は，1970年代の経済危機の間に弾みをつけ，続く80年代にロナルド・レーガン，マーガレット・サッチャー，ヘルムート・コールが政治的に登場することで強化された[4]．古典的な経済的自由主義の目標だった，国家の経済への介入を全面的に廃止するのではないとしても，新自由主義は，国家の経営し統制する役割を劇的に減らした．アメリカやヨーロッパにおいて一世代の政策提案者に影響を与えたケインズ主義の経済学者たちが唱えた金融・財政の積極政策は全般的に放棄され，これによって経済〔の領域〕だけでなく，教育のような現代生活の他の領域においても，市場メカニズムは相対的に自由が与えられた．労働組合の国家資本主義的な新会員選出を特徴づける，労働団体組織の弱体化をなし続けながら，新自由主義は資本主義的分配の恒久的不平等に対する抵抗を和らげる，福祉のセーフティネットも切り刻もうとした．実際のところ，労働者にとってますますフレキシブルになる市場も含めて，統制されない市場が富のかつてない集中を許したとき，富める者と貧しい者との間の不平等はますます悪化した．しかし，国家資本主義モデルと相反する新しいもう一つの展開は，国際的な金融資本の急速な成長であった．これは，デジタル時代における資本の流れが急速に加速したことによって部分的に可能となったものであり，個々の国民国家が，自らをコントロールするための力を掘り崩すことになった．金融化はまた，収益性が，企業の株に対する負債比率の上昇にますます左右されるようになることを意味することになり，今世紀の最

初の十年で危険なレベルにまで達した．銀行業の規制緩和や，最先端の経済の製造業部門の相対的な衰退は，世界的な分業の中にますます巻き込まれて，例えばヘッジ・ファンドやデリバティヴのような，財やサービスの実際の生産に投資することなく金儲けをするための新しい金融の手段を可能とした．1989年以降のソビエト・ブロックにおける「現存社会主義」の崩壊と，その十年前に始まった中国における鄧小平の経済改革によって，新自由主義のグローバルな射程は劇的に拡大していた．

　新自由主義によってもたらされた経済的変化——規制緩和，福祉国家の解体，加速するグローバル資本の金融化，増大する資本の流れ，国境を越える労働力と情報——と並んで，同じく重大な政治的変化も生じていた．自由主義のかつてのバージョンはしばしば民主主義（デモクラシー）との緊張関係にあり，かつての自由主義が持つ自由至上主義（リバタリアン）的で個人主義的でしばしばエリート主義的な欲求は，民主主義が持つ平等主義的で水平的で共同的な欲求と衝突した．しかし全体主義の敗北後，勝利したように見える「自由民主主義（リベラル・デモクラシー）」のモデルは，決して本質的に矛盾語法ではなかった．人民主権の意志への民主主義的な信念と，人権と立憲主義へのリベラルな信頼とを組み合わせることは，時折それらの論理が反対の方向へと引っ張られることがあるにせよ，可能であった．しかしながら新自由主義の場合においては，国内の有権者を上回る影響力を及ぼす国際的エリートや，あらゆる人が熟議して行うコントロールから外れたサイバネティックス的な過程が現実に決定を行うようになったので，民主主義的な政治的コントロールは衰えた．情報が商品化されサイバースペースにおいてその循環が加速するにつれ，民主主義にとって最も大事なものである反省と論拠とに基づく集合的で広範囲に及ぶ意志形成の力がさらに削がれた．新自由主義は，例えばピノチェトのチリや鄧小平の中国のような権威主義的国家において成長し，国際通貨基金や世界貿易機関や世界銀行のような，そしてヨーロッパ連合（EU）すらも含んだ超国家として繁栄し，その利害が供せられるべき人民に対してどんなアカウンタビリティがあるにしてもほとんど機能しなかった．民主主義を象徴するものがところどころに残った国々においてすら，多くの市民は，思いのままにならないと次第に感じるようになり，広がる貧富の格差によって取り残されていった．

　この新しい世界秩序は，およそ一世代のあいだは比較的危なげなく機能した．しかし2008年の経済危機，いわゆる大不況（Great Recession）によって，それは

破綻し始めた．新自由主義的グローバリゼーションに対する左派の抗議は，いまや，右派の強まりつつあるポピュリズムに匹敵するようになった．それは，たとえしばしば退行的にナショナリズムや保護主義や外国人嫌悪（ゼノフォービア）を選ぶことになったとしても（おそらく，彼らはほんとうにそのような考えであったのが理由だ，ということは認めざるをえない），異議を動員することに大きく成功した．〔彼らから見て〕理解しがたいエリートたちが持っている力への正当化された怒りは，右派デマゴギーの定番である反ユダヤ主義の再来から明らかなように，エリートたちの代わりにスケープゴートにされた人々への怒りへと容易に流れ込みえた．この結末は，とりわけイギリスの EU からの離脱，ヨーロッパの多くの国々における反移民ポピュリズムの伸長，ロシアにおけるプーチンの権力強化，トルコ，ハンガリー，ポーランド，ブラジルのような異なる場所で同じように保守的な権威主義者たちが勝利したことに見られるし，おそらく2016年のアメリカ大統領選挙においてドナルド・トランプが思いもかけず勝利したことのなかにもっとも予兆として見ることができる．

　この最後にあげた出来事はことに，フランクフルト学派の伝統のもとで活動しているアメリカの研究者にとって，現在の状況に対して批判理論が持ちうる重要性を再考させられるほどのショックを与えた．もし「国家資本主義」という古いモデルがそれ自体古臭いと証明され，批判理論が一世代前に新自由主義への移行をほとんど説明してこなかったならば，批判理論は新自由主義の広がりつつある危機そのものに関して言うべきことはほんとうに何もないのだろうか．オルタナティヴが意味をなさなくなった安定した「一次元的社会」の基礎としてある「国家資本主義」のモデルに途方もなく傾注していたにもかかわらず，フランクフルト学派は，どんな形態のものであれ自由主義が，その権威主義的な否定を生むという悩ましい傾向を持っていると理解していた．早くも1934年に，ヘルベルト・マルクーゼは，「全体主義的国家観における自由主義との闘争」と題された論文を研究所機関誌に発表していた．マルクーゼは，英雄的－民族的リアリズムや非合理的生気論（irrationalist vitalism）や有機的ポピュリズムに基づく全体主義的世界観（ここで彼が指したのは共産主義ではなくファシズムである）と，その攻撃目標とされた，個人主義とある種の合理主義とを評価していたリベラルなものとの間に対立があるのを認識していた．しかし彼は，弁証法的に理解して，自由主義はその明らかな反対物を生み出していたと主張した．

「リベラルな国家から全体的‐権威主義的国家への転倒は，単一の社会秩序の枠組みの中で生じる．この経済的土台の統一に関して言えるのは，自ら全体的‐権威主義的国家を『作り出す』ことで，より進歩した発展段階においてその完成体となるのが，自由主義であることである[6]」．とりわけこの特殊な二つを結びつけたものは，歴史的ではなく自然主義的に考える共通の傾向であり，そこでは事柄の過渡的な事態は社会的に不正であることが多いが，永遠で不変の状態だと認められていた．自由主義における理性が，私的で機能主義的な次元に還元されるのはもちろん問題だが，そのことが目的も手段も包括する可能性を奪ったのである（後にフランクフルト学派が，現代世界における理性の道具化と非難するのは，その先取りである）．理性のこのような貧困化された概念は，全体主義的体制（レジーム）という非合理な目標と調和的に共存しえたのである．

　この論文において，いまだマルクス主義者であったマルクーゼは，リベラルな個人主義と全体主義的なホーリズムとの二分法を克服するだろう本質的に合理的なオルタナティヴへの希望を持っていたかもしれない．「全体主義的国家観は進歩を表している――これは，理論に自ら肯定する社会秩序を超えて前進させながら，全体主義的国家の基礎を超えるように導く進歩である[7]」とさえ主張していたからである．残念ながら，その間にこの楽観的な予言を正当化する出来事はほとんどないが，マルクーゼの議論からは以下の洞察が残った．すなわち，自由主義は――新自由主義はなおさら――すべて，明白な反対物にあまりに簡単に退化しうるのであり，その反対物とは，新たな権威主義の現れる兆しが見えてきたときに，いまやポピュリストが不満を抱く時代に言うまでもなく現実味を帯びた脅威である．今日の状況が多くの点で1930年代とは異なり，権威主義的選択肢または完全に全体主義的な選択肢において実験に失敗したという経験が，それらを単純に復活させることに対する健全な予防策を与えるかもしれない，と認識することは重要である．しかし，今日の時代において新自由主義の危機が増強してきていることによって解き放たれた危険を完全に避けられる未来に自信を持つことは，まだ非常に難しいのである．

　このことが，アメリカ批判理論家が――彼らだけではなく――私たちの身の回りで急速に起こっている実際の変化に分析によって追いつく仕方を探してきた，緊張感のあるコンテクストである．明らかになったことには，「国家資本主義」を政治システムの集中と普及しつつある生産様式の安定化とを説明するためのレンズとしたという欠点を持つにもかかわらず，フランクフルト学派の

伝統は，この課題のために，ほかにも多くの資源を提供することである．実際，大衆誌『ニューヨーカー』において2016年の〔大統領〕選直後に広く読まれた記事のタイトルが，「フランクフルト学派はトランプの到来を知っていた[8]」であったのが好例であるかもしれない．結果として，彼らの初期の著作の多くは，新自由主義の危機と，それから生じたと思われる新しいポピュリズム的権威主義とを理解しようとする試みの中で関心の再生を経験することになった[9]．

　本論集の第1論文であるビラノーバ大学の哲学者チャールズ・プリュシックによる，「新自由主義——自然史としての批判理論——」は，アドルノの初期の仕事の一つ，彼が1932年7月15日にカント協会のフランクフルト支部で行った講演「自然史の理念[10]」を取り上げている．その講演においては，アドルノが後に『否定弁証法』などの著作で展開することになる多くの考えが萌芽的な形態で現れている．プリュシックは，歴史の神話的自然化に対するアドルノの批判に焦点を当てており，この神話的自然化というものは歴史の変化に全く媒介されないものとしての永遠化された自然の相関現象である．彼が主張するのは，まさにこれこそが，古典派経済学や新古典派経済学の基礎にあるだけでなく，諸個人の背後で，しかも彼らの意志に反して機能する自己制御の情報変換装置である市場という新自由主義的理想の基礎にあるパターンだということである．フリードリヒ・ハイエクのような新自由主義の理論家がサイバネティックスや情報理論という現代科学に依拠していることを示しながら，プリュシックが主張するには，新自由主義は，それ以前のリベラルな政治的伝統とは異なって，合理的個人が集合的に決定することによって，自己修正するシステムという非人格的な機能に利するように経済的繁栄をもたらすという理想を捨て去っている．この自己修正するシステムとは，その歴史的源泉を認識できず，したがって熟議する政治活動によってそれを変更するいかなる可能性もなくしてしまう「第二の自然」なのである．

　ニュー・スクール・フォア・ソーシャル・リサーチ大学大学院哲学・政治学教授ナンシー・フレイザーは，本論集の第2論文「進歩的新自由主義からトランプへ——そしてそれを超えて——」の著者である．彼女は，批判理論とその現代政治に対する関連性についての国際的討論に貢献したベテランである．彼女はおそらく，フェミニズムのパースペクティヴを，階級関係を強調する伝統的マルクス主義への強いコミットメントに結びつけ，社会的正義をめぐる現代の闘争における再分配と承認という相関する重要問題について，アクセル・ホ

ネットと活発な論争を行ったことによってもっともよく知られているであろ
う．フレイザーは，自らの議論をトランプ選挙へとアップデートしながら，新
自由主義の反動的バージョンと進歩的バージョン，ポピュリズムの反動的バー
ジョンと進歩的バージョンとの差異を明らかにしている．彼女が，アントニオ・
グラムシのヘゲモニーと反ヘゲモニーとの対比を明らかに参照しているとして
も，自由主義が権威主義の方向へと転換する可能性について，フランクフルト
学派の議論からいかに多くを引き出しているか，容易に分かる．フレイザーが
オバマと同一視する進歩的新自由主義と，多文化的承認という非階級的 政 治
すらも，経済的再分配のいかなる試みをも挫折させたエリート的グローバリ
ゼーションの継続するヘゲモニーと悪魔の協定を結んでいるがゆえに，反動的
なポピュリズム的反応が生み出される可能性を含んでいる．2017年にフレイ
ザーは，何らかの希望があるとすれば，それは，白人労働者を含んだ，どんな
装いの自由主義でも満たされない様々なグループによる承認への欲求を受け入
れて，経済をラディカルに再構築することのうちにあると結論づけている．

　本論集の第三論文であるマーティン・ジェイの「新自由主義的想像力と理由
の空間」は，より広い視点を取りながら，新自由主義の経済と政治とを支える
合理性が持つ暗黙のモデルを吟味している．三つの選択肢——道具的，機能主
義的，管理的（administrative）（フーコーの「統治性（governmentality）」の論理）——
に分類しながら，彼はそれらを，批判理論第二世代を主導するユルゲン・ハー
バーマスがもっとも力強く擁護した第四の可能性と対比する．ジェイは，彼の
近著『日蝕後の理性——後期批判理論』において，ハーバーマスの「コミュニ
ケーション的合理性」の概念の出現について，かつて第一世代にとって批判の
規範的根拠として役立った「客観的理性」という問題のある概念から置き換え
うる可能性があることを明らかにしている．コミュニケーション的合理性は，
あらゆる装いの新自由主義的合理性によってもかっこに括られることがきわめ
て多い規範的問題に直面していると主張しながら，手段と目的との区別を拒否
する．コミュニケーション的合理性はまた，「理由の空間」において理由を与
えて議論するという熟議的で間主体的な過程を回復する．この「空間」におい
ては，新自由主義の特徴である眩暈のするような意志決定のスピードは，目的
についてと同じく目的に到達するために求められる手段についても，共通の協
働的反省をできるようにするために減速させられる．新自由主義に本来備わっ
ている反民主主義的効果を克服するための見通しは，生き生きとした公共圏の

回復，より正確にはその達成にかかっているのである．

　次の三つの論文は，『権威主義——批判理論における三つの探究』として[13]2018年に公刊された小冊子にともに収録されたものである．カリフォルニア大学バークレー校政治学部教授ウェンディ・ブラウンは，「新自由主義のフランケンシュタイン——21世紀『民主主義』における権威主義的自由——」と呼ぶものを探究している．彼女は，新自由主義的合理性における反民主主義的意味を肉付けして，それが，起業家的個人とともに家父長的権威や，いわゆる「家族的価値」においてモデル化された個人的領域の育成であることを強調する．その結果として生まれたのは，「諸個人と企業にとって私的なものの領域と要求を拡大させることであり，そして政治的および（市場に反対するものとしての）社会的正義を拒絶すること」である．マルクーゼの「抑圧的脱昇華」——つまり消費主義的な疑似‐快楽へのリビドー的欲望の解放——の概念を引きながら，ブラウンは，この概念がエロティックなエネルギーと同じく攻撃的なエネルギーを解き放つことも伴っていると指摘する．したがって，新自由主義的脱政治化は，社会的正義への希求を嘲笑う倫理的に疑わしい衝動の脱抑制を伴っていることが多いのである．

　ハーヴァード大学歴史学部教授であるピーター・E・ゴードンは，「権威主義的パーソナリティ再訪——トランプの時代にアドルノを読む——」において，権威主義的振舞いにたいする心理学的性向を測定する経験的尺度を作り出した，社会研究所の，長らく無視されてきた（バークレー・パブリック・オピニオン・スタディ・グループと協力した）プロジェクトに立ちもどる．その多くが右派的傾向にある世界中のポピュリスト運動の隆盛にともなって，研究所のアメリカにおける最後の年月に出版された『偏見の研究』全5巻は，その重要性を取りもどしてきた．20世紀中葉に用いられレオ・ローウェンタールとノーベルト・ギッターマンの『欺瞞の預言者』のなかで辛らつに吟味された，魅惑というデマゴギー的な技術は，21世紀の目的のために刷新された．それらの魅力に負けた人々は，『権威主義的パーソナリティ』の著者たちが案出した「ｆスケール」によって測られる無意識的なバイアスを持った人々にはっきりと見られるような，精神病理学の似たパターンを明らかにしたのである．

　しかしながらゴードンは，アドルノが何人かに共有される性格類型よりもむしろ全体の構造にとどまることによって，基本的な問題は心理学的なもののレベルよりも社会的なもののレベルにあると，いつも主張していたことを思い出

させることで，精神病理学の観点から右派ポピュリズムをスティグマ化する試みを複合的にしている．すなわち，アドルノは新自由主義の隆盛以前から機能していたシステム，その多くが権威主義的で順応主義的な特徴を持ち，それらの力に抵抗できない諸個人に内面化されるようなシステムを非難していたのである．ゴードンは，「アドルノが主張したのは，権威主義的パーソナリティがファシズムの人気の源泉なのだと断定することではなくて，むしろ権威主義的性格が非合理的な社会を取り入れたもの（introjection）なのだということである」と書いている．同じようにトランプというのも，虚偽の利害から現実の利害を区別する能力をすでに奪われ，問題のより根本的な原因を扱う努力をだめにしてしまう文化の，原因ではなく徴候なのである．

　ビンガントン大学哲学教授マックス・ペンスキーもまた，「ラディカルな批判と遅れてきた認識論──トクヴィル，アドルノ，権威主義──」において，新自由主義の危機にたいする権威主義的応答のルーツがはるか過去へと遡って求められるものだという，まだ決着のついていない思想を詳しく考察している．ペンスキーは，アメリカ民主主義についてはるか以前に解説したフランスの貴族政治主義者アレクシ・ド・トクヴィルが抱いた恐れと期せずして類似しながら，共同的な（communal）政治活動の喪失を，とくに家族と国家との間の中間団体で行われていた活動の喪失を，うわべだけの物質的報酬で埋め合わせをしているリベラルな社会における，肥大化した個人主義の持つ衰弱しつつある意味内容を吟味している．終わりつつある貴族的政治の世界にたいしてトクヴィルが抱くノスタルジアは，大衆社会の時代における高度なブルジョワ文化が敗北し，道具的合理性が勝利したことにたいする，アドルノのエリート主義的な悲嘆とまったく同じである．ペンスキーが陰鬱にも結論づけるように，今日あからさまに権威主義に包囲されていることは，おそらく「新自由主義的なグローバル資本主義が，民主主義的自己立法との長きにわたる連携から自らを解き放つ重要な歩みを最終的に準備した」しるしと読み取ることができるかもしれないのである．

　カリフォルニア大学バークレー校比較文学准教授ロバート・カウフマンによる，本論集の最後の論文は，新自由主義の危機と権威主義の隆盛には直接焦点を当ててはいない．実際のところ，「アドルノの社会的抒情詩と今日の文学批評──詩学，美学，近代性（モダニティ）──」は非常に異なる種類のことをおこなっており，それは，フランクフルト学派が現代社会にたいする容赦ないまでに暗い評価を

下しているにもかかわらず，決してラディカルに異なる未来への希望を放棄していない，と読者に思い出させることを含んでいる．1957年に出されたアドルノの有名なエッセー「抒情詩と社会」に立ちもどりながら，カウフマンは，芸術がその出処である社会とどれだけ絡み合っているとしても，イデオロギー以上のものである芸術にたいする減じることのない信頼を救い出そうとする．カウフマンが解釈しているように，アドルノは，伝統的な抒情詩が前提とする主観的経験が傷つけられてきたとき，一度で抒情詩に応答するのは難しいにもかかわらず，オルタナティヴな未来を，つまり行為者にもう一度チャンスが与えられることになる未来を指し示すという，抒情詩の可能性を放棄しようとしなかった．マルクーゼが「美的次元」と呼ぶユートピア的衝動を育むことがなければ，それが今日どれほど周辺に追いやられているにしても，新自由主義の危機にたいする疑似‐権威主義的解決を切り抜けて生き残るチャンスは徹底して減らされる．フランクフルト学派が常に主張していたように，経済圏における不正にたいする答えは，どれほどラディカルな変化であっても生産様式だけを変化させることからは生じえない．そうではなく不正に対する答えはむしろ，私たちの生に関して形成されるどんなものにおいても経済的なものの支配を終わらせるためには，文化的記憶と芸術的刷新の双方の源泉すべてから引き出されなければならないのである．

2018年3月

マーティン・ジェイ

日暮雅夫　訳

注
1）　まさに何が「新自由主義」をなすのかという問いこそが，アメリカやその他の地域の評論家たちの間で現在進行中の議論を生み出している．例えば以下参照．Daniel Rodgers, "The Uses and Abuses of 'Neoliberalism'," *Dissent*, December, 2018, またその翌月にオンラインで行われた以下のフォーラム参照〈https://www.dissentmagazine.org/online_articles/debating-uses-abuses-neoliberalism-forum〉．
2）　Friedrich Pollock, "State Capitalism: Its Possibilities and Limitations," *Studies in Philosophy and Social Science*, 9 (1941). フランクフルト学派の歴史におけるこの論考の起源と役割との分析に関しては，以下参照．Moishe Postone, *Time, Labor and Social Domination* (Cambridge, 1993); Harry F. Dahms, "The Early Frankfurt School Critique of Capitalism: Critical Theory Between Pollock's 'State Capitalism' and the

Critique of Instrumental Reason," in *The Theory of Capitalism in the German Economic Tradition*, ed., Peter Koslowski（Heidelberg, 2000）そして Manfred Gangl, "The Controversy over Friedrich Pollock's State Capitalism," *History of the Human Sciences*, 29, 2（2016）.

3 ）　C. L. R. James, *State Capitalism and World Revolution*（Chicago, 1986）.

4 ）　新自由主義の隆盛に関しては以下参照. David Harvey, *A Brief History of Neoliberalism*（New York, 2007）〔渡辺治監訳，森田成也・木下ちがや・大屋定晴・中村好孝訳『新自由主義──その歴史的展開と現在──』作品社，2007年〕そして Quinn Slobodian, *Globalists: The End of Empire and the Birth of Neoliberalism*（Cambridge, Mass., 2018）.

5 ）　Herbert Marcuse, "Der Kampf gegen den Liberalismus in der totalitären Staatsauffassung," *Zeitschrift für Sozialforschung*,（1934）; in English in *Negations: Essays in Critical Theory*, trans. Jeremy J. Shapiro（Boston, 1968）.

6 ）　Marcuse, *Negations*, p. 19.

7 ）　*Ibid.*, p. 39.

8 ）　Alex Ross, "The Frankfurt School Knew Trump was Coming," *The New Yorker*, December 5, 2016.

9 ）　フランクフルト学派の，新自由主義の分析よりもポピュリズムの分析の方に焦点を合わせた最近の論集としては，以下参照. Jeremiah Morelock, ed., *Critical Theory and Authoritarian Populism*（London, 2018）.

10）　これは長い間公刊されることがなく，以下で初めて英訳が登場した. Robert Hullot-Kentor in *Telos*, 60（1984）.

11）　Nancy Fraser and Axel Honneth, *Redistribution or Recognition? A Political-Philosophical Exchange*, trans. Joel Golb, James Ingram and Christiane Wilke（London, 2003）〔加藤泰史監訳『再配分か承認か？』法政大学出版局，2012年〕.

12）　Martin Jay, *Reason After Its Eclipse: On Late Critical Theory*（Madison, Wi., 2016）.

13）　Wendy Brown, Peter E. Gordon, Max Pensky, *Authoritarianism: Three Inquiries in Critical Theory*（Chicago, 2018）.

訳注
〔1〕　フランツ・ノイマン『ビヒモス ナチズムの構造と実際1933-1944』岡本友孝・小野英祐・加藤栄一訳，みすず書房，1963年.

目　次

凡　　　例

1　本書は，日本独自に編まれたアンソロジーである．各論文の初出は一覧に示した．

2　原則として，原文でイタリックとなっている箇所は傍点で強調する．書名の場合は『　』とする．

3　（　）と〔　〕は原文のままであるが，〔　〕は訳者が読者の便宜を考慮して新たに挿入したものである．

4　翻訳書では原注，訳注の順で章毎に各章末にまとめた．

5　原書での引用については，邦訳があるものはそれを参照しつつも，原著者の引用の文脈を考慮し，訳者が改めて訳し直した場合がある．

6　著者が引用・参照している箇所において，邦訳がある場合には〔　〕内に記す．

第1章
新自由主義
——自然史としての批判理論——[1)] チャールズ・プリュシック

百木　漠 訳

　テオドール・〔W・〕アドルノは「階級理論についての省察」のなかで,「その盲目的な匿名性」においてのみ,「経済は運命的なものとして現れる」と述べている(Adorno 2003: 110).経済学は社会を統治する抽象的法則についての学問である.古典派政治経済学の歴史全般を通じて,そして多くの伝統的な経済思想全般にわたって,「経済」は自然的必然性という観点から分析されてきた——しばしば,その社会的および歴史的内容から抽象されたかたちで.古典派政治経済学に対するマルクスの内在的批判に倣って,アドルノの唯物論は社会のオルタナティヴな経済理論を措定せずに,自然化された現れ〔仮象〕アビアランスにおける資本関係のあり方〔形態〕を否定したのである.彼の『否定弁証法』(1966年)は,社会の経済的理論〔についての書〕ではない.それは抽象的な経済的必然性へと縮減された社会を批判したものである.[2)]彼の唯物論的な社会分析は,歴史的にいえば,国家に管理された資本のフォーディズム的段階に位置づけられるが,私が本章で論じるのは,彼の「自然史 [Naturgeschichte]」という弁証法的枠組みを,新自由主義的な資本主義の現代的秩序を再文脈化し,その秩序を批判するために発展させることができる,ということである(Adorno 2006: 252=2011: 41).[3)]

　新自由主義のもとで諸主体が直面するのは,抽象的な量の流通に支配された社会である.一見してランダムな市場価格と価値評価の動きが主体を媒介し,その次に主体がこの媒介を合理的権威の客観的形式として内面化するのである.市場の力の測り知れないダイナミズムを前にして,諸主体は自らが圧倒的な不確実性と無秩序に特徴づけられた環境に投げ込まれていることに気づく.新自由主義は,ケインズ的な国家管理型の資本主義の時代から連続している部分もあれば不連続な部分もあるが,〔結果的に〕それに取って代わったのであり,経済法則へと向かう歴史的痕跡において消し去ることのできないものとなっている.新自由主義の時代は,資本主義の構造に根本的な変容をもたらしたことによって特徴づけられてきたが,その政治的権力の特殊な形態もまた,それが顕現する現れの合理的形態マニフェストに依拠している.[4)]新自由主義とは,「自己調

整的な市場」こそが社会調整のための最も合理的な主体である，という主張に
もとづく政治的プロジェクトである．それゆえ，新自由主義に対する内在的批
判は，経済的自然についてのオルタナティヴな形而上学にもとづいた一方的な
やり方でその論理に対抗することはできない．だがそれは，自然法則という
現れ^{アピアランス}における経済関係の出現を否定するのである．自己調整的な市場が社会
の未来のために組織される必然的な形態として現れる^{アピアランス}というロジックを描き出
すことによって，本章が示そうとするのは，新自由主義のプロジェクトがその
再生産のために，経済的概念とカテゴリーの誤った自然化に依拠しているとい
うことである．さらに私が主張するのは，経済を認識論的実体として定めよう
とする新自由主義の試みは——鍵となる商品の定義としての「情報」概念とと
もに——社会から抽象化された市場関係の物神化された形態だということであ
る．アドルノの唯物論を再構築することによって私が主張するのは，彼の自然
史の弁証法的枠組みによって，新自由主義の歴史と論理のさらなる詳細を把握
するための批判的な参照枠組みを提供することができるということである．

1　自然史の理念

　アドルノの自然史の理念は，わかりやすい分類に抗うものである．1932年に
カント協会（*Kantgesellschaft*）のフランクフルト支部で行われた彼の講演は，当
時の新カント主義と新存在論の学派内にあった，歴史記述的方法論に関する一
連の哲学的議論への批判的介入であった[5]．自然史の理念は，唯物論的批判の方
法を定式化しようとするアドルノの最初の主要な試みであり，それによって弁
証法を弁証法的唯物論と史的唯物論のドグマ的システムにおけるその機能から
解放しようとするものであった[6]．「自然史」という語でアドルノが言及するのは，
自然過程の発展的で直線的で進化的な説明という意味での「自然の歴史」では
ない．また彼の自然という概念で言及されるのは，「自然科学」の対象でもな
い（Adorno 2006: 252=2011: 41）．自然と歴史の概念によって言及されるのは，両
概念が「その明白な相違において媒介される」ような弁証法的敵対関係である
（Adorno 2006: 253=2011: 41）．アドルノにとって，自然とはしばしば「神話」——
すなわち，無時間的な秩序や循環的な不変性やあらかじめ定められた運命を
持ったコスモロジー——という意味で理解されるものである．彼が論じるとこ
ろでは，神話的な自然が意味するのは「これまでずっとそこにあったもの，運

命的にあらかじめ定められたものとして歴史の底流にあり，また歴史のなかで現れるもの，それが歴史における実体である」（Adorno 2006: 253=2011: 41-42）．この意味で神話的自然は無時間的である．しかしながら，歴史の概念によって言及されるのは，自然によって媒介された実践をつうじて新たな社会形態を構成する人間の潜在力である．

　『ドイツ悲劇の根源』（1928年）のなかで自然を時間的展開の表現において歴史的に解釈可能だと論じたヴァルター・ベンヤミンに倣って，アドルノは自然の神話的な肯定を拒否する．アドルノの弁証法的な分析形態は，歴史的発展の根底にある最も実体的な契機として現実の存在論的な層（レイヤー）を分離するのではなく，自然と歴史をその媒介された客体性において解釈する．労働の概念を歴史の根底にある富の超歴史的な実体として措定する伝統的なマルクス主義とは異なり，アドルノの唯物論は自然のカテゴリーを資本主義社会の形態に固有のやり方で歴史化する．自然史の理念は，歴史的発展の根底にある自然という静態的概念を物象化することなく，自然に依拠して歴史的変容を捉える．アドルノにとって，歴史は自然――人間の実践のダイナミズムから特徴づけられる自然――を媒介する．自然史のプリズムを通じて社会の諸現象を解釈することによって，アドルノの方法が目指すのは，自然的必然性という現れの契機において支配の諸形態を解読〔脱暗号化〕することである．

　自然史の理念は，ベンヤミンからの影響に加えて――彼の商品化に関するミクロロジー的な分析はアドルノの著作に着想を与えた――，ジョルジュ・ルカーチの『小説の理論』（1920年）において現れた「第二の自然」というカテゴリー[7)]から引用されたものでもある．第二の自然という語によってルカーチが論じたのは，資本主義社会の疎外された形態が意味を欠いた領域である「因習（コンベンション）」――読解困難な「暗号（サイファ）」という形態において主体と対立する商品化の慣習的文脈――へ結晶化していくということである（Adorno 2006: 262=2011: 64）．ルカーチの第二の自然というカテゴリーが言及するのは，社会‐文化的諸形態の「硬化」――社会的に構成された諸関係が自然的必然性という現れをとる過程――である．第二の自然という概念が解読〔脱暗号化〕されえないと考えるルカーチとは違って，アドルノは第二の自然を，疎外された社会的関係をその転倒した形態において表現する「仮象（semblance）[Schein]」の一形態として扱う（Adorno 2006: 267=2011: 77）．アドルノの自然史の理念は，対象化の過程のなかに主体性を刻み込むという社会的支配の象徴的な形態として商品を解釈する．ルカーチ

4

の第二の自然というカテゴリーを，商品化に関するベンヤミンのミクロロジー的な分析と統合することによって，アドルノは資本主義的諸関係の物象化を批判的に解釈するために，自然史の理念を動員したのである。[8)]

　ここまででアドルノによる自然史の理念を概念的なロジックとして描き出したので，ここからは新自由主義的な経済思想のカテゴリーについての批判理論の参照枠組みとして，この弁証法の展開に含まれる可能性を詳しく述べていきたい。しかしそのためには，現代経済学の正統をなす新古典派および新自由主義のパラダイムが歴史的に出現した文脈を示すためにも，古典派政治経済学についての予備的分析が必要である。私が提言したいのは，自然史の弁証法的枠組みが経済学という学問を批判するために活用されうるということであり，なぜならそれは，これらの〔経済学的〕伝統が形成する経済的価値の概念がまさに社会的‐歴史的変容を抽象化することに依拠しているからだ，ということである。生命を組織する客観的で法則的なカテゴリーとして価値を分離することによって，経済学という学問はその諸法則を社会的内容から抽象化し，それによって暗黙のうちに自然という神話的概念を「経済的なもの」と同一のものと前提している。その結果として，新自由主義の政治的プロジェクトの根本制度——自己調整的市場——は，内在的な自己組織の原則の現れ，そして社会調整のための必然的運命という現れを想定するのである。

2　古典派政治経済学

　アダム・スミスとデイビッド・リカードの古典派政治経済学は，経済を三つの活動領域，すなわち生産と交換と消費に分割した。彼らの主張によれば，経済的価値は社会変容の根底にある不変の実体として理解されうる。[9)] この不変的実体の保存において働いている必然的な「法則」を明示するために，古典派自由経済学者はある比喩を復活させた——すなわち，価値を物理的なエネルギーであるかのように扱うという比喩である（Mirowski, 1989: 142）。物理学が依拠するデカルト的な仮定に基づきながら，スミスは流通を通じて価値が恒常的なものに留まるという経済成長のビジョンを構築した（Mirowski, 1989: 164）。『国富論』（1776年）における経済学の法則は物理学の法則に似ている。すなわち，経済生活の「自然な道筋」は，商品の動きを通じて「均衡的な」点へと向かう傾向をもっている（Mirowski, 1989: 216）。ソースティン・ヴェブレンが述べるように，「結

果的に得られる経済理論は，共同体での生活の『自然な』道筋を分析したものとして形成されるのであり，その究極的な理論的仮定は［……］，経済的なエネルギー保存に関するある種の法則として論じることができるだろう」（Veblen 1919: 280）．したがって，バランス，運動，エネルギーの比喩が機能するようになるのは，必然的法則の科学としての政治経済学の形成においてである．さらにこの比喩は，その延長線上にある，資本主義の社会的関係，実践〔慣習〕，諸制度を自然化することに繋がっていく．

3　限界革命

　古典派経済学の伝統が，経済と外的自然との類似性にもとづいて価値の明　示　化^{アーティキュレーション}をモデル化したのだとすれば，新古典派経済学の伝統は，価値の擬似客観性の根拠を個々の主体に置き換えたと言うことができる．1870 年代に開始された「限界革命」は，価値を「効用」——すなわち，消費における購買者の満足度——と定義することによって，古典派自由主義から離脱することで始まった（Ferguson 1969: 1-11 を参照）．ウィリアム・スタンリー・ジェヴォンズ，レオン・ワルラス，ヴィルフレド・パレート，フランシス・エッジワースらは，供給と需要の法則を純粋に数学化した定式を通して，経済的行為を科学として扱うことにその努力を費やした[10]．経済学を「代替可能な使用法を有する希少な手段と目的の関係性として人間の行為を研究する学問」と定義することで，新古典派の伝統は，市場を制約された条件のもとにある財を分配する手段として理解した（Robbins 1932: 15 を参照）．合理的な経済的行為のカテゴリーとして狭く定義された仮定のもとでの公式に依拠しながら，新古典派の経済学者は快の度合いを「効用」と同一視しようと試みた——すなわち，商品の消費に由来する満足の度合いの表現としてである．新古典派の経済学者たちは，価値を外的自然に従属する客観的法則の結果として理解するよりも，主体の合理性に本来的に備わっているものとして，その概念を発展させた．しかしながら，供給と需要の運動に影響を与える内的な選好を数式化するために，彼らは個人主体を客観的に機械的で，普遍的で，それゆえ〔あらかじめ〕決定された行為者として概念化することを求められた．

　限界革命は明らかに市場法則を社会的文脈から抽象化しながら公式化する試みであったから，ただその仮定の理想形を指し示すだけではその批判として不

6

十分である．サイモン・クラークが論じたように，限界革命論者は「資本主義的な社会関係の具体的な社会的‐歴史的性格を否定してはいない」が，その抽象化を社会の政策的処方箋として用いたのである（Clarke 1991: 163）．それゆえ，新古典派への批判として単にその抽象化を非正統的なものと同定するだけでは不十分である．その批判が示さなければならないのは，いかにしてその抽象化が資本主義的な社会関係の非合理的な形態の表現になっているのかということである．アドルノが論じたように，「主観的経済」の伝統は「本質的に市場関係がすでに前提としている市場過程の分析」なのである（Adorno 1997: 511を参照）．そこで，新古典派経済学への批判は，市場均衡の土台としての合理的主体の理解可能性を受け入れるのでも拒否するのでもなく，むしろその概念がどのようにして新古典派経済学が掴みきれない社会的現実の表現となっているかを示すものとなる．

　新古典派経済学は，経済が作用する上での不変の基礎として自然を位置づけるよりも，むしろ経済の実体としての自然の形而上学に訴えかける．経済歴史家であるフィリップ・ミロウスキーが詳細に示したように，ジェヴォンズ，ワルラス，パレート，エッジワースのような限界論者たちは，明らかに熱力学第2法則に先行するエネルギー物理学の公式モデルにもとづいて効用の概念をモデル化している（Mirowski 1989: 193-275）．心理学，哲学，人類学などとの相互交流をあからさまに拒否しながら，新古典派の思想家たちは純粋に数学的で決定論的な用語によって合理的な行動を定義づけた．よく知られるように，ワルラスは『純粋経済学の諸要素』（1874年）のなかで次のように主張した．「経済学の純粋理論はあらゆる点において，物理数理科学に類似した学問である」（Walras 1954: 71=1983: 29）．しかしもし個人の行動法則が外的自然の客観的法則に従うものであるならば，価値の限界効用の主観的観点は，逆説的にも，客観的原則としての主体の決定のうちに後ずさりしてしまう．ミロウスキーが論ずるように，効用の概念は，細部に至るまで潜在的エネルギーをモデルとしている．[11] このカテゴリーが暗に想定しているのは，個々人がいついかなるときでも正しく合理的に効用を最大化するということである．主体の効用を経済変化の根底にある不変の原則と同一視することによって，新古典派経済学は一般均衡へと向かう市場の傾向における客観的必然性の原則として主体を境界づけるのである．

　アドルノが述べるように，このパラダイムにおいては，自由市場は「広大な

分析命題」として機能すると言いうるかもしれない（Adorno 2003: 95）．数学化された公理を社会的形態へ明確に投影することは，人間の実践領域を必然性の同一的空間のうちに刻み込むことになる．しかし，この投影の首尾一貫性は，合理的行為の本性に関する以下のような一連の仮定に依拠している．（1）新古典派経済学は，市場競争の条件のもとで諸主体が合理的な選好を有していると仮定している．（2）新古典派経済学は，諸主体が同一のやり方で各自の効用選好を最大化すると仮定している．（3）新古典派経済学は，諸主体が価格に関するすべての利用可能な情報を有していると仮定している（Weintraub 1993を参照）．それゆえ，賃金，地代，利益などのカテゴリーは，古典的な関係における機能からは切り離されて，資源の希少性のみを表現する自然的なカテゴリーとなる．さらに，新古典派における合理性の概念は，いかなる認知の概念をも欠いたものと想定されている．すなわち，自由意志は，価格に対する反応における諸主体のあらかじめ決定された動きとして，転倒したかたちで現れるのである．

　エネルギーと効用のアナロジーを通じた市場均衡法則のモデル化に関連する理論的問題以上に，新古典派パラダイムに対する弁証法的解釈が否を突きつけるのは，その転倒した現れにおける経済の自然化されたカテゴリーである．資源を効率的に配分するための合理的な道具として，自由市場のカテゴリーは，一見すると安定性を持つかのように見える神話的自然の概念を取り戻す．クラークが述べるように，「経済学が『自然科学』となるのは，それが資本主義社会の経済的関係を『自然化』するがゆえである」（Clarke 1991: 110）．自然的存在の属性を社会的‐歴史的存在の構成要素に投影することによって，市場は経済成長という超歴史的な概念との抽象的同一性（アイデンティティ）のうちに現れる．新古典派の理論は，歴史がそのうちに抱える構造的不均衡を誤った仕方で和解させてしまう．商品の抽象的な性格の表現として，また資本主義のもとで諸個人を価値の一般的形態へと結びつける媒介的な交換のネットワークとして，市場のプロセスが想定するのは客観的法則の現れなのである．

4　交換の合理的な不合理性

　アドルノにとって，経済法則の自然化は交換関係を通じて生じてくるものである．この交換関係は，価値の一般的形態によって諸物を媒介するだけでなく，

8

現実における抽象化の過程を構成するものでもある．社会統合の形態としての主体性を決定する現実の抽象化の過程として商品交換を定義したアルフレッド・ゾーン＝レーテルに倣って，アドルノの著作は資本主義のもとでの商品形態の特殊性に備わっている主体性の理論を発展させた[13]．マルクスの「商品の二重性」についての理解に基づいて，アドルノは使用価値と価値の矛盾に関する見地から交換関係〔の理論〕を発展させた．そして，商品交換における抽象化の過程から帰結するのは，自律的で客観的な法則としての価値の現れである．アドルノは1962年にマルクスについての演習で以下のように論じた．

> 商品経済に特徴的なのは，交換を特徴づけるもの——すなわち人間の関係性——が消失し，あたかも物それ自体の性質が交換されるべきものとして示されるということである．それは物神化された交換ではなく，商品である．商品のうちで凝固される社会的関係は，あたかもそれが自然な性質，物それ自体の性質であるかのように見なされる．（Adorno 1997: 507-508）

社会の自然的法則性は，交換における価値の実現と同様に，使用から抽象化された価値の表現である．それゆえに，価値の現れは，それが物の特性という形を想定する際には，交換の抽象化の必然的な帰結として理解されうる．アドルノが論ずるところでは，商品物神の概念は「この抽象化の必然的な過程にほかならない」（Adorno 1997: 507-8）．この抽象化の過程の帰結は，「商品がもはや社会的関係として現れず，あたかも価値が物それ自体であるかのように見える」（Adorno 1997: 507-8）ということである．それゆえに，資本主義システムは，交換可能な商品の現れにおける客観的な社会的関係の消失によって特徴づけられる，抽象的な概念性の形態を生み出す．

限界効用論は商品物神の理論的反映として理解することができる．新古典派理論における市場関係の理念化は交換関係の一般化の表現であり，そこでは商品が効用の対象の現れとして想定される．しかし効用——それは価格における希少性の表現である——の対象としての商品という定義は，社会的に決定される性格から独立したものと想定されている．クラークが主張するように，商品交換システムの一般化は非正統的なものである．なぜならそのようなシステムを構成するのは「多数の直接的で対称的な交換ではなく，それは媒介された交換関係から成るのであり，そこでは個々の交換は非対称的であり，もはや相互的な使用価値の直接交換ではなく，価値と使用価値の交換を含んでいる」から

である（Clarke 1991: 165）．

　交換関係は単に個々の集合の合理性と財の主観的評価の機能であるだけではなく，商品生産労働システムの特徴である客観的な相互依存性の一般的形態でもある[14]．アドルノが述べるように，主体の「一般的で必然的な」行為のうちには，「消し去りがたく社会的労働が隠されている」（Adorno 2004: 177=1996: 217）．個々の交換の合理性が依拠するのは，効用の概念が表現する生産の社会的関係である．限界効用理論は社会的生産のこの形態を，技術的な分業と，資本主義システムを構成する個々の生産者と消費者の合理性へと還元する．それゆえ新古典派経済学は，自然法則との抽象的同一性において主体を決定し，価値の形態によって主体の客体化を表象する．そして，その価値形態は，自然化された超歴史的な効用の概念において明示されるのである．

5　新自由主義と情報の経済学

　新古典派経済学と新自由主義の間には重要な接点があるいっぽうで，新自由主義は新古典派の伝統の多くの主要教義からの重大な逸脱を示してもいる．1930年代にオーストリア経済学派とモンペルラン協会に端を発する新自由主義は，自由放任主義の経済学と社会主義への批判として始まったものである[15]．カール・メンガーやルートヴィヒ・フォン・ミーゼスのような中心人物に加えて，フリードリッヒ・ハイエクがこの時代の最も影響力のある新自由主義思想家として有名になった．「社会主義計算論争」への貢献の過程を通じて，ハイエクは新古典派ミクロ経済学の正統派の基本的仮定を打ち破る一連の思考を明示した[16]．ハイエクは，市場を，資源を配分する静的で物理的なメカニズムとして定義するのではなく，情報処理のための装置として定義した．よく知られるように，彼は『社会における知識の利用』（1945年）のなかで次のように論じた．

　　合理的経済秩序の問題のもつ独特な性格は，まさに次の事実によって決定される．すなわち，私たちが利用しなければならない状況についての知識は，集中もしくは統合されたかたちで存在することは決してないのであり，むしろすべての個別の個人がもっている不完全で，かつしばしば相互に矛盾する知識の切れ切れの断片としてのみ存在するという事実がそれである．したがって，社会にとっての経済問題は「与えられた」資源を——もしこの「与えられた」と

いうことが，これらの「与件」によって設定された問題を熟慮のうえで解決する一人の人間の知性に対して与えられているという意味であるとすれば——いかに配分するかという問題にあるのではない．社会の経済問題はむしろ，社会の構成員の誰かが，個人としてその相対的な重要性を知っている諸目的に対して，彼が知っている資源の最良の利用をいかにして確保するかということなのである．端的に言い換えるならば，それは誰にとっても完全な形では与えられていない知識を，いかに利用するのかという問題である．（Hayek 1945: 519＝2008: 110）

　個々人の合理性によって市場の自発的出現を基礎づけたメンガーに反して，ハイエクは，個々人は財の効率的配分について根本的に無知であるという前提から出発している．市場だけが資源の効率的な配分方法を発見することができるのである．市場を資源の配分と均衡のとれた価格を達成する手段として市場を定義するのではなく，むしろ「価格システムそれ自体」が情報伝達のメカニズムとなる（Hayek 1945: 519＝2008: 110）．新自由主義者にとって，情報は単に発見可能な知識であるだけでなく，交換可能な商品でもある．その結果として，自由市場社会のための新自由主義のビジョンを起動させるのは，市場は正しい社会的条件のもとでは合理的な主体になる潜在性を持っている，という信念である．さらにいえば，市場の合理性はどのような人間主体よりも完璧で効率的なのである．

　社会主義計算論争へのハイエクの貢献が示しているのは，新古典派総合の均衡パラダイムからの大胆な離脱である．ハイエクは，市場を効用最大化の合理性にもとづく配分装置として定義するよりも，競争条件のもとでの行為者の無知を強調した．この立場の一つの認識論的帰結は，思考する主体から独立して存在する存在論的物体としての情報の物象化である．このように表されるなかで，市場は散り散りに断片的になった知識を識別して拡散する能力をもって思考する主体として現れる．ハイエクが論じるように，そのような主体は，意識的に設計されることはできず，価格メカニズムの媒介を通じて内在的にのみ現れる．彼は競争の実践を認識論的な過程として記述している．

　　しかし，どの財が不足しているか，どの物が財であるか，またはそれらがどれほど希少または価値があるかということは，まさに競争が発見すべき条件の一つである．すなわち，それぞれの場合に，価値あるものをどこに探すべきか

を個人に知らせるのは，市場プロセスの予備的な帰結である．高度な分業を伴った社会における広く普及した知識の活用は，個々人がそれぞれの環境内の物から作られうる具体的な用途をすべて知っているという条件にもとづくことはできない．［……］私がここで述べている知識とは，その大部分が，一定の条件を発見する能力から構成されるものである．個人がその能力を効果的に使用できるのは，市場が，どのような種類の財やサービスが需要されていて，それがどれだけ緊急であるかを教えてくれるときだけである．(Hayek 2002: 13)

　自由市場は，競争しあう諸個人にとって，分散した情報を組織化する手段として現れる．私有財産を擁護し，社会関係を非政治化し，福祉保護の近視眼から身を守ってくれる社会秩序の法に境界づけられた構造のうちで，市場は社会的調整の合理的な主体として実現されることが可能となる．ハイエクをはじめとするモンペルラン協会の思想家が自由市場を情報処理装置として同定したことから導き出される政治的命題は，社会主義計画の必然的な失敗であった．[17]

　市場プロセスを認識論的カテゴリーで理論化しようとするハイエクの努力は戦後のより広い文脈に属しており，それは情報とコミュニケーションの研究へと総合的に転じたことによって特徴づけられる．新古典派経済学がエネルギー物理学の模倣を通じてそのモデルを発展させてきたとすれば，新自由主義の経済学は（それが対決してきた正統な新古典派と同様に），鍵となる技術的で制度的な発展から情報を理解し，それを明示化してきた．最初のデジタルコンピューターの導入は，コミュニケーションテクノロジーと情報理論の連関した出現とともに，情報の経済学への移行についての総合的な文脈を確立した（Hayek 1948: 168, 186-188, 456（訳注　プリュシックの原文ママ）=2008: 227, 251-254）．

　この広範な発展の一例をあげるならば，クロード・シャノンの著作はコンピューター・サイエンスにとどまらない情報理論の急増における重要な源泉となっている．彼がコミュニケーションを物理的プロセスとして再定式化したことは，情報が経済学者によって交換可能なものとして扱われることに不可逆的に貢献した．ウォーレン・ウィーバーとともに，シャノンは情報の概念を物理システムとして扱うコミュニケーションの数学的理論を開発した（Dupuy, 2009: 114）．影響力をもった論文「コミュニケーションの数学的理論」(1948年)で，シャノンはコミュニケーションを確率的プロセスとして理論化した．記号列によって表現される不確実性の量を物理エントロピーとして定量化することにより，

情報の概念をその意味内容から抽象化することが可能となった.[18] 物理的プロセスとして情報と通信を位置づけたことは,戦後を特徴づけるコンピューター・サイエンス,軍事的決定理論,ゲーム理論,サイバネティクスなどのより広い文脈において,重要なリソースとして現れてくることになった.[19]

　経済学者たちもまた,シャノンの情報理論を自分たちの目的に急速に当てはめていった.ミロウスキーとニック=カーが提唱したように,情報理論の急増は,「科学者が情報を定量化可能なもの,または商品としてさえ扱うことができるし,そうすべきであるという総合的な印象を強化するという意図せざる結果をもたらした」(Mirowski 2002: 105).広範な概念の誤用を伴いながらも,経済学による情報理論の適用は,有効な商品の定義と市場プロセスの意味そのものを根本的に変化させた.しかし,認知機能を市場に帰属させることは,単に新たに出現した情報技術の理論的な付随物ではなかった.つまり,経済情報の概念は,商品形態の再生産に内在する抽象化の現実プロセスにその基礎を有している.ゾーン=レーテルが主張するように,資本主義の下での個人間の商品交換の物質的実践は,理念的な抽象化を現実において有効なものにする.情報とは,思考という形態において現れるものの間の客観的関係の概念である.識別可能なプロセスとしての情報の具現化——そこでは手段の分散化と価格への集中によって不確実性が軽減される——が表すのは,商品交換における一般的等価性という抽象的形態によって示される社会関係の神秘化である.

6　競争,適応,自生的秩序

　経済学の基本的な問いを知識と調整の問題へと移行させる努力の中で,ハイエクは心理学,情報理論,およびサイバネティックスの発展に目を向けた.例えば,彼の『感覚秩序』(1952年)では,19世紀の連想主義心理学から引き出された認知の記述を発展させ,心を分類アルゴリズムの階層的(ヒエラルキー)組み合わせとして描写している.さらに,彼は心の哲学者ギルバート・ライルとマイケル・ポランニーの著作に取り組むことで,「暗黙知」のカテゴリーを形成し,心が主に暗黙的で明示化不可能な知識と同様に機能することを強調した(Hayek 2014: 48-54=2008: 59-72を参照).[20] 抽象的で明示化不可能な分類システムの秩序に基づいて,心の秩序は無意識的な経験をしており,したがって常にそれが論証したり言明したりできる以上のことを知っている.ミロウスキーとニック=カーが示す

ように，ハイエクにとって「それは，不明瞭でアクセス不可能なルールの構造の海の上に浮かぶ志向性と欲望の張り板を構成する意識的知覚と駆動力とともにある，ほとんどが無意識であるような合理性であった.」(Mirowskia and Nik-Khah 2017: 68). 秩序だった法則に導かれて，個人の合理性は，自己反省や意識的修正に適用不能なメカニズムを通じて情報を探索する. ハイエクの心理学は，市場を認識論的プロセスとして再定義するための彼のその後の奮闘のために必要な段階であった. 無知を認識の行為者に帰属させ，その主体を自己構造化システム——それは意識の根底にある不明瞭な規則に似ている——に位置づけることによって，商業的実践（すなわち競争）は，主体が利己的行動に必要な情報を発見するための手段となる. しかし，この発見のプロセスは，適切な制度上の制約と社会的形態のインセンティブ化によって境界づけられなければならない.

　コミュニケーションとコントロールの研究に対する学際的アプローチによって，サイバネティックスの科学もまたハイエクを触発し，市場を有機的で自己秩序的なシステムとして定義するよう仕向けた. コントロールすべき情報との関係性は，例えば，『法，立法，自由』(1976年) において，彼が価格メカニズムを「知識を伝達する媒体」——それは情報を伝達するのみならず，「他者の決定」にも影響を与える——として定義したときに確認できる (Hayek 1976: 125=2008（Ⅱ）: 172). とりわけ負のフィードバックというサイバネティックス的な概念は，有機体，機械，またはシステムが，情報のアウトプットを通じて自らを正そうとする固有の傾向を指しており，ハイエクの市場認識論にとっての重要なリソースとなった. 一般均衡に到達しようとする市場の自生的な能力に関して，古典的な自由放任主義の教義を否定しながらも，ハイエクが主張したのは，もし市場が直接の規制なしに運営されるために放置されるならば，それは価格システムに対する個別の反応の集合的な相互作用を通じて，必要な情報を伝達するであろうということであった.

　ハイエクは包括的な市場サイバネティック理論を確立しなかったが，後期の研究では，経済競争〔の理論〕を明瞭化するために，有機的，サイバネティクス的，生物学的なカテゴリーをますます用いるようになった. 『自然と人間の運命』(1959年) におけるギャレット・ハーディンのエコロジーについての研究は，この点で影響力を持っており，経済的行動をあたかもそれが進化の過程であるかのように定義したハイエクの後期の試みを形成した (Oliva 2016). ハー

14

ディンはダーウィン的適応のプロセスを負のフィードバックによって決定されるサイバネティックス的なシステムであると理解していた．このシステムでは，特定の種の形質は環境への適応を通じた逸脱に対抗して制御される（Oliva 2016: 26）．より重要なのは，生物種のなかで作動する負のフィードバックと同じ原理が，市場システムでも等しく働いているということである．ダーウィニズムの枠組みのなかでハーディンが論じるのは，「『最適者』の概念は，労働市場における商品の『自然な』プロセスによって演じられるのと同じ正常化の役割を持っている」ということである（Hardin 1959: 55）．生物学と経済学における適応の自己調節的性質に関するハーディンのサイバネティストとしての著作を読んで，ハイエクは彼の経済思想における根本概念，すなわち「自生的秩序」というアイデアに到達した．

　自生的秩序というカテゴリーは，あらゆるアプリオリな設計を欠いたなかで，社会組織のより複雑な形態に繋がる人間の実践〔慣習〕を指している．競争の活動を通じて，人間は価格によって伝達される情報を通して環境に「適応」する．種が環境の変化に対応することを通じて——そして成功した形質を再生産することを通じて——進化するのと同様に，市場もまた競争の調整活動を通じて「自らを秩序づける」（Hayek 1978: 183）．ハイエクは次のように述べている．

　　　個人または組織が未知のものに適応するために利用できる情報は，必然的に部分的なものであり，個々人の長い連なりを通じたシグナル（例えば価格）によって伝達され，各人は抽象的な市場の流れの組み合わせが発信する修正された流れのうえを通過していく．にもかかわらず，活動の全体的な構造は，これらの部分的かつ断片的なシグナルを通じて，誰にも予見できず知られることもない条件に適応していく傾向を持つ．たとえこの適応が決して完全ではないとしても．（Hayek 1988: 76=2001: 111-112）

　このようにして，自己調整的な市場は，それを構成する諸個人の無意識的で利己的な活動を通じて内在的に形成される．ルールと法の適切な枠組みのもとでは，人間の文明は行動，習慣，制度の競争的な選択を通じて「進化」し，それが次に，調整された合理的な経済活動の秩序づけられた文脈として合体するのだとハイエクは主張した（Hayek 1978: 22-28）[23]．

　自生的秩序の概念は，その明白なダイナミズムや社会制度との複雑な相互作用の形態において，アドルノが「神話的自然」と呼んでいたものから断絶して

いるように見えるが，ハイエクの後期の思想は，経済的自然に関する暗黙の形而上学にもとづくものであり続けている．ハイエクは物理的自然の形態的特質から市場の理論的表現を引き出すのではなく，自然そのものの内在的構造を経済的であると解釈した．法理論学者のフレデリック・ポロックを鍵となる人物として引用しながら，ハイエクは進化論を「自然の事実に適用される歴史的方法以外の何物でもない」と定義している（Hayek 1978: 41）．自然史としてこの立場が理解していないのは，アドルノの言葉を借りれば，いかに自然と歴史の概念が「そのまったく異なるものにおいて媒介されている」かということである．むしろこの立場は進化の過程を歴史の原理化された主体として実体化している．新古典派の伝統が外的自然の法則を模倣することによって，自然と経済のアナロジーを構築したのだとすれば，新自由主義は，外的自然をその内的実体において経済的なものであると解釈したのである．

　ハイエクは自身の自然的カテゴリーと歴史的カテゴリーとの間の緊張を認識したうえで，それらの機能を自生的秩序という概念で統合しようとした．「人間による設計の結果ではなく，人間による活動の結果として」（1978年）のなかで，彼は，自然なもの［phusei］と人工的なもの［thesei］の間の古代ギリシア的な区別は，意図的な人間の行為と意図的でない人間の行為の間の違いにおいて止揚されると論じている（Hayek 1988: 45=2001: 63）．意図的に設計された秩序や制度［taxis］の反対物として，ハイエクは「自然の秩序［kosmos］」に言及し，それが起源と目的において自然なものであるとしている．人為的秩序と自然的秩序との間に「自生的秩序」が位置している（Hayek 1988: 45=2001: 63）．すなわちそれは人間の実践〔慣習〕の産物ではあるが，意図的計画の産物ではないような，人工的で安定的で進歩的な秩序である．彼が論じるところでは，市場が自生的な秩序であるのは，それが人間の相互作用の産物ではあるが，しかしあらかじめ設定されたいかなる理論的根拠も目的も有していないためである．

　ハイエクによる自生的秩序の明示化は，組織化する市場の特性が諸個人の相互作用の上に成り立っていることを示しているが，自己調整についての彼の理解は，古典派的伝統の方法論的個人主義とは程遠いものである．彼が『致命的な思い上がり——社会主義の誤り』（1988年）のなかで論じているように，自生的秩序における情報の伝達は，その発展のための適切な制度的・法的文脈を必要とする．市場秩序の出現は，自然的プロセス——すなわち私有財産——に還元できない制度の慎重な建設を必要とする．情報は，分散された手段によって[24]

のみ，効率的に照合することができる．「個別の財産は，中央の指示の下で可能となるよりも，多くの情報の生成と使用につながる」と彼は述べている（Hayek 1988: 86=2001: 126）．中央集権的な国家計画に反対して，ハイエクは私有財産制度を，市場関係に従って諸個人を編成するための分権的な手段と位置づけている．自生的秩序の出現は，人間の実践を調整するための構造化の文脈としての私有財産に基づいている．しかし，ハイエクが進んで認めようとする私有財産制度は，市場の維持に積極的な国家介入を必要とするのだ．[25]

7　新自由主義的な第二の自然

　新自由主義的な諸カテゴリーが市場を認識論的なプロセスとして定義するロジックを描き出したので，いまや私は，自然史のプリズムを通じてそれらのカテゴリーを発展させ，政治経済批判のための結論を引き出していくことができる．新自由主義は，解放，競争，自由に関する特定の理想を伴った自由市場社会のビジョンを，市場調整を特徴づける自然的客観性の明白な形態を通じて正統化してきた，というのが私の主張である．その現れの明白な形態は，社会の非合理的な内容物を市場が抽象化することによってのみ可能であり，〔それは〕価格システムの抽象的で非人格的な性格によって定義される権威の運命づけられたロジックのうちに諸個人を刻み込む．新古典派の伝統が，機械的で無時間的で決定論的な自然の概念のアナロジーを通じて市場のビジョンを構築したとすれば，新自由主義的思想は，自然のもう一つのイメージを通じて市場社会のビジョンを構築した——すなわち，自由市場は社会よりも多くのことを知っている自己秩序的システムであるというビジョンを．したがって，経済学という学問は，経済的自然の形而上学を復権させたのである．

　新自由主義は，本来，経済学の教義として理解されるべきではなく，むしろ，経済が運命として現れるような社会の盲目性を構築する政治的プロジェクトとして理解されるべきである．心の機能を市場に投影することによって，新自由主義理論が決めつけるのは，後者〔市場〕こそが秩序と混沌の敵対を調整するのに最も適した合理的な手段だということである．その客観性と自然との抽象的同一性を表明しつつ，自由市場は知識の循環を通じた社会組織を形成する内在的可能性によって自らを発展させていく．しかし，自由市場というカテゴリーは自らを，歴史的に構成された第二の自然であるとは認めていない．つまり，

その見かけ上の客観性は交換の抽象化の物神的な形態にもとづいており，それが投機的商品という形態において現れるということを認めてはいない．

　情報経済は金融資本主義における商品の物神的形態である．商品交換の真の抽象化が行われるのは，情報の出現を交換可能なものとすることにおいてである．つまり，情報という商品が現れるのは，社会的に決定される性質の消失を通じてである．資本主義のもとでの必然的な価値の分散とそれを貨幣で表現することの必然的な帰結として，市場価格は自律的な形態をとる．投機的市場は，商品抽象化という現れの硬化した形態である．つまり，資本の主体としてのアイデンティティは，その社会的性格を隠蔽する．それゆえ，資本の認識論的な主体としての自由市場の出現は，商品の二重の性格として表現される価値の矛盾した形態に内在するものとして理解できる．新自由主義経済学は，社会的権力を商品に帰属させることによって，抽象を社会的調整の原理として物象化する．

　しかし，情報経済の物神化は単なる理論の幻想ではなく，客観的な社会形態としての役割を果たしてもいる．物神化された知覚は「幻想ではない」とアドルノは主張するが，それは人間が「自分にとって不明瞭な客観性〔客体〕に依存するようになる」からである（Adorno, 1997: 508）．人間主体は，社会的評価の道具となる商品の世界に依存している．幻想のカテゴリーは「実際には現実性（リアリティ）のカテゴリーでもある」．その認識論的な権威の形態は，資本に特有の媒介の形態を表現し，その形態に内在するものである（Adrno 1997: 508）．したがって，新自由主義に対する批判理論は，自由市場の概念を，それを反転させたかたちで表現する社会的諸物と向き合わせることを意味するだろう．

　自由市場を社会と自然を交渉させるための最も適切な手段として位置づけることによって，翻って社会が発見するのは，自らが民主的手段によって決定しうるものによって制限されているということである．資本主義的なグローバル秩序が直面している，人為的に引き起こされた気候変動の増大する生態学的危機と向き合いながらも，新自由主義の諸機関はその中核となる政治戦略を躊躇おうともせずにいる．自己決定に任せておけば，市場はやがて外部性の危機に対する解決策を発見するだろうというのである[26)]．市場を自己修正的で，思考可能で，秩序的なシステムとして再定義することによって，新自由主義は神話的自然のカテゴリーを復活させる．価格システムの神的な動きに導かれながら，社会は経済の見せかけ上の客観性を通じて自然と調和する．新自由主義社会に

対する批判理論は，その概念の「真実」を「それを生み出した非真実」に「向きあわせる」ことによって，経済の客観性なるものを否定する（Adorno 2003: 102）．自然史の弁証法は，経済理論の諸概念が持つ二重性を，歴史特殊的な社会的全体性の必然的な表現として捉える．金融資本主義が出現する道筋のなかで消滅していった政治的暴力と強制力の沈殿した歴史を取り戻すことによって，社会の批判理論は現在の新自由主義的秩序を統治するヘゲモニー論理を把握する立場に自らを位置づけるのである．

注
1 ） この章の要約版は以下を参照．"Economics as Natural-History: Adorno and the Critique of Neoliberalism", in *Architecture and Culture*, vol. 5, issue 2（August 2017）, pp. 165-174.
2 ） ヴェルナー・ボーンフェルトは次のように述べている．「『否定弁証法』は，物事の間違った状態を提示するものである．それが論ずるのは以下のような社会の理念である．すなわち，『自然法則に従う』社会という理念はイデオロギーである．『もしそれが自然によって不変的に与えられていると仮定するならば．［……］その代わりに，理解不可能な経済の強制力は，人間の実践とその実践の理解のうちに合理的な説明を見出す．したがって否定的弁証法は，経済的客観性の関係が明らかにするのは，限定された社会関係の反転し［verkehrte］倒錯した［verrückte］世界の社会的本性だと主張する』」（Bonefeld 2016: 66）.
3 ） 以下「自然史の理念」からの引用はすべてヒュロット＝ケンターの翻訳を参照する．
4 ） 例えば，ロバート・ブレナーは，金融資本主義の出現と，1970年代に始まった製造業における利益率の低下を結び付けている．Brenner（2006）を参照のこと．
5 ） 『カント年誌（*Kant-Studien*）』における「自然史の理念」の発表とフランクフルト討議の背景については，アドルノの「自然史の理念」へのヒュロット＝ケンターによる「イントロダクション」（Adorno 2006: 234-235），および Buck-Morss（1977: 17-20）を参照．
6 ） 「自然史」の概念に関するアドルノの言語は，『否定弁証法』においてはマルクスに見られるような「自然史」のより直接的な形態へとシフトする．にもかかわらず，1932年の講義における核となるコミットメントは『否定弁証法』を通じて存続している．そして後者のテクストが必要としているのは，アドルノの「非同一的なもの」の概念の発展のうちで前者の講義で確立されたものだったのである．
7 ） 例えば，アドルノのルカーチへの言及を参照．「この世界は第二の自然である．第一の自然と同様に——ルカーチにとっては『第一の自然』も疎外された自然であり，自然科学の意味での自然である——『それは，意味の失われた認識論的必然性の総体としてのみ規定可能である．それゆえにその現実の実体は把握不可能で理解不能である』」（Adorno 2006: 261=2011: 62）.
8 ） 『歴史と階級意識』におけるルカーチの「物象化」概念のアドルノによる発展につい

ては，この章の範囲を超えるが，他の場所で広く扱われている．例えば Rose（2014: 138-141）．ローズの解釈に対する批判については O'Kane（2013: 123-134）を参照．

9）Mirowski（1989: 142）を参照のこと．「価値は保存された実体として物象化された．それは価格の構造的安定性を提供する取引の活動において保存され，生産の過程において差動的に明示される．このパターンに一致するほとんどすべての理論は，いまでは古典派政治経済学のお題目のもとで記憶されている．

10）新古典派の伝統における価値の効用理論の基本的な説明については Marshall（1920: 76=1965: 84）を参照のこと．

11）アーヴィング・フィッシャーの著作における効用とエネルギーを同等に扱う例については，Mirowski（1989: 229）を参照のこと．「このモデルの個人は心理学によってのみ明らかにされ，その心理学は選好の分野としてのみ描かれる．数学における主体の存在論的アイデンティティを提供するのはエネルギーと効用のみである」．

12）このような問題には，限界論者がエネルギー論の模倣を首尾一貫させる保存原則を適切に把握していないという事実が含まれる．詳細については，Mirowski（1989: 293-310）を参照．

13）ゾーン＝レーテルの実際の抽象化プロセスの定式化の例については，彼の『精神労働と肉体労働：認識論の批判』（Sohn-Rethel 1978: 20）を参照のこと．「しかし，商品抽象化の本質は，それが思考を誘発しないということである．すなわち，それは人間の精神ではなく行為に由来する．しかしこれは「抽象化」に単なる比喩的な意味を与えるものではない．それは正確な，文字通りの意味における抽象化である．これに起因する価値の経済的概念は，品質の完全な欠如，純粋な量における差異，および市場で発生する可能性のあるあらゆる種類の商品およびサービスへの適用可能性によって特徴づけられる」．

14）アドルノにとって，交換の抽象化は剰余価値に基礎づけられている．Adorno（1997: 507）を参照．

15）新自由主義経済思想の起源に関する歴史的詳細について，特にオーストリア学派の出現とモンペルラン協会の設立という文脈については，Mirowski and Plehwe（2015: 1-38）を参照のこと．

16）当時の多くの新古典派経済学者は，経済的計算を通じて市場計画の理論を発展させることに専心していた社会主義者であったことに注意．この展開は，戦間期に「社会主義計算論争」として浮上し，オスカー・ランゲのような市場社会主義者とオーストリア学派の多くの経済学者との間の幅広い議論から成り立っていた．その歴史的な説明については Burgin（2012）および Lavoie（1981）を参照のこと．

17）社会主義計算論争に関するハイエク自身の評価，およびミーゼスの社会主義計算批判からの離脱については，Hayek（1948: 119-208=2008: 167-278）を参照のこと．

18）シャノンの情報理論における物理的エントロピーの使用とその受容について，詳細は Mirowski and Nik-Khah（2017: 46）を参照．「この動きは，コミュニケーションの意味論的側面を理論にとってまったく無関係なものにした．［……］そしてシャノンは，記号列の平均的な非蓋然性の数式は，物理エントロピーの初期の定義とまったく同じに

なると仮定した」.

19) コウルズ委員会とシカゴ学派における情報経済学の出現は，戦後の科学ファンドと科学組織を特徴づけた州と軍事による支援（パトロネージ）のより広い文脈の一部であった．コウルズ委員会での情報経済学の形成，およびランド研究所でのゲーム理論，オペレーションズリサーチ，決定理論との関係に関する詳細については，Mirowski（2002: 153-231）を参照のこと．

20) ハイエクの暗黙知の概念に関する解説については，Oguz（2010）を参照のこと．

21) ハイエクのサイバネティックスとの関わりは，新興文学との間接的な出会いに限らず，サイバネティック科学の歴史における重要イベントである1968年のアルプバッハ・シンポジウムへの積極的な参加も含まれていた．Dupuy（2009: 75-76）を参照のこと．

22) ハイエクの心理学および経済理論に対するサイバネティックスの発展の影響についての解説は，Oliva（2016）を参照のこと．

23) ハイエクの文化的進化の概念は『致命的な思いあがり』において明らかにされている．そこで彼は市場の出現に関する説明を次のように展開している．すなわち市場とは，ダーウィンの競争淘汰の原則が最も成功した社会集団に行動のルールを伝達する手段として役立つような場所なのだと．この点で興味深いのは，新自由主義思想における有機主義的および進化的カテゴリーの復活を人種主義イデオロギーとの関係の観点から検討することである．例えば，モイシュ・ポストンは19世紀後半における「人種論と社会的ダーウィニズムの台頭」の急増は，商品形態の「二重性格」の対象化として理解しうると論じている．Postone（1986: 309-310）を参照のこと．

24) 新自由主義経済理論は，私有財産のカテゴリーに関しては古典的自由主義とは大きく異なっている．私有財産の権利を労働によって基礎づけたジョン・ロックのような古典的な自由主義思想家とは異なり，ハイエクは交換の実践を通じて進化した「ルール」の文脈に基づいて財産の起源を理解している．法律と私有財産の新自由主義的概念についての詳細は，Dardot and Laval（2013: 58-85）を参照のこと．

25) ハイエクは，自由放任経済の伝統は弱い国家の処方箋としては根本的に誤っていると見ていた．Hayek（2007: 118=2008: 102-103）を参照．「国家が「行動」または「干渉」すべきか否かという問いは，リベラルな政策によって基礎づけられる諸原則についての，非常に曖昧で誤解を招く説明である」．

26) 炭素の「キャップアンドトレード」市場の政策や地球工学イニシアチブを含む「自由市場環境主義」に対して新自由主義的なシンクタンクが及ぼしている影響についての優れた説明としてはBeder（2001）およびSikka（2012）を参照のこと．

参考文献

Adorno, Theodor W. (2006). "The Idea of Natural-History", in *Things Beyond Resemblance: Collected Essays on Theodor W. Adorno*. ed. Robert Hullot-Kentor, New York: Columbia University Press. pp. 252-270〔「自然史の理念」，『哲学のアクチュアリティ——初期論集——』，細見和之訳，pp. 39-84，2011年，みすず書房〕．

Adorno, Theodor W. (2004). *Negative Dialectics*. London: Routledge〔木田元・徳永恂・渡

辺祐邦・三島憲一・須田朗・宮武昭訳『否定弁証法』1996年，作品社〕.

Adorno, Theodor W.（2003）. "Reflections on Class Theory", in *Can One Live After Auschwitz?: A Philosophical Reader*. ed. Rolf Tiedemann, Stanford: Stanford University Press. pp. 93-110.

Adorno, Theodor W.（1997）. "Seminar Mitschrift of 1962", in *Dialektik der Wertform: Untersuchungen zur Marxschen Ökonomiekritik*. ed. Hans-Georg Backhaus, Freiburg: ça-ira Verlag. pp. 501-513.

Beder, Sharon.（2001）. "Neoliberal Think Tanks and Free Market Environmentalism", in *Environmental Politics*, 10(2): 128-133.

Bonefeld, Werner.（2016）. "Negative Dialectics and the Critique of Economic Objectivity", in *History of the Human Sciences*, 29(2): 60-76.

Brenner, Robert.（2006）. *The Economics of Global Turbulence*. London: Verso.

Buck-Morss, Susan.（1977）. *The Origin of Negative Dialectics: Theodor Adorno, Walter Benjamin, and the Frankfurt Institute*. New York: The Free Press.

Burgin, Angus.（2012）. *The Great Persuasion: Reinventing Free Markets since the Depression*. Cambridge, MA: Harvard University Press.

Clarke, Simon.（1991）. *Marx, Marginalism, and Modern Sociology: From Adam Smith to Max Weber*. London: Palgrave Macmillan.

Dardot, Pierre and Christian Laval.（2013）. *The New Way of the World: On Neoliberal Society*. Tr. Gregory Elliott. London: Verso.

Dupuy, Jean-Pierre.（2009）. *On the Origins of Cognitive Science: The Mechanization of the Mind*. Tr. M. B. DeBevoise. Cambridge, MA: The MIT Press.

Ferguson, C. E.（1969）. *The Neoclassical Theory of Production and Distribution*. Cambridge: Cambridge University Press.

Hardin, Garrett.（1959）. *Nature and Man"s Fate*. New York: Rinehart & Company, Inc.

Hayek, F. A.（2014）. *The Sensory Order, An Inquiry into the Foundations of Theoretical Psychology*. Chicago: University of Chicago Press〔穐山貞登訳『感覚秩序』ハイエク全集第1期第4巻，春秋社，2008年〕.

Hayek, F. A.（2007）. *The Road to Serfdom*. Chicago: University of Chicago Press〔西山千明訳『隷属への道』ハイエク全集第1期別巻，春秋社，2008年〕.

Hayek, F. A.（2002）. "Competition as a Discovery Procedure", in *The Quarterly Journal of Austrian Economics*, 5(3): 9-23.

Hayek, F. A.（1988）. *The Fatal Conceit: The Errors of Socialism*, in W. W. Bartley Ⅲ (ed.), *The Collected Works of Hayek*, vol. 1. Chicago: University of Chicago Press〔渡辺幹雄訳『致命的な思いあがり』ハイエク全集第2期第1巻，春秋社，2001年〕.

Hayek, F. A.（1978）. *New Studies in Philosophy, Politics, Economics and the History of Ideas*. Chicago: University of Chicago Press.

Hayek, F. A.（1976）. *Law, Legislation, and Liberty: A New Statement of the Liberal Principles of Justice and Political Economy*. London: Routledge〔矢島鈞次・水吉俊彦

訳『法と立法と自由Ⅰ　ルールと秩序』ハイエク全集第1期第8巻，春秋社，2007年．篠塚慎吾訳『法と立法と自由Ⅱ 社会主義の幻想』ハイエク全集第1期第9巻，春秋社，2008年．渡部茂訳『法と立法と自由Ⅲ 自由人の政治的秩序』ハイエク全集第1期第10巻，春秋社，2008年〕．

Hayek, F. A. (1948). *Individualism and Economic Order*. Chicago: University of Chicago Press〔嘉治元郎・嘉治佐代訳『個人主義と経済秩序』ハイエク全集第1期第3巻，春秋社，2008年〕．

Hayek, F. A. (1945). "The Use of Knowledge in Society", in *American Economic Review*, XXXV(4): 519-30〔嘉治元郎・嘉治佐代訳「社会における知識の利用」，『個人主義と経済秩序』ハイエク全集第1期第3巻，pp. 109-128，春秋社，2008年〕．

Lavoie, Don. (1981). "A Critique of the Standard Account of the Socialist Calculation Debate", in *The Journal of Libertarian Studies*, 5(1): 41-87.

Marshall, Alfred. (1920). *An Introduction*. London: Macmillan & Company〔馬場啓之助訳『経済学原理──序説──』1-4，東洋経済新報社，1965年〕．

Mirowski, Philip. (2002). *Machine Dreams: Economics Becomes a Cyborg Science*. Cambridge: Cambridge University Press.

Mirowski, Philip. (1989). *More Heat than Light: Economics as Social Physics: Physics as Nature"s Economics*. Cambridge: Cambridge University Press.

Mirowski, Philip and Dieter Plehwe. (2015). *The Road from Mont Pèlerin: The Making of the Neoliberal Thought Collective*. Cambridge, MA: Harvard University Press.

Mirowski, Philip and Edward Nik-Khah. (2017). *The Knowledge We Have Lost in Information: The History of Information in Modern Economics*. Cambridge: Cambridge University Press.

Oguz, Fuat. (2010). "Hayek on Tacit Knowledge", in *Journal of Institutional Economics*, 6(2): 145-165.

O'Kane, Chris. (2013). "Fetishism and Social Domination in Marx, Lukács, Adorno, and Lefebvre". PhD dissertation, University of Sussex.

Oliva, Gabriel. (2016). "The Road to Servomechanisms: The Influence of Cybernetics on Hayek from *The Sensory Order* to the Social Order", in *The Center for the History of Political Economy Working Paper Series*, no. 2015-11.

Postone, Moishe. (1986). "Anti-Semitism and National Socialism: Notes on the German Reaction to "Holocaust"", in Anson Rabinbach and Jack Zipes (eds.), *Germans and Jews Since the Holocaust*. New York: Holmes and Meier, pp. 302-314.

Robbins, Lionel. (1932). *An Essay on the Nature and Significance of Economic Science*. Cambridge: Cambridge University Press〔小峯敦・大槻忠史訳『経済学の本質と意義』京都大学学術出版会，2016年〕．

Rose, Gillian. (2014). *The Melancholy Science: An Introduction to the Thought of Theodor W. Adorno*. London: Verso.

Sikka, Tina. (2012). "A Critical Discourse Analysis of Geoengineering Advocacy", in

Critical Discourse Studies, 9 (2): 163-175.

Sohn-Rethel, Alfred. (1978). *Intellectual and Manual Labour: A Critique of Epistemology*. Tr. Martin Sohn-Rethel. Atlantic Highlands: Humanities Press〔寺田光雄・水田洋訳『精神労働と肉体労働——社会的総合の理論——』合同出版，1975年〕.

Veblen, Thorstein. (1919). *The Place of Science in Modern Civilization and Other Essays*. New York: B. W. Huebsch.

Walras, Leéon. (1954). *Elements of Pure Economics: Or, the Theory of Pure Wealth*. Tr. William Jaffé. Evanston: Northwestern University Press〔久武雅夫訳『純粋経済学要論——社会的富の理論——』岩波書店，1983年〕.

Weintraub, E. Roy. (1993). "Neoclassical Economics". *The Concise Encyclopedia of Economics*. Library of Economics and Liberty〈http://www.econlib.org/library/Enc1/ NeoclassicalEconomics.html〉.

第2章
進歩的新自由主義から
トランプへ
——そしてそれを越えて——　　　　　　ナンシー・フレイザー

小森（井上）達郎 訳

　はてしなく続く散漫な議論がもたらした言葉の陳腐化を考慮すると，今日，「危機」について語る者は誰でも口先だけの演説家だとして退けられてしまう危険がある．しかし，ここには今日私たちが危機に直面しているという明確な感覚がある．もしも私たちがこの危機を正確に特徴づけその特有の力学を明らかにできれば，危機を解決するために何が必要であるかをより的確に判断できるだろう．そのうえで私たちは，現在の行き詰まりを克服し，政治再編を通じた社会変革へと導く道筋をも垣間見るかもしれない．

　一見したところ，今日の危機は政治的なものであるように見える．そのもっとも劇的な表現はまさにここ，アメリカ合衆国において見られる．それは，ドナルド・トランプ——大統領選での彼の当選，彼の大統領としての資質とそれをめぐる論争として現出しているものである．しかし他の場所でも類似の事態に事欠かない．それは例えば，ブレグジットの完全な失敗，欧州連合の正当性の衰退と社会民主主義および中道右派政党の分裂，北欧や中東欧の至る所に存在する反移民を主張するレイシスト政党の増大する好機，ラテンアメリカ，アジア，太平洋諸国における，本質的にファシストだと見なしうる権威主義的勢力の急増などである．私たちの政治的な危機は，それが何であれアメリカだけのものではなくグローバルなものである．

　私たちが直面する政治的な危機がグローバルなものだという主張をもっともらしいものにするのは，これらすべての現象は，その相違にもかかわらず，ある共通した特徴を持っているということである．これらすべての現象は，たんに崩壊したわけではないが，確立された政治的階級や政党の権威を劇的に弱体化させている．まるで一般大衆である世界中の人々が，過去数十年間の政治的支配を下支えしてきたコモン・センス（common sense）を信じなくなってしまったかのようである．人々は，政治エリートの誠実さに対する信頼を失い，それに替わる新しいイデオロギー，組織，指導者を探し求めているかのようだ．崩

壊の規模を考慮に入れると，これが偶然の一致であるとは考えられない．したがってここでは，私たちがグローバルな政治危機に直面していると想定しておこう．

　途方もなく大きなことを言っているように聞こえるが，この「グローバルな」政治危機は，現在起こりつつある出来事のほんの一部にすぎない．「グローバルな」政治危機をめぐる諸現象は，より広範で多面的な危機のなかの特定の政治的な要素に相当するものである．この広範かつ多面的な危機にはその他にも，経済的，エコロジー的，そして社会的な要素があり，これらすべての要素が結びつくことで，つまるところ全般的な危機を意味する．たんに部分的なものなどではなく，政治的な危機は，一見すると政治とは無関係に見える様々な制度に関連している障害物を考察しないでは理解することができない．アメリカ合衆国では，政治的な危機を招来するこれらの障害物には金融の転移（the metastasization of finance）[1]が含まれる．不安定なサービスセクターでの時給の安いアルバイト（McJobs）の激増，安価での商品購入を可能とする消費者ローンの急増，炭素排出量の増加と異常気象，そして気候変動の否定，人種差別的な拘束と警察官によって行使される組織的な暴力，長時間労働や社会的支援の縮小に伴う家族や地域生活への圧力の増大．これらの諸力はいずれも，政治的大変動を起こすことなく，私たちの社会秩序を長期間にわたって摩滅させてきた．しかしながらいまや，すべてが白紙となり先が読めなくなった．今日，日常的な政治への拒絶が広く行きわたるなかで，システム規模での客観的な危機は自らの主観的で政治的な声を見出したのである．私たちが直面している全般的な危機の政治的要素とは，ヘゲモニーの危機なのだ．

　ドナルド・トランプはこのヘゲモニー的な危機の時代の寵児である．しかしながら，トランプの台頭を可能とした諸条件を明らかにしないかぎり，私たちは〔大統領にまで上り詰めた〕彼の出世を理解することができないだろう．またそれはトランプ主義が置き換わろうとした世界観を明らかにし，その世界観が解体するに至ったプロセスを記述することを意味する．この目的のために不可欠の見解はアントニオ・グラムシに由来するものである．「ヘゲモニー（hegemony）」とは，支配階級が前提とする世界観を社会全体のコモン・センスとして導入することで，その支配を自明なものとしていくプロセスを説明するための彼の用語である．その組織的な対応物は「ヘゲモニー陣営（hegemonic bloc）」，すなわち，支配階級が集まりそれぞれが自らの指導力を主張しあう，本質的に異なる社会

勢力からなる連合体である．もしもそれらの社会勢力が既存の合意に対して異議を唱えようとすれば，支配された階級は，より説得力のある新しいコモン・センスか「対抗ヘゲモニー（counterhegemony）」を，そして新しくより強力な政治連合か「対抗ヘゲモニー陣営（counterhegemonic bloc）」を創り出さなければならない．

　これらのグラムシの考えに対して，私たちはさらにもう一つ付け加える必要があるだろう．すべてのヘゲモニー陣営は，公正なものとそうでないものについての一連の想定を具体化している．少なくとも20世紀中頃以降のアメリカとヨーロッパでは，資本主義的ヘゲモニーは，一方で分配（distribution）に，他方で承認（recognition）に焦点を当てた，二つの異なる面をもつ権利と正義の結合のもとで進展してきた．分配の面は，割り当て可能な財とりわけ所得を，社会はいかにして分配すべきかに関する考え方を提示している．この面は社会の経済構造と，その歪んだ階級分断（class divisions）を論じる．承認の面は，メンバーシップと所属の道徳的特徴である尊敬と評価を，社会はいかにして割り当てるべきかに関する観念を表わしている．社会の地位秩序に焦点を当てることで，この面は地位の階層秩序構造（status hierarchies）に言及する．

　分配と承認はともにヘゲモニーが形づくられるうえで不可欠の構成要素をなしている．この見解をグラムシの考えに付け加えることで，私たちは，トランプとトランプ主義の台頭をもたらしたのはそれ以前のヘゲモニー陣営の崩壊であり，それはまたすぐれて規範的な結びつきをもっていた分配と承認に対する不信の表明でもあったと言うことができるのである．分配と承認の相互連関の構成とその解体を分析することで，私たちはトランプ主義のみならず，トランプ以後この危機を解決しうる対抗ヘゲモニー陣営の形成に向けた展望をも明らかにすることができるだろう．そのことを論じてみたい．

1　進歩的新自由主義のヘゲモニー

トランプに先立ち，アメリカ政治を牛耳ってきたヘゲモニー陣営は，進歩的新自由主義（progressive neoliberalism）であった．矛盾した用語のように聞こえるかもしれないが，それは二つの集団からなる予期せぬ現実的に強力な連合体であった．それは，フェミニズム，反人種差別主義，多文化主義，環境保護主義，LGBTQ に代表される性的マイノリティーの権利擁護などの新しい社会運

動における主流のリベラルな諸動向と，他方，ウォール街，シリコンバレー，ハリウッドといった，もっともダイナミックで「象徴的に」洗練されたアメリカ経済界における主要部門との連合体である．この奇妙なカップルをまとめたものは，分配と承認に関する独特の結合からなる見解であった．

　進歩的新自由主義陣営は，収奪的で金権政治的な経済計画とリベラルで実力主義的な承認の政治とを結びつける．両者の結合のもとでの分配的な構成要素は新自由主義的なものだった．市場の力を国家の介入から，そして「税金と支出」の重荷から解放することで，この陣営を主導した諸階級は資本主義的市場経済を解放しグローバル化させようと目論んだ．それが意味するものはまさに金融化（financialization）だった．すなわちそれがもたらしたのは，資本の自由な移動を制限し保護する税関の撤廃，銀行業の規制緩和と略奪的債務の増加，脱工業化に伴う労働組合の弱体化と不安定で薄給の労働の蔓延である．一般的にロナルド・レーガンに関連づけられてきたが，実質的にはビル・クリントンによって実施され強化されたこれらの諸政策は，富と価値をより上位の階級に移転することで労働者階級と中流階級の生活水準を空洞化させたのである．この上位の階級には1パーセントの富裕層はもちろんのこと，専門的な管理職クラスの富裕層も含まれる．

　進歩的新自由主義者たちはこのような政治経済をただ夢見ていたわけではなかった．その面目は政治的な右派に属している．ここでいう政治的な右派とは，フリードリッヒ・ハイエク，ミルトン・フリードマン，ジェームス・ブキャナンら著名な知識人，バリー・ゴールドウォーターやロナルド・レーガンら先見性のある政治家，そしてチャールズとデヴィッドのコーク兄弟その他，豊富な資金源で彼らを支える人々を指す．だがこれら右派の「原理主義者」による新自由主義的見解は，ニューディール的思考や「権利革命（rights revolution）」，そして新左翼から生まれた数多くの社会運動に依然として適合的なコモン・センスをもつこの国では主導権を握ることができなかった．新自由主義的なプロジェクトが勝利するためには，それは広範な魅力を与えるとともに他者と結びつけられた，解放を目指す非経済的な願望として再び提示されなければならなかった．進歩的（progressive）な意匠で飾りつけられたときにのみ，根深く退行的（regressive）な政治経済が新たなヘゲモニー陣営における能動的な主役になることができるのである．

　この新自由主義的なプロジェクトは結局，進歩的な承認の政治における不可

欠の構成要素として役立つために，「新しい民主党 (New Democrats)」のものと〔2〕
なった．市民社会から進歩的な諸勢力を動員することで，彼らは表面上，平等
主義的で解放的な承認の精神を普及させた．この承認の精神の核心には，女性
への「権限付与」やLGBTQ に代表される性的マイノリティーの権利擁護，ポス
ト人種主義や多文化主義，環境保護主義といった「多様性 (diversity)」をめ
ぐる様々な理念が存在していた．これらの理念は，アメリカ経済のゴールドマ
ン・サックス化 (the Goldman Sachsification) にうまく適合する特定の限定された〔3〕
方法で解釈されてきた．環境を保全することは，二酸化炭素などの温室効果ガ
スの排出取引を意味した．住宅所有を促進することは，サブプライム・ローン
をまとめて住宅ローン担保証券として転売することを意味した．平等とは
能力主義を意味したのである．

　平等が能力主義へと縮減されたことはとりわけ致命的だった．公正な秩序の
ための進歩的新自由主義の計画は，社会の階層秩序構造の廃止ではなく，階層
秩序の「多様性」を目指し，「有能な」女性や有色人種，性的マイノリティー
が職場のトップへと出世する「権限を与えること」を目的とした．さらにこの
「多様性」の理念は本質的に階級固有のもの (class specific) でもある．つまりそ
れは「代表者の少ない民族集団」出身の「支援するに値する」個人が，その人
物が所属する階級の異性愛主義の白人男性と同等の地位や報酬を獲得できるよ
うにすることを目的としていた．ある種のフェミニストは語っているが，残念
ながら彼女らの主張はユニークなものではない．「リーン・インすること(leaning
in)」や，「ガラスの天井を割ること (cracking the glass ceiling)」にばかり気〔4〕
をとられてしまうと，その主要な受益者は，必然的に社会的，文化的，そして
経済的資本をすでに所有している人々に限られるだろう．だれもが地下室 (the
basement) に閉じ込められてしまうだろう．〔5〕　　〔6〕

　この承認の政治は曲解されてしまい，進歩的な社会運動の主要な潮流を，〔進
歩的新自由主義という〕新たなヘゲモニー陣営へと誘導した．もちろん，フェミ
ニスト，反人種主義者，多文化主義者たちがみな進歩的新自由主義の掲げる理
念に従ったわけではない．しかし，意図的であろうとなかろうと，それぞれの
社会運動のもっとも大きく目立つ部分を構成していた人々は周縁に限定されて
いた．進歩的新自由主義陣営における進歩主義者たちは，なるほど，ウォール
街やハリウッド，そしてシリコンバレーといった彼らの同盟者たちに比べると
およそ非力な下級の協力者にすぎなかった．しかしながら，彼らはこの危険な

連携に不可欠なもの，すなわち，「資本主義の新たな精神」というカリスマ性を提供した．解放的なアウラを醸し出すこの新しい「精神」は，新自由主義的な経済活動を身震いするような興奮で満たした．いまや，急進的な思考を持つ者と解放的な者，コスモポリタン的な人々と道徳的に進歩した人々に結びつけられて，みじめな人々は突如としてスリリングな存在になった．この精神のおかげで，富と所得の大幅な上方再分配を促進した諸政策が正当性の風格を獲得したのである[7]．

　しかしながら，ヘゲモニーを達成するためには，この新興の進歩的新自由主義陣営は異なる二つのライバルを打ち負かさなければならなかった．第1に，それはいまだ影響力のあるニューディール連合の残滓を打ち負かさねばならなかった．トニー・ブレアの「ニュー・レイバー」に先んじて，民主党内のクリントン支持派は古くから存在するこの同盟をひそかに掘り崩した．組織された労働者，移民，アフリカ系アメリカ人，都市中間層，そして巨大産業資本の複数の派閥を数十年にわたって成功裡にまとめてきた歴史的な陣営の代わりに，彼らは，どこにも居場所がないと感じているアフリカ系アメリカ人の支援を継続しながら，起業家，銀行家，郊外居住者，「象徴的な労働者（symbolic workers）」，新しい社会運動，ラテンアメリカ人や若者たちと新たな同盟を築き上げた．ゴールドマン・サックスの言うことを着実に実行するための準備をしていたにもかかわらず，1991／92年の民主党大統領候補指名のための選挙運動においてビル・クリントンは，多様性，多文化主義，そして女性の権利について語ることで勝利を収めたのである．

2　反動的新自由主義の敗北

　進歩的新自由主義はまた，自らと多くの共有点をもつ第2の競争相手を打ち負かさなければならなかった．この敵対者とは，反動的新自由主義（Reactionary Neoliberalism）であった．おもに共和党に所属しその有力なライバルよりも首尾一貫していないこの第2の陣営は，分配と承認をめぐる異なる結合様式を提示している．それは新自由主義的な分配の政治と同類のものを，それとは異なる保守的な承認の政治へと結びつけたものである．中小企業や製造業を育成すると主張しているが，反動的新自由主義の真の経済的計画とは，財政，軍需品生産，そして採掘エネルギーの強化を中心としたものであり，それらはいずれも

30

世界全体の1パーセントの人々（超富裕層）の主要な利益になった．人々を結集させるための土台として受け入れられたのは，公正な秩序についての排他的な見解であった．この秩序は，あからさまな人種差別主義，家父長制，または同性愛嫌悪に基づくものではないとしても，民族ナショナリズム，反移民，キリスト教支持という排他的な見解に基づいたものだった．

　民族ナショナリズム，反移民，キリスト教支持に基づいた公正な秩序というこの排他的な見解は，キリスト教福音主義者，南部の白人層，農村部や小規模都市に住むアメリカ人，数十年にわたって不満を募らせている白人労働者階級に認められた教義だったが，困ったことに，リバタリアン，ティーパーティー活動家，商工会議所，コーク兄弟，さらに加えて，半可通の銀行家，不動産業の実力者，エネルギー産業の権力者，投機的な資本家，ヘッジファンドの投資家といった人々もこのような排他的な見解を共有していた．部門別の強調はさておき，政治経済上の重要な問題では，反動的新自由主義は自らのライバルである進歩的新自由主義と実質的に相違がなかった．たいてい民主党の挫折を伴うのであるが，この二つの党派は「富裕者に対する課税」について議論してはいる．しかし両陣営ともに「自由貿易」，低額の法人税，労働者の権利の抑制，株主利益の優先，勝者が報酬総取りのルール，そして金融の規制緩和を支持している．また両陣営は権利を削減することを目的とした「大規模な一括交渉（grand bargains）」を求める政治指導者を選出している．両陣営のおもな相違は，再分配ではなく承認に着目した点にある．

　進歩的新自由主義は大方勝利を収めたが犠牲も払った．衰退しつつある製造業の中心地域，とくにいわゆるラスト・ベルトは犠牲にされた[8]．その地域一帯は，南部諸州の新たな産業中心地共々，北米自由貿易協定の締結，WTOへの中国の加盟（それは民主主義の促進として部分的に正当化された），そしてグラス・スティーガル法（Glass-Steagall）[9]の廃止というビル・クリントンによる三大政策の影響をもろに被った．同時に，これらの政策とその継承者たちは，製造業に依拠する共同体を破壊した．20年に及ぶ進歩的新自由主義のヘゲモニーのもとで，二つの主要な陣営のいずれもこれらの共同体を支援するために何一つ真剣な努力を示さなかった．新自由主義者たちからすれば，製造業中心の経済には競争力が欠けているため，「市場の調整（market correction）」を受けねばならないものに見えた．進歩主義者たちからすれば，これらの共同体の文化は過去に縛りつけられており，新たなコスモポリタン的体制のもとでやがて消え去って

しまうような時代遅れの偏狭な価値観に結びついたものに見えた．分配，承認いずれの観点からも，進歩的新自由主義はラスト・ベルトや製造業に依拠した南部の共同体を保護する理由を見つけることができなかったのである．

3　ヘゲモニー上の裂け目とそれを埋め合わせるための闘争

トランプが覆そうとした政治的世界は，非常に限定的なものだった．その世界はおもに承認の軸上で区別された相互に敵対する新自由主義の二つの形態を中心として構築されていた．たしかに，これら二つの新自由主義は多文化主義か民族ナショナリズムかのいずれかを選択することができる．しかしいずれも金融化と脱工業化いずれかの方法に偏っている．進歩的新自由主義か反動的新自由主義のいずれかに限定するならば，労働者階級や中流階級の生活水準の切り下げに反対する勢力は存在しなかった．反新自由主義的プロジェクトは，たんに公的領域から排除されたのでなければ厳格に周縁に追いやられていた．

それは金融化と企業的なグローバル化の犠牲者である，自明な政治的足場をもたないアメリカの有権者の大部分を置き去りにした．二つの主要な陣営のいずれもこれらの有権者を弁護しなかったことを考えると，アメリカの政治的世界にある種の裂け目（gap）が，すなわち，反新自由主義的で労働者世帯を支持する政治が根づいたかもしれない空白の占領されていない領域が存在していた．脱工業化の加速の度合を考えると，不安定な低賃金アルバイトの激増や収奪的な消費者ローンの台頭，底辺から3分の2のアメリカ人の生活水準の低下という帰結を前に，誰かがその空白の領域を占有することで裂け目を埋め合わせようとするのは時間の問題だった．

2007／08年にまさにその時が到来したと思った人もいるだろう．その時，アメリカ史上最悪のある外交政策の失敗が原因でいまだ混乱していた世界は，グローバル経済における株価急暴落による大恐慌以来最悪の金融危機にも直面していた．日常の政治は失墜していた．〔そのような最中に〕「希望」と「変革」を語るアフリカ系アメリカ人が大統領に就任し，彼は政策のみならずアメリカ政治の「物の見方」全体を転換すると誓約したのである．バラク・オバマは，たとえアメリカ連邦議会の反対に直面したとしても，新自由主義から大きく転換するための大衆的な支援を結集する好機を掴んでいたのかもしれない．しかしそうする代わりに，彼は経済を，金融危機によってほとんど壊滅状態に陥った

ウォール街の諸勢力に委ねた．構造改革ではなく「回復」を目標に定めて，オバマは「失敗するには大きすぎる」銀行に対して莫大な現金を用いた緊急の経済的救済を惜しまなかったが，金融危機の被害者に対しては，銀行に行ったものに匹敵するような救済措置を何一つ講じなかった．金融危機の最中で差し押えを被り，住まいを失ったアメリカ人はじつに1000万人を数えた．一つの例外は，廉価な介護法を通じたメディケイド（Medicaid：低所得者向け医療費補助制度）の拡大であり，この政策はアメリカの労働者階級の一部に実質的な物質的利益をもたらすものであった．しかし，それはルールに即した例外にすぎなかった．ヘルスケアに関する交渉が始まる前にオバマが断念した，単独の支払者と公的選択という提案とは異なり，彼のアプローチは，結果的に深刻な政治的破局をもたらしかねない労働者階級の分断を強化するものであった．総じて，オバマの大統領時代の圧倒的な推進力は，不人気の高まりにもかかわらず，進歩的新自由主義の現状を維持することだったのである．

　2011年のウォール街占拠運動（Occupy Wall Street）の勃発によって，ヘゲモニー上の裂け目を埋め合わせるためのもう一つの好機が到来した．政治制度に基づいた救済策を待ち望むのにうんざりし，問題を自分たちの手で解決することを決心した市民社会の一部は，「99パーセントの人々のために」の名目のもと，この国の公共の広場を手中にした．上位1パーセントの人々を豊かにするために圧倒的多数の人々を略奪したシステムを非難した，比較的少人数の若い抗議者集団はたちまち幅広い支持——いくつかの世論調査によると，とりわけ，ウォール街に押し寄せた労働組合，負債を抱えている学生，苦しい生活をやりくりしている中流階級の家族，急増する「不安定な低賃金アルバイト」といった60パーセントに上るアメリカ人から——を集めた．

　しかしながら，2011年のウォール街占拠運動の政治的影響は，もっぱらオバマの大統領再選に奉仕するという役割を果たすにとどまった．運動のレトリックを採用することで，オバマは，2016年にトランプに投票しただろう，それによって2012年にロムニーを破った多くの人々から支持を得た．しかしながら，さらに4年間を勝ち取った後，大統領の新たな階級意識はたちまち消え去った．「変革」の追求を行政組織の問題に限定することで，彼は富の犯罪者を訴追したり，快活な演説を行ってウォール街に対抗するべくアメリカ国民を糾合したりもしなかった．嵐は過ぎ去ったと思い込み，アメリカの政治的諸階級は政治的なうねりにほとんど気づかなかった．新自由主義的なコンセンサスを支持し

続けることで，彼らは来るべき地震の最初の前兆をウォール街占拠運動という事態に見出すことができなかったのである．

　その地震は2015／16年にかけてついに襲いかかった．長年にわたって蓄積された爆発寸前の不満は，突如として政治的権威の全般的な危機へと形を変えたのであった．大統領選挙の時期に，二つの主要な政治陣営は崩壊したように見えた．共和党の側では，トランプが大衆の関心を集めるテーマで選挙運動を行い，党の実力者や主要な支持者によって選ばれた16人の不運な主要ライバルたちをたやすく打ち負かしてしまった（彼はそのことを私たちに思い出させようとし続けている）．民主党の側では，自らを民主社会主義者だと公言しているバーニー・サンダースが，オバマによって正式に指名された後継者に驚くべき重大な挑戦を仕掛けた．そしてオバマの後継者は，彼の台頭を食い止めるためにあらゆる計略と政党の圧力とを動員しなければならなかった．両陣営において，一対の異端者がヘゲモニー上の裂け目を占領し，それを新しい政治ミーム（new political memes[10]）で埋め合わせようとしたため，お決まりの脚本は根本から覆された．

　サンダースもトランプも分配の新自由主義的政治を激しく非難した．だが，彼らの承認の政治ははっきりと異なっている．サンダースは，普遍主義と平等主義の口調で「不正な経済」を公然と非難したが，トランプはまったく同じフレーズを借用したうえで，それを民族主義と保護主義で色付けした．長年の排他的な比喩を倍増させることで，彼は「たんに」犬の遠吠えにすぎなかったものを，人種差別，女性嫌悪，イスラム恐怖症，同性愛およびトランスジェンダー嫌悪，反移民感情についてがなり立てる大騒音に変えた．「労働者階級」に基づく彼のレトリックが思い描いていたのは，鉱業，掘削業，建設業，および重工業に従事している異性愛者でキリスト教信者でもある白人男性だった．これとは対照的に，サンダースが支持を呼びかけた労働者階級はより広範で，ラスト・ベルトの工場労働者だけではなく，女性や移民，有色人種の人々も含めた公的機関やサービス業に従事する労働者も包摂していた．

　たしかに，「労働者階級」に関するこれら二つの描写の対比はおおいに誇張されたものである．どちらの描写も厳密には投票者の支持団体と合致しない．トランプの紙一重の勝利は，2012年にはオバマに，そして2015年の民主党予備選挙ではサンダースに投票した，換骨奪胎された製造業の有権者集団に起因するものであったが，彼の投票者たちのなかには，新自由主義者や事業主，そし

て経済的ポピュリズムにほとんど役に立たない人々といった，ありきたりな共
和党支持者と思われる人々も含まれていた．同様に，サンダースにとってもっ
とも当てにできる投票者は，大学教育を受けたアメリカの若者たちだった．だ
が肝心な点はそれではない．〔重要な点は〕対抗ヘゲモニーを形成するための説
得力ある展望を提示しうるアメリカ労働者階級に関するサンダースの包括的な
見解なのであり，この点こそ彼のポピュリズムの特徴がトランプのそれともっ
とも明確に区別される点なのである．

　二人の異端者は，新たなコモン・センスの概略を提示したが，双方ともにそ
れを自己流の方法で示そうとした．トランプの選挙運動のレトリックは，私た
ちが反動的ポピュリズム（reactionary populism）と呼ぶところの新しい主要なヘ
ゲモニー陣営の在りようをその最高の形態で提示した．それは超反動的な承認
の政治（a hyper-reactionary politics of recognition）とポピュリズム的な分配の政治（a
populist politics of distribution）が結びつくことで出現したものであり，実際的な
政策としては，メキシコとの国境上での壁の建設やインフラへの大規模支出を
意味するものであった．それとは対照的に，サンダースが構想した陣営は進歩
的ポピュリズム（progressive populism）であった．彼は，包摂的な承認の政治（an
inclusive politics of recognition）に，労働者家族向けの分配の政治（a pro-working-
family politics of distribution）を接合させようとした．すなわちそれは，刑事司法
改革とあらゆる人が加入できるメディケア（Medicare：高齢者および障害者向け公
的医療保険制度），女性の性と生殖に関する公正な権利の保障と大学授業料の無
償化，LGBTQ に代表される性的マイノリティーの権利擁護と大手銀行の解体
といった一連の政策を掲げるものであった．

4　おとり商法

　しかしながら結局のところ，どのシナリオも実現しなかった．ヒラリー・ク
リントンに対するサンダースの敗北は，大統領候補者指名投票から進歩的ポ
ピュリズムという選択を取り除くことになったが，誰も驚くことはなかった．
だが，その後に起こったクリントンに対するトランプの勝利という結果は，少
なくとも一部の人々にとってより思いがけないことだった．この新しい大統領
は，反動的ポピュリストとして統治するどころか，選挙運動で約束した大衆受
けする分配の政治を放棄して，旧態依然のおとり商法（the old bait and switch）

を活発に行った．実際にトランプは環太平洋パートナーシップ協定を破棄した．
だが彼は北米自由貿易協定（NAFTA）についてはあいまいな態度に終始したし，
ウォール街を制御することもできなかった．またトランプは，大規模な雇用創
出のための公共インフラ計画を実施するための重要なステップの一つにさえ着
手していない．そうする代わりに，製造業を促進するための彼の努力は，感情
をあらわにして大声でまくし立てることや，それによって得られる利益の大半
は架空のものであることが判明している石炭の規制緩和に限られていた．労働
者階級と中流階級の家族がその主要な受益者になるような税制改革を提案する
どころか，彼は，より多くの富を自らの家族も含んだ上位1パーセントの富裕
層に集中させるように設計された月並みな共和党的見解の提案に署名した．こ
の最後の点が証明するように，分配の面での大統領の行為には，多分に深刻な
縁故資本主義と自己取引が含まれている．だがもしもトランプが，ハイエクの
経済的合理性の理想に達していないとしても，さらにもう一人のあるゴールド
マン・サックスの出身者を財務省長官に任命したことは，新自由主義がその影
響力を保ったまま継続するのを確実なものにする．[11]

　ポピュリズム的な分配の政治を放棄することで，トランプは，非常に強化さ
れかつてないほど悪質で反動的な承認の政治を倍増させることに着手した．地
位の差別的な階層秩序（ハイアラーキー）を支持する彼の一連の挑発と行動のリストは長く，身の
毛がよだつものである．それは例えば，イスラム教徒が多数派を占めるすべて
の国を対象とした様々な種類の旅行禁止，ベネズエラに対するシニカルな追加
的措置，[12]（同意法令の利用を放棄した）司法における市民権の破壊や，（連邦請負業者
による差別の取り締まりを停止した）労働における市民権の破壊，性的マイノリ
ティーの権利に関する裁判での弁護の拒否，避妊法の保険適用範囲の後退，支
援スタッフの解雇を通じた，女性や少女のための教育改正法第9編（Title IX
protections）[13]の活動経費削減，警察官による容疑者の手荒な取り扱い，「保安官
ジョー（"Sheriff Joe"）」のような法の支配に対する軽蔑，[14]さらにはシャーロッツ
ビルで暴走した白人至上主義者たちを「とても素晴らしい人々」として支持す
る公的宣言などが含まれる．これら一連の政策は，たんなるごく普通の共和党
的な保守主義ではなく，超反動的な承認の政治である．

　全体的に見ると，トランプ大統領の政治は，候補者トランプが選挙運動で提
示していた公約とは異なるものであった．大衆受けを狙った経済政策が消えた
だけでなく，彼のスケープゴートはかつてないほど悪質なものへと成長を遂げ

た．つまりトランプの支持者たちが望んで投票したのは，一言でいえば彼らが得たものではなかったのである．要するに結論は，反動的ポピュリズムではなく超反動的新自由主義（*hyper-reactionary neoliberalism*）なのである．

しかしながらトランプの超反動的新自由主義は，新たなヘゲモニー陣営を構成していない．それどころかそれは，混沌としており不安定で脆弱である．トランプの政治を特徴づける超反動的新自由主義の出現は，ある面では，この政治の主導者であるトランプ自身の風変わりな個人心理に依拠するものであり，また他の面では，トランプの政治を再度コントロールすることを試みて失敗し，いまや出口戦略を模索するのに時間を費やしている共和党の指導者層とトランプとの機能不全に陥った共依存関係に依拠してもいる．現状，私たちはトランプの政治がどうなるのかを正確に知ることはできないが，共和党が分裂する可能性を除外するのは愚かなことだろう．いずれにせよ，超反動的新自由主義は安定したヘゲモニーの展望を提示することはない．

だが，より深刻な問題も存在する．選挙運動で示した経済的ポピュリストとしての外観を捨て去ることで，トランプの超反動的新自由主義は，2016年に突発したヘゲモニー上の裂け目を実質的に修復しようとしている．ただ現状では，その裂け目を縫い合わせることはできていない．いまやトランプのポピュリストとしての化けの皮は剥がれており，トランプの支持団体である一部の労働者階級が，（誤った）承認（(mis) recognition）を今後長きにわたって享受するだけで満足するかどうかは疑わしい．

その一方，この間に「抵抗運動」が組織された．しかし反対派はバラバラの状態であり，意固地なクリントン支持者，献身的なサンダース支持者，そしてどちらにも投票するだろう多くの人々から成り立っている．抵抗運動の展望を複雑にしているのは，計画的な考え方がはっきりとしないにもかかわらず（あるいはそれゆえに），その好戦的な姿勢が多くの賛同者を引きつけている多数の新興グループの存在である．

とりわけ厄介なのは，人種と階級とを対立的に捉える左派の古い傾向が盛り返してきた点である．ある抵抗者は，黒人とラテン系アメリカ人からの支持獲得に重点を置いた白人至上主義への反対を中心にして民主党政治の方向性を転換することを提案している．他の抵抗者は，トランプに寝返った白人労働者階級のコミュニティの奪還を目的とした階級中心の戦略を支持している．いずれの見解も，階級および人種への着目を本質的に相反するゼロサムゲームとして

扱っている点で問題がある．〔だが〕事実として，人種的および階級的不正の双方とも同時に糾弾することができるし，実際そうすべきである．人種的不正と階級的不正のどちらか一方がはびこっていては，両者を克服することなどできない．

　しかしながら，今日の状況では，さほど重要ではない階級的利害関心について提案することは，特別なリスクを引き起こす．彼らは，ある種の新しい装いで現状を回復しようとしているクリントン支持派の努力にぴったりと当てはまる可能性がある．この場合予想される帰結とは，分配の面における新自由主義と，承認をめぐる好戦的な反人種主義の政治とを結合させた進歩的新自由主義の新しいバージョンだろう．〔だが〕この展望は反トランプ勢力に一時的な足止めを強いるはずである．それは一方で，このような政治的展望の反対方向に走り，トランプが語る物語を真実だと認め彼への支援を強化する潜在的な多くの支持者を生みだすだろう．他方で，それは新自由主義に対する代替案を抑制しヘゲモニー上の裂け目を回復させるために，実質的にはトランプに助力することになるだろう．だが，まさに私がトランプについて言及したことは，ここでも等しく適用される．つまり，ポピュリストの化けの皮は剥がれており，それが静かに跡形もなく消え去ることはないだろう．進歩的新自由主義を再生させることは，いかなる場合でもまさにトランプを生み出した状況を再現すること，それどころか実際にはさらに悪化させることなのである．さらにそのことは，将来の——より悪意に満ち危険な——トランプが台頭する土台を準備することを意味するのである．

5　病的な症状と対抗ヘゲモニー形成に向けた展望

　これらすべての理由から，進歩的新自由主義の再生もトランプの超反動的新自由主義も近い将来における政治的ヘゲモニーとして妥当な候補ではない．これら各陣営を結びつける結束はひどく擦り切れている．それに加えて，現状ではどちらも新たなコモン・センスを形成する立場にない．どちらも社会的現実についての信頼できる全体像や，広範な社会的行為者がそこに自らを見出すことができるような物語を提供することができないでいる．同様に重要なのは，これら新自由主義の諸形態では，私たちのヘゲモニー的な危機の根幹にある客観的な制度上の様々な機能不全を首尾よく解決することができない．双方とも

グローバル化した金融財政から恩恵を受けているため，金融化，脱工業化，多国籍企業化に対して異議を唱えられないでいる．〔それゆえに〕どちらも生活水準の切り下げや風船のように膨張する負債，気候変動や「ケアの不足」，コミュニティでの生活から生じる耐え難いストレスを矯正することができない．これら両陣営のいずれかに（再び）権力を委託することは，既存の新自由主義的な政治体制を継続させるだけでなく，目下迫りつつある危機を強化することでもあるのだ．

それでは近い将来，私たちは何を期待できるのだろうか．確立され安定したヘゲモニーが不在のなかで，私たちは不安定な政治空白と政治的な危機の連続という事態に直面している．このような状況では，アントニオ・グラムシの言葉が真実味を帯びて響く．「旧いものは死に絶えたというのに，新しいものはいまだ生まれてはいない．このような空白の時には，じつに多様な病的症状が現れるものである」．

もちろん，それは実現可能な対抗ヘゲモニーの候補が存在しない場合に限る．そして現状もっとも見込みのある対抗ヘゲモニーの候補は，ポピュリズムの何らかの形態である．〔だが〕ポピュリズムは，いますぐではないにしても，長期的に可能な一つの選択肢なのだろうか．〔私が〕この可能性に賛同するのは，アメリカの有権者として重要な集団を形成するサンダースとトランプ双方の支持者が，2015／16年の大統領選挙で新自由主義的な分配の政治を拒絶したという事実である．喫緊の課題は，目下これらの集団が新たな対抗ヘゲモニー陣営のもとに結集できるかどうかということである．そしてそのためには，トランプとサンダースをそれぞれ支持している労働者階級の人々が，自分たちは互いに「不正な経済」のもとで異なった状況に置かれた犠牲者であり，ともに変革を求めているという点で味方だということを理解する必要があるのだ．

反動的ポピュリズムは，たとえトランプが不在であっても，このような同盟のための土台にはならないだろう．その階層秩序的で排他的な承認の政治は，アメリカの労働者階級と中流階級の主要なセクター，とりわけ生計をサービス業，農業，家事労働からの賃金に依存する家族や，多くの女性，移民，有色人種の人々を含む公共部門の労働者にとって確実に致命的なものである．これら欠くことのできない社会的諸勢力を，製造業，鉱山業，建設業において歴史的に形づくられてきたコミュニティを含んだ労働者階級および中流階級の他部門との同盟関係へと導く闘争の契機をもっているのは，包摂的な承認の政治（an inclusive politics of recognition）だけなのである．

　かくして進歩的ポピュリズムが新たな対抗ヘゲモニー陣営のもっとも有望な候補として残ることになる．平等主義的な再分配と非階層的な承認を結びつけたこの選択には，少なくとも労働者階級の全体を団結させる闘争が形成される契機がある．さらにこの選択肢は，階級をより広範に理解することで，この同盟の主導的な勢力として若年層，中流階級，さらには専門的な経営者層をも位置づけることができる．

　同時に，現在の状況には，進歩的ポピュリストと前回の選挙でトランプに投票した労働者階級の人々との同盟の可能性にただちに反するものが数多く存在している．その最たる障害は，根深い分断と，長い間くすぶり続け，最近トランプ——デビッド・ブルックスが表現したように，彼は，「政治体を傷つけるものすべてを嗅ぎつける独自の能力」を持っており，「熱い火かき棒を政治体に突っ込んで傷口をさらに広げること」を平然とやってのける——によって，熱狂的な状態にまで引き上げられた憎悪である．その結果は，一部の進歩主義者が抱く，トランプに投票する者はみな救いがたい人種差別主義者，女性嫌悪者，同性愛嫌悪者であって「非難されるべき人間」だという見解を正当なものだと認めてしまうという致命的な状況をもたらす．さらには，進歩主義者はみな手に負えない説教師であり，お茶をすすり金をかき集めては自分たちを見下すうぬぼれたエリート主義者だという多くの反動的ポピュリストが抱く逆の見解も強化されてしまう．

6　分離戦略

　今日，アメリカ合衆国における進歩的ポピュリズムのための展望は，進歩主義者と反動的ポピュリストが抱くこれら二つの見解をうまく結びつけることにかかっている．そのために必要なのは二つの主要な分裂を促進することを目的とした分離戦略（strategy of separation）である．第1に，恵まれない女性や移民，有色人種の人々を「リーン・イン・フェミニスト（the lean-in feminists）[15]」，能力主義を奉じる反人種差別主義者や反同性愛嫌悪者，さらには彼らの関心を乗っ取り，それを新自由主義に適合的なものにするべく彼らに影響を与えようとする企業の多様性と緑の資本主義の勧誘者たちから引き離さなければならない．これは「リーン・イン」を「99パーセントの人々のためのフェミニズム」

40

に置き換えようとする最近のフェミニズムのイニシアティブの目的である．その他の解放的な運動もこの戦略を手本とすべきである．

　第2に，ラスト・ベルト，南部，農村部の労働者階級のコミュニティに対して，現在の秘かな新自由主義的同盟を放棄するよう説得しなければならない．説得の秘訣は，軍国主義，外国人嫌悪，および民族ナショナリズムを促進している勢力は，労働者階級の人々が望ましい生活を送るために欠かせない物質的な必須条件を提供することはできないし，提供する気もないのに対して，進歩的ポピュリスト陣営にはそのための準備があるということを納得させることである．このような方法で，そのような呼びかけに応答する可能性がありまた応答するはずのトランプへの投票者を，そうでないオルト右派民族ナショナリスト[16]から切り離せるかもしれない．前者が後者を大幅に上回ると言うことは，反動的ポピュリスト運動が，都合良く歪曲されたレトリックに過度に依存しており，それがかつて真の白人至上主義者からなる過激派を鼓舞していたのを否定することではない．だがそれは，圧倒的多数の反動的ポピュリストの投票者たちは，バーニー・サンダースによって引き起こされたある種の拡大された労働者階級への支持の呼びかけに対して，永久に門戸を閉ざそうとしているという性急な結論を否定するものである．そのような見解は経験的に誤っているだけでなく非生産的であり，もっともらしい自己充足的な予言のようなものである．

　ここではっきりさせておこう．私は進歩的ポピュリスト陣営が，人種差別，性差別，同性愛嫌悪，ムスリム嫌悪，そしてトランスジェンダー嫌悪についての差し迫った懸念を静めるべきだと提案しているのではない．反対に，これらの悪意すべてに対する闘いをこそ，進歩的ポピュリスト陣営における中心的な課題に据えなければならない．しかし，進歩的新自由主義がそうしたように，道徳的な教化を通してそれらの害悪に対処しようとするのは逆効果である．進歩的新自由主義のアプローチは，これらの不正に対して浅薄で不適切な見解を前提としており，〔それゆえ〕人々の脳裏にある困難の内容を大げさに誇張することで，これらの不正を強化する構造的─制度的強制力の根深さを見落としているのである．

　この点は，人種の事例においてとりわけ明確で重要である．今日のアメリカ合衆国における人種的不正は，恥ずべき態度や悪しき行動がたしかに存在しているけれども，根本的にはそれらの問題ではない．問題の核心はむしろ，組織的抑圧の長い歴史を通して屈折した進歩的新自由主義のヘゲモニーの時代にお

ける脱工業化（産業の空洞化）と金融化がもたらした人種的に特有の影響にこそ
ある．この時代，黒人および褐色系アメリカ人（非白人アメリカ人）――彼らは
長い間，信用貸付を拒否され，劣悪で隔離された住宅に閉じ込められており，
貯蓄するには少なすぎる賃金しか得ていなかった――は，サブプライム・ロー
ンの提供者によって組織的な標的にされ，その結果，国内でもっとも高い住宅
の差押えを経験することになった．またこの時代，長い間組織的に公共の資源
が不足していた少数の町や地域は，衰退する製造業の中心地域にある工場の閉
鎖によって痛手を被ってきた．それらの損失は雇用だけでなく税収にも影響を
及ぼしており，学校，病院，基本的なインフラ整備のための資金が奪われ，最
終的にフリントや[17]，これとは異なる文脈であるが，ニューオーリンズの「下九
地区（the Lower Ninth Ward）[18]」のような崩壊を招いた．そして最後に，長い間差
別的な量刑と過酷な投獄，強制労働，そして警察の手による社会的に容認され
た暴力の対象とされてきた黒人男性は，この時期に「産獄複合体（prison-industrial
complex）」へ大規模に動員された．この「産獄複合体」は，クラック・コカイ
ンの所持を標的とした「薬物との戦争」や，もっぱらビル・クリントンによっ
て組織された超党派による立法上の「成果」に対するあらゆる黙認が招いた，
不釣り合いに高いマイノリティーの失業という事態においてその能力をいかん
なく発揮した[19]．ホワイトハウスのアフリカ系アメリカ人の存在〔オバマ大統領の
誕生〕は人々を鼓舞するものであったが，この「産獄複合体」の発展を押しと
どめることができなかったことをここに付け加える必要があるだろうか．

　この「産獄複合体」はどのようにして保持されているのか．まさにここで引
き合いに出した現象は，現代の資本主義社会に定着した人種差別の根深さと，
それに対処すべき進歩的新自由主義の道徳的な無力さを明らかにしている．こ
こで引き合いに出した〔「産獄複合体」という〕現象はまた，人種差別の構造的基
盤が，社会的な地位と（誤った）承認と同様に，階級と政治経済にも深く関連
していることを明らかにしている．同じく重要なことに，それらはたとえ部分
的に様相が異なっていても，有色人種の人々の生活展望を破壊する諸力が，白
人の生活展望を破壊する諸力と同様の動的複合体の一部だということを明らか
にする．そして最終的には，現代の金融資本主義における人種と階級の入り組
んだ相互連関が明らかになるのである．

　進歩的ポピュリスト陣営はこのような洞察を導きの星にする必要がある．個
人的な態度を強調した進歩的新自由主義を放棄して，進歩的ポピュリズムは現

代社会の構造的─制度的基盤に焦点を据えなければならない．とりわけ重要なのは，金融資本主義における階級的・地位的な不正という共有された根本原因を強調する必要があるということである．システムを単一の統合された社会的全体として捉え，女性，移民，有色人種，さらにはLGBTQの人々が被っている様々な弊害と，今日，右派ポピュリズムに引き寄せられている労働者階級の人々が経験している弊害とを関連づける必要がある．そのようにして，進歩的ポピュリズムは，トランプと彼の同調者がいまもあちこちでだましているすべての人々──それは移民，フェミニスト，有色人種といったトランプの超反動的新自由主義にすでに反対している人々のみならず，これまでそれを支持してきた白人労働者階級の人々も含む──の間に強力で新しい連合の基礎を築くことができる．労働者階級全体の主要な構成部分を結集することで，この戦略は勝利することができるはずである．ここで検討された他のすべての選択肢とは異なり，進歩的ポピュリズムは，少なくとも原理的には，将来比較的安定した対抗ヘゲモニー陣営となる可能性があるのだ．

　しかし私はその潜在的で主観的（subjective）な実現可能性のゆえに進歩的ポピュリズムを推奨しているのではない．その他の選択肢とは対照的に，進歩的ポピュリズムには，少なくとも原理的には，私たちが直面する危機の現実的で客観的（objective）な側面に対応しうるというより重要な利点がある．そのことを説明したい．

　私が最初に言及したように，ここで解剖されたヘゲモニー的な危機とは，エコロジー的，経済的，社会的な複数の要素を含む，より大きな複合的な危機の一つの要素である．それはまた，客観的なシステム上の危機に影響を及ぼすため切り離すことのできない主観的な対応物でもある．一方で主観的な，他方では客観的な危機の二つの側面は，最終的には，しぶとく存続するかともに凋落するかのいずれかである．しかしながら説得力があるのは明らかだが，危機に内在する客観的な問題に対して真の解決策を提示しないかぎり，いかなる主観的な応答をもってしても持続性のある対抗ヘゲモニーを確立することなどできない．

　客観的な側面で進行している危機とは，たんに多様性から切り離された個別の機能不全ではない．複数に分散して形成されているのではなく，客観的な危機を構成する様々な構成要素は相互に関連しており，共通の原因を共有している．私たちの全般的な危機の根底にある対象，様々な不安定性を潜在している

当のものとは，グローバル化し新自由主義的で金融化した資本主義の今日的な
形態である．資本主義のあらゆる形態と同様に，資本主義の現在の形態は，た
んなる経済システムにとどまらず，それよりも巨大な，制度化された社会秩序
として現出している．それゆえそれは，資本主義経済に不可欠な一連の非経済
的な背景となる条件を網羅している．つまりそれは例えば，経済的生産のため
の賃金労働の供給を保証する社会的再生産のための無給の諸活動，〔さらに〕持
続的な資本蓄積に必要な秩序，予測可能性，経済的基盤を供給する法，警察，
規制当局，および運営能力といった組織された公権力の諸装置，そして最後に，
〔私たち以外の〕自然の残りの部分との新陳代謝のための比較的に持続可能な組
織などである．この組織は，人間の生命を支える住まいである惑星のことは言
うまでもなく，商品生産のためのエネルギーと原料の不可欠の必需品を保証す
るものである．

　金融資本主義は，資本主義経済とその成立に欠かすことのできない背後諸条
件との関係を編成する歴史的に特殊な一つの方法を表現している．それは社会
的組織の略奪的で不安定な形態であり，資本蓄積を，長期にわたって維持する
ために必要とされてきた政治的，エコロジー的，社会的，道徳的な諸制約から
解放する．そのような諸々の制約から解放されたことで，資本主義経済は，自
らが存立するための可能性をなす背後諸条件を破壊してしまうのである．それ
はまるで自分の尾を喰う虎のようなものである．社会生活それ自体がますます
経済化され，際限のない利潤追求によって，社会的再生産やエコロジー的持続
性，さらにはそれらが依拠している公権力の形態そのものが弱体化されてし
まった．このように見ると，金融資本主義は本質的に危機に陥りやすい社会編
成だと言える．現在私たちが直面している複合的な危機は，金融資本主義がは
らむ自己不安定化という固有の傾向をますます鋭く表現しているのである．

　これが危機の客観的な側面である．つまり，ヘゲモニー的な解明の構造的な
対応物について，ここで解剖したわけである．今日それに応じて，一方で主観的
な，他方では客観的な危機の両極面は全開の様相を呈している．そしてすでに
述べたように，これらの危機はともに存続するか凋落するかのいずれかである．
客観的な危機を解決するには，金融資本主義の抜本的な構造転換が必要である．
すなわち，この転換は，経済と政策，生産と再生産，人間社会と非人間的な自
然とを新しい方法で関連づけることである．たとえいかなる装いを纏ったとし
ても，新自由主義は解決策ではなく問題でしかない．

44

　私たちが必要とする類の変革は，反資本主義的ではないとしても，どこか他の場所から，少なくとも反新自由主義的なプロジェクトにおいてのみ到来しうる．そのような変革プロジェクトは，対抗ヘゲモニー陣営として具体化された場合にのみ歴史的な力となることができる．このような展望は現状ではほど遠いように見えるかもしれないが，主観的かつ客観的な解決策として私たちがとりうる最善の可能性は進歩的ポピュリズムである．しかし，それすら安定した終着点ではないかもしれない．進歩的ポピュリズムは過渡的である可能性があり，それはいくつかの新しいポスト資本主義的形態の社会に向かう通過点に過ぎないのかもしれない．

　私たちが辿り着くべき終着点が何であれ不確かであったとしても，ただ一つのことは明らかである．それは，私たちがこの進歩的ポピュリズムという選択肢をいますぐ実行できなければ，現在の政治的な空白期間をさらに先延ばししてしまうだろうということである．そしてこの政治的な空白は，あらゆる種類の労働者と有色人種の人々に対してさらなるストレスと膨張する負債，過労による健康の衰えを強いるとともに，階級差別と社会不安をもたらす．階級差別と社会不安はまた，これまで以上に広大な範囲に及ぶ病的症状のなかに人々を巻き込むことも意味する．この病的症状とは，例えば，憤激から生まれスケープゴートによって表現された憎悪や暴動とそれに続く弾圧の発生，さらには連帯が消失点にまで縮減された弱肉強食の危険極まりない競争世界などである．そのような運命を避けるためにも私たちは，排他的な民族ナショナリズムだけでなく自由主義的で能力主義的な個人主義も捨て去り，近年支持されている新自由主義的経済とそれに結びついた様々な承認の政治の双方を決定的に打ち破らなくてはならない．確固たる平等主義的な分配の政治（a robustly egalitarian politics of distribution）を，実質的に包括的で階級に配慮した承認の政治（a substantively inclusive, class-sensitive politics of recognition）へと結びつけることによってのみ，現在の諸々の危機を乗り越えてより良い世界へと私たちを導きうる対抗ヘゲモニー陣営を構築することができるのである．

訳注
〔1〕　金融資本主義がはらむ諸問題がまるでガン細胞のように社会全体に広がり「全般的な」危機を招来する事態を指す．
〔2〕　ビル・クリントンを指導者とする進歩的新自由主義の政治勢力．トニー・ブレアの

「ニュー・レイバー（新しい労働党）」の合衆国版.

〔3〕　アメリカ経済の金融化・ギャンブル化.

〔4〕　女性が自らの能力を能動的に発揮してキャリアを築いていくこと.

〔5〕　貧しさの象徴.

〔6〕　ここでフレイザーは，進歩的新自由主義に親和的な「能力主義的企業型フェミニズ
　　ム」（ナンシー・フレイザー，井芹真紀子訳，「進歩主義ネオリベラリズムの終焉」，『世
　　界』第894号，2017年，p. 34）を批判している．フレイザーによると，ヒラリー・ク
　　リントンという女性に体現されるこのフェミニズムは，「企業ヒエラルキーの撤廃では
　　なく，そのような序列の中で『有能な』女性やマイノリティ，同性愛者のエリートが
　　一握りでも増えることを，『解放』と同一視」（同, p. 33）するという誤認を犯している.
　　このフェミニズムは，社会の階層秩序的構造それ自体を批判できておらず，それゆえ
　　に，ここで称揚される「多様性」，「エンパワーメント」，「差別禁止」といった用語は，
　　社会の階層秩序に首尾よく適合したうえで自らの努力でキャリアを形成することがで
　　きる一握りの「有能な」女性，有色人種，性的マイノリティーにのみ受け入れること
　　ができる議論にすぎないのであって，それ以外の圧倒的大多数の貧しい人々の存在を
　　度外視している点を彼女は批判している.

〔7〕　むろんフレイザーは，ここで言及している「資本主義の新たな精神」を批判的に捉
　　えている．それはウォール街やハリウッド，シリコンバレーといった「進歩的新自由
　　主義」の主導者である「金融化の諸勢力」が，自らの同盟者である新しい社会運動か
　　ら借用した「うわべだけの解放的な〔イメージの〕カリスマ性」（ナンシー・フレイザー,
　　井芹真紀子訳，「進歩主義ネオリベラリズムの終焉」，『世界』第894号，2017年，p.
　　32, p. 33）にすぎない．たしかに，表面上とはいえ平等主義的で解放的な承認の精神
　　に基づく「進歩的新自由主義」のプロジェクトは，「多様性」の理念を掲げ，黒人，移
　　民，女性，性的マイノリティーといったこれまでアメリカ社会のなかで周縁的な立場
　　にとどめ置かれてきた「みじめな人々」が，社会的・経済的に上昇するためのチャン
　　スを提供した．しかしそのチャンスは，あくまでも自らの意志と努力でキャリアを形
　　成することができる一握りの「有能な」個人（社会的に成功した「スリリングな存在」）
　　にだけ開かれたものでしかなく，キャリアを形成する能力や機会をもてない貧困層
　　（「不安定な低賃金アルバイト」など）や，ラスト・ベルトを中心とした製造業に従事
　　する白人労働者たちは依然として「みじめな人々」のまま取り残されたのである.

〔8〕　過去に重工業で栄えたが現在は衰退したアメリカ北部の工業地帯.

〔9〕　1933年に成立した米国銀行法．銀行の証券引受業務や株式の売買を禁止するなど,
　　銀行業務と証券業務の分離を定めた.

〔10〕　写真と文章を組み合わせて政治的なメッセージを表現した画像．近年ソーシャルメ
　　ディアの台頭でその政治的影響力に注目が集まり，政治家たちが自らの思想を拡散す
　　るために巧みに用いられている.

〔11〕　トランプは2016年11月30日に，ゴールドマン・サックス社の共同経営者だったス
　　ティーブン・ムニューシン（Steven Mnuchin）を財務長官に指名した.

46

〔12〕 反米左派のマドゥロ政権転覆のために経済制裁を強化し，その結果，ベネズエラの市民生活を一層困窮化させたこと．

〔13〕 連邦政府が財政支援する教育機関における性差別の禁止を規定した基本法．

〔14〕 アリゾナ州元保安官ジョー・アルパイオは，法律違反を犯していない移民の拘束を止めるよう指示する2011年の裁判所命令に背いたため法廷侮辱罪で有罪判決を受けていたが，トランプは2017年8月25日彼に恩赦を与えた．

〔15〕 「能力主義的企業型フェミニスト」．

〔16〕 反フェミニズム，白人至上主義，反イスラムなどを特徴とし，既存右翼を否定する新たな右翼思想を信奉する民族国家主義者．

〔17〕 ミシガン州デトロイトの北部都市．自動車工業で隆盛した．

〔18〕 2005年のハリケーン・カトリーナの襲来によって地区全域が水没したルイジアナ州ニューオーリンズ市内の「下九地区」では，貧困状態に置かれた多くの黒人が生活していた．

〔19〕 ここでフレイザーが言及している「産獄複合体」とは，1980年代のレーガン大統領の時代に監獄の大量建設計画を契機に形成された「監獄関係者，多国籍企業，巨大メディア，看守組合，そして議会・裁判所などが相互に共生関係にある複合体」（アンジェラ・デイヴィス，上杉忍訳，『監獄ビジネス――グローバリズムと産獄複合体――』，岩波書店，2008年，p. 115）のことを指している．1980年代初頭の監獄の大量建設は，レーガン政権のもとでの「厳罰主義」に基づく「麻薬との戦争（War on Drug）の全面展開による収監者の激増」の結果であった（「訳者解説」，アンジェラ・デイヴィス，上杉忍訳，『監獄ビジネス――グローバリズムと産獄複合体――』，岩波書店，2008年，p. 143）．例えば，1986年に制定された「麻薬乱用取締法」によって，固形コカイン「クラック」の所持に対する刑期が一気に長期化された．この法案によって，「同じ目方を所持していた場合，黒人や貧しい者が使用しがちな安価なクラックの所持者は，白人中産階級が利用する粉末コカインの所持と比べて，数十倍から100倍の刑期を科せられることが決まった」のである（上杉忍，『アメリカ黒人の歴史――奴隷貿易からオバマ大統領まで――』，中央公論新社〔中公新書〕，2013年，p. 200）．
　　レーガン政権は，「麻薬との戦争」政策に基づく麻薬犯罪の取締強化と麻薬犯罪による刑期の長期化を決定する一方で，監獄経営の「民営化」も推進し，監獄内での企業による囚人雇用を認めた．こうして「企業は組合に入れない囚人を健康保険，失業保険，傷害保険のための分担金を支払うことなく，労働者として使用できるようになった」（同，pp. 199-203）．「『麻薬との戦争』政策とは，単なる『麻薬対策』を意味する政策ではなく，この時代に始まった新自由主義的経済・政治・イデオロギー政策全体のキー概念を形成する基本政策の一つであり，産獄複合体を肥大化させてきた政策であった」（「訳者解説」，アンジェラ・デイヴィス，上杉忍訳，『監獄ビジネス――グローバリズムと産獄複合体――』，岩波書店，2008年，p. 149）．「麻薬との戦争」政策によって肥大化した今日のアメリカの「産獄複合体」は，もはや麻薬犯罪の取締りや抑制にではなく，そこで形成された「巨大な利権集団」（監獄関連企業・政治家・看守組合・警察

関係者・裁判官経験者など）に安定した利益をもたらす「囚人労働者（収監者）」を出来るだけ大量に，かつ長期にわたって確保することに主要な関心を寄せているのである（同，pp. 150-151）.

第3章
新自由主義的想像力と
理由の空間

マーティン・ジェイ

日暮雅夫 訳

　政治用語の混乱した世界においては，最も基本的な用語について合意を得るのも容易ではない．アメリカの保守主義者はいまや，政府による規制，過度な課税，公的な福祉支出を公然と非難する攻撃的な市場原理主義を支持しており，それはどこかほかの所では一般に新自由主義として知られている．経済的問題と同じように文化や外交問題にも関心を持つイデオロギーであった新保守主義が相対的に没落するとともに，右派は，邪魔者のいない市場というものの価値——ロン・ポールとその支持者たちの自由至上主義[1]を原理主義的な極とする立場——をとりわけ支持しながらますます大きな声をあげていった．しかし，多くのアメリカ人が次第にこの立場を保守主義と同じとみなし，この立場をそれがリベラルとして非難する大きな政府というイデオロギーと戦わせた間に，この立場はグローバルなスケールにおいて——より正確には経済的グローバリゼーションのコンテクストにおいて——それ自体「新自由主義 (neo-liberal)」という名前をつけられることになったのである．

　これらのことすべてを分類し用語を整理するのは簡単なことではないので，ベストを尽くしたとしても意味上のずれは仕方のないことである．しかしおそらく，保守主義と伝統的に理解されてきたものと，現在のアメリカ右派の新自由主義とを区別する一つの方法は，合理性に向かう際の対照的な態度に焦点を合わせてみることであろう．エドマンド・バークの時代から，保守主義者たちは，伝統，権威，習慣，信条，実践知，感情，経験そして先入観にすら反する理性の要求に深く懐疑的であった．彼らは合理性の傲慢さを，ユートピア的な社会設計，文化的差異に対する軽視，そして人間の完全性というファンタジーに基づいた全体主義の悪というかどですら非難してきた．英国の保守的な理論家マイケル・オークショットが「政治における合理主義」という古典的論文で言ったように，「政治をエンジニアリング (工学) へと同化することは，まさに合理主義の政治の神話と呼ぶべきものである」[1]．

　対照的に，今日の新自由主義は，理性をその原理的支柱としており，新自由

主義が追求する原理は，他の諸価値への感情的アピールとは異なって，厳密な整合性によって追求される必要がある（参考人ロン・ポールによる，健康保険を持っていない危篤状態の病人は死ぬに任せるべきか，と聞かれた時の悪名高き回答や，ニュート・ギングリッチが「愚かな」児童労働法を廃止すべきと勧めたことが挙げられる）．新自由主義的世界観のイデオロギー的信奉者の一人であるアイン・ランドは，しばしばその門人たちに，「合理的な自己利害の追求」は，「オブジェクティヴィズム」[2]倫理学の最高の価値であることを思い起こさせた．心情に訴える善意の人道主義に対して，新自由主義的想像力は，それがどこに導くかもしれないとしても理性の冷たい論理を好むのである．

　しかし，新自由主義者はその合理性によって正確には何を考えているのだろうか．その合理性は，混乱し多義的となったこの用語のあらゆる種類を含んでいるのだろうか．この疑問に取り組む努力として，その著作が最近ますます関心を集めているアメリカの哲学者ウィルフレッド・セラーズの洞察から始めることは有益であるかもしれない．彼は1956年に，「理由（reasons）の論理的な空間」という概念を，ある意識の状態を記述するために導入した．その意識状態においては，私たちの観察と思考とは，外的世界の，あるいは私たちの内的現実の，単に経験的な表現と考えられてはならない．理由というものは規範的であると同時に認知的であるので，存在の外的または内的状態についての率直な断言であるよりむしろ，他者に対する正当化を必ず含んでいるからである．すなわち，理由は，他者を説得するために，暗黙裡でも明示的にでも，所与の理由の全体的な社会的ネットワークに巻き込まれているのである．セラーズは，「言語論的転回」を経験した他の者たちとは異なって，理性には結果として反対しなかった．彼は，確実な知へのプラトン以来西洋哲学を支配しデカルトの主観形式において復活した論理的概念主義を，それに伴う，確実な知への探求とともに否定しつつ，論争を通じた正当化という間主体的行為を特権化した，いまだ合理主義的なオルタナティヴと〔自分を〕仮定した．彼はもっとも頻繁に引用される見解で言っているように，「経験的知識が，それを洗練して拡張したものである科学と同様に，合理的であるのは，それが基礎を持っているからではなく，どんな主張も，すべてを一度にではないにしても危険にさらしうる自己修正的な営みであるからである」[2]．

　新自由主義による合理性の喚起が，セラーズの理由の空間の概念に一致するのかどうかを，いま問わねばならない．あるいは，少し異なる角度から言えば，

新自由主義がもてはやされる「もろもろの合理性の空間」を支配するものは何だろうか．大ざっぱに言えば，私は，新自由主義は三つのモデルの合理性で描かれるが，そのいずれもセラーズの定義には従っていない，と論じようと思う．これらのうちの最初のものを私たちは，マックス・ヴェーバーが「道具的」と呼んだ手段－目的合理性と考える．ヴェーバーはそれを，実質的合理性と対比した．実質的合理性が価値問題を合理的応答の可能なものと考えるのに対し，手段－目的合理性は，価値問題を非合理的な信念の領域に置く．ヴェーバーと，かつて立てられた客観的で普遍的な諸価値に絶望した者たちにとっては，脱魔術化した近代における唯一の意味ある合理性は，いかなる普遍的な根拠も持たないという意味で，道具的で主観的なものだった．したがって，計算，すなわち数や代数の操作に関係した数学的用語として最もよく理解される技術は，本質的な合理的活動として役立つのである．新自由主義は自分の気分に乗じて，理性のこの限定された読み方を，単なる手段としてしか受け取らない．それは，個的主体が自らの信念体系を通じて任意に選んだ目的を実現するための手段であり，この信念体系自体は合理的基準によって判断されえないのである．言葉を換えれば，目的は，その適用に際して全面的に戦略的な形をとる理性にとって外在的なのである．

　本質的に個人主義的な，合理性のこのバージョンは，孤立した，自律的な，主権的な（sovereign）主体のモデルに基づいている．この主体は，彼または彼女が欲望しうる目的はなんであっても獲得する可能性を最大化しうるもっともよい手段を計算することができる行為者（エージェント）として理解される．最も基本的なレベルで，この主体はどのように理解されていようと（しばしば明らかに利他的な動機がより深いレベルで自己利害的と記述し直されているが），自己利害と呼ばれる何かによって動機づけられていると言える．このような主体は，自らが埋め込まれているかもしれない，または少なくとも分析的目的にとってはそのように受け取られる，規範や価値といった社会的コンテクストに先立っていると理解される．新古典派経済学理論は非常に多くの場合，新自由主義的実践の根底に横たわっているが，そこで想定されるのは，選好（preferences）を秩序づけランクづけ，結果を最大化するためにいわゆる「決定有用性（decision utility）」を適応しつつ，諸個人がコストと利益とを測ることができることである．最適化を計算する根底にあるのは，移り変わる（transitive）欲望は本来的に代替可能であるという前提であり，それは，道具的理性を効果的とするような選択メニューの比較検

討を許すものである．欲望にはそれぞれ異なった強度があるし，信念にはそれぞれ異なった確信があるにせよ，洗練された数学的モデル──統計学者はそれをベイズ推定（Bayes estimators）[4]と呼ぶ──は，消費者たちが市場における自らの行為に到達するさいになす取引を測るために用いられうる．市場は自己制御という不変のルールにしたがって作用すると想定されるので，個々人の計算は，少なくともありそうな結果を示しうる期待という背景に対してなされる．

　この種の理性を表現するもっとも説得力のある現代の理論は，「合理的選択理論（rational choice theory）[5]」として知られている．それはいまや，社会科学の全域にわたって，多種多様な振舞いを説明するのに用いられている[3]．合理的選択理論は，ジェレミー・ベンサムの功利主義やウィリアム・スタンレー・ジェヴォンズの新古典派経済学に傾聴しながらも，軍事決定と民主主義的参加とに関する反共産主義的理論化のコンテクストにおいて展開された時，第二次世界大戦の後の数年で初めて真価を発揮するに至った[4]．1951年の影響力のある研究『社会的選択と個人的価値』の著者ケネス・アローのような理論家は，政治的選択は市場において消費者が商品に対してなすようなものだという思想を広めた．年月を経た共和主義的伝統における政治的主権において，市民はかろうじて定められた自己利害を公共善への奉仕において犠牲にしようとししたが，この政治的主権は自らの個人的欲望と利害とを追求する孤立した消費者の主権によって置き換えられた．まさしく集合善や一般意志や共通利害という考えは，個人的選択の荒波のなかで分解されたのである．別様に考えれば，フリードリヒ・ハイエクのような社会計画の批判者が何度も飽きもせず私たちに思い起こさせたように，価値と目的とについて合意することは強制なしには不可能なのである．経済的な観点で言えば，ミクロ経済学がマクロ経済学に勝利するのであり，政治的な観点，すなわちルソーに従えば，「全体意志」という数的な多数派があるのみであり，決して本質的に合理的な「一般意志」があるのではないのである．

　合理的選択理論の起源が軍事的意志決定にあると述べることで──冷戦のさなかに展開された最初の場所の一つはランド研究所（the Rand Corporation）[6]であった──私たちは，それがどんな外観であろうと新自由主義的実践であることをうかがわせる第2の種類の合理性に注意を向けることになる[7]．ゲーム理論は，一般的にも特殊的にも，いかなる単独の行為者の決定も結果を左右しない場合

に，相互依存的なコンテクストの根底にある論理を見つける方法として受け止められた．決定理論モデルが，行為者が選択をなす際の環境を固定された状態として，少なくとも蓋然的なものとして理解するのに対して，ゲーム理論モデルは，ときおり「二重の偶発性（double contingency）[8]」と呼ばれるより不確実性の大きなものとして理解する．特に，ゲームが，「非協力的（non-cooperative）」〔な行為者同士の関係〕と理論家が理解するものであるとき，それは，個人の意志の結果以上の帰結を生み出す．ゲームにおける競争者が他のプレイヤーのしそうな動きを推察することで自身の利益としようとしても，選択と結果とのつながりはますます弱まるばかりである．言い換えれば，ゲームは，自己利害を追求する行為者（アクター）は自らの個人的目的を達成する一番良い手段を計算しようとする意味においては，道具的とか主観的と厳密には呼びえない合理性を含んでいる．

　ここには，セラーズの言う「理由の空間」において働くコミュニケーション的合理性と呼ばれてきたものの萌芽となりうる可能性があるかもしれない．しかし新自由主義のコンテクストにおいては，私たちが合理性の機能主義的バージョンと呼ぶことができ，さらには道具的合理性とマクロ経済学的有用性理論をめぐる方法論的個人主義を越えるような，きわめて異質な内容がふつうは描かれている．その代わりにむしろそれは，システムそれ自身のレベルに焦点を合わせており，その固有の目的としてシステムの維持や均衡の論理を持っているのである．この点に関して，合理性は，選好をランクづけする際の個人的決定のパースペクティヴからではなく，むしろ規則に縛られたゲームそのもののパースペクティヴから理解される．しかしながら，そのゲームの究極の規範的正当性それ自体は，合理的議論に従っているわけではない．かくして合理性は自動操縦システムのようなものを暗に意味しており，さらには，だれもその効果の意味をじっくり考えられないほど早く作用するシステムを暗に意味することになる．

　この主題に関して，ロレーヌ・ダストンの最近の論文における彼女の議論の要約を引用しよう．それは，理性（reason）と合理性との間に，ある示唆的な方法で一定の原則に基づいた区別を行うものである．

　　　冷戦期の合理性の歴史は，最小限の思慮と熟議によって，また最大限のスピードと効率性によって遂行可能となった規則の歴史である．理性と強く対比されて，合理性は考えなくていいことを熱望されたのである．第二次世界大戦終結

後の20年間において，人間理性は合理性として再概念化された．哲学者，数学者，経済学者，政治学者，軍事戦略家，コンピュータ科学者，そして心理学者たちは，「合理的行為者」のために新たな種類の規範を定義しようとした．ここで言う「合理的行為者」は，事業会社，チェスプレイヤー，マフィア，コンピュータ，両親と子ども，または核超大国をも含んだ意図的に大きなカテゴリーだった．大多数を占めながら実体のない合理的アクターを知覚可能なものとしたのは，次のような暗黙の前提であった．すなわち，いかなる合理性であれ，その本質は，——理性と理由づけ可能性という伝統的な理想にとって基本的な判断の能力に頼ることなく——有限かつ明確に定められた一連の規則として把握され，その一連の規則は特定して設定されることで迷いなく適用されうる，という前提である[5]．

　ダストンが記述していることは市場における経済的決定よりも，核抑止のモデルによりいっそう適用可能であると思われるが，コンピュータテクノロジーによって支えられた資本と情報のグローバルな流れのもつ天文学的な加速が，自らの影響力を評価しとり扱うにあたっての人間の能力よりもしばしばより迅速に作用する市場をも作り出したことは明らかである．2008年における世界経済がメルトダウン寸前におちいったことによって私たち皆がよく知っているように，全体としてのシステムは自動操縦ではスムーズに働かないだけではなく，急速にコントロールが効かなくなって空転するといった，意図せざる危機に陥りもするのである．
　それは，少なくとも，新自由主義をある程度具体的に特徴づける第3の形態の合理性を示すような種類のコントロールが必要であることを意味している．この点に関して，ミシェル・フーコーが1978年に行った講義において初めて「統治性（governmentality）」として名づけ有名にしたものの重要性が，前面に出てくる[6]．フーコーの定義によれば，統治性——この語は「統治（government）」と「メンタリティ（mentality）」（より明確なフランス語では *mentalité*）とを結びつけたものである——は，政治的権威が，警察国家（18世紀のドイツにおける意味では *Polizeistaat* に相当[7]）による権威主義的統制，強制や禁止を通じてではなくむしろ，振舞い（behavior）の微妙な作用を通じて人口をコントロールする方法を含んでいる．統治性は，人々をある一定の方法で振舞うように訓練する，標準化（normalization）の技術と広範囲に及ぶ規範的な実践とを動員する．その方法とは，

表面的には民衆自身を支配しつつも，しかし実際にはより遠くにいる教育学的支配者に間接的に従うというものである．そこには，自らの正当性を，人間本性の演繹的な合理的理解や歴史の作用から引き出すことを要求する権威主義的国家のような，中心的なコントロールはない．その代わりに，自己の技術がもともと教会による精神的な訓練のために発達させられており，この技術はいまや，広大な人口（populations）——かつての共和主義的な「人民（the people）」概念に置き換わる用語——と広大な領土とをコントロールする必要があった近代化する国家によって受け入れられることとなった．フーコーによれば，自由主義（リベラリズム）は，その統治性の技術を完全化することにおいて，権威主義的国家による管理とは異なっていた．

　より正確に言えば，フーコーが戦後のドイツの「オルド‐自由主義（Ordo-liberals）」学派まで辿って行ったのは，自由主義（リベラリズム）の20世紀版の変種だった．この学派は統治性を，「奇跡の経済復興（Wirtschaftswunder）」と呼ばれたアデナウアーとエアハルトの時代に連邦共和国を支配した[9]，いわゆる「社会的市場経済」という形態で完成させた[8]．ワイマール時代の間，彼らの多くはフライブルク大学で法と経済を教えており，1948年に雑誌『オルド（Ordo）』のもとで再結集した．この学派のもっとも傑出した人々は，フリードリヒ・ハイエク，ヴィルヘルム・レプケ，ヴァルター・オイケン，フランツ・ベーム，アレクサンダー・リュストウ，そしてアルフレッド・ミュラー＝アルマックであった．オルド‐自由主義者を古典派の自由主義から区別したのは，自由で公正な市場はただ自然発生的なものではなくただ国家統制によって妨害されるので，むしろそれ自体が計画的に作られ用心深く維持されねばならないという確信だった．彼らの考えは，リュストウが反国家的自由放任主義者らをけなすのに用いた呼び名である，「古い自由主義者（paleo-liberals）」の考える弱々しい「夜警」国家とは大きく異なる要求を持つものであった[9]．オルド‐自由主義者たちにとって，国家の権力は，市場の公正さを妨害しかねない特別な利害——独占企業，カルテル，トラスト，ギルド，強力な組合——による権力の蓄積を掘り崩すべく動員されねばならないと考えられた．かくして彼らの自由主義は，反複数主義的で，部分利害を相殺する公共利害のバージョンを支持するが，活動的な市民という共和主義的理想は採用しないものであった[10]．実際，ハイエクの『隷従への道』は，オークショットのようなより伝統的な保守主義者からは，左派の社会計画が持

つのと同じような根本的な欠点を曝け出しており，教義によって動かされる計画であると非難されることになった[11]．

　このことは，自由貿易のための法的構造を整え，しばしば資本主義国家の機能であった権力の集中を制限するといった国家の介入を意味するだけではなく，統治性という間接的な権力を活動的に適用することをも意味する．言葉を変えれば，ホモ・エコノミクス（*homo economicus*）が，自然の傾向の表現として現れるがままにされるだけではなく，意識的に育てられる必要があったのである．この立場は，国家の重要な役割である微妙な調整を含んでいたが，経済を計画または調整したり，もっとも傷つきやすい立場にある市民のためにセーフティネットを供給したりすることはなかった．その代わりに，国家は，消費者に生まれつき備わった合理的な選択や特殊利害団体からの圧力に晒されるがままの秩序ではなく，むしろ活動的に維持されねばならない秩序を打ち立てる必要がある．この点に関して，理性は，合理的選択理論における抽象的個人に与えられたものでも，システムの機能的な合理主義に帰せられてたものでもなく，行政機関がそうするのが賢明であると判断した時に干渉するのを許すようなコントロールメカニズムに与えられることになった．このような干渉は，人口の幸福や慈善のもたらし方を知っていると主張するこれまでの行政的合理性の事例ほどにはあからさまに介入的ではないが，しかし明らかにそれは，コントロールメカニズムこそが最もよく〔事情に〕精通していると考えるエリートの仕業であった．

　初期の連邦共和国の新自由主義的「社会市場経済」が，後にグローバル化した新自由主義にとってのモデルとなったかどうかは，たしかに議論の余地がある．いくつかの同じ原理をヨーロッパ連合というより大きな規模に適用しようと努力がなされているにもかかわらず，〔国家と〕何らかの同じようなことをする権力を持った世界規模での行政的コントロールメカニズムはない．統治性はいまだ，国民国家の境界の範囲内における権力（フォース）であるのかもしれない．この点に関しては，例えば新自由主義の中国バージョンについて考えるのがおおよそ適切であろう．このバージョンは，経済成長の促進に積極的に結びつけられたいまだ権威主義的な国家と共存可能であり続けている[12]．しかしこのモデルは，国境の外側ではあまり実際的な重要性を持たない．それにもかかわらず，世界貿易機構，国際通貨基金や世界銀行のような制度はおそらく，新自由主義的合理性のこのバージョンを国境を越えて拡張する試みとして理解されうる．これ

らが，グローバル経済を障害のない市場に向けてコントロールするのにどの程度成功してきたかという判断は，国際経済の専門家に委ねたい.

　私が新自由主義的な理由（または合理性）の空間のこの短い概略で示そうとしたことは，支配するものはただ一つではないということである．あるときには，新自由主義は道具的合理性を促進し，それは本質的に個人主義的であり，少なくともはっきりとしたいかなる実体的または規範的な賦与もない．またある時には，新自由主義は機能主義的合理性を支持しており，そこでは，システムの疑わしい論理とその変形の速度とが個人の意図，じっさいは効果的手段を熟慮をもって選択することによってそれをコントロールしようとするある一人の能力を越えている．最後に別のある時には，統治性の技術において間接的に表現されるより管理的な合理性の残余と，市場の繁栄を可能とする必要性（ただし繁栄という目的のためだけに限られる）があるときに生じる積極的な介入がある．これら一つひとつの合理性の種類のあいだでバランスを取りうるものはなんであれ，歴史的に変化可能であり，実際にそれらはしばしば争い合っている．しかし最も興味深いのは，セラーズの「理由の空間」という表現によってより明白に指し示され，ユルゲン・ハーバーマスのよく知られた用語にならって「コミュニケーション的（communicative）」と呼ぶことができる合理性のもう一つの種類が，実質的に排除されていることである.

　古典派経済学が啓蒙の時代に始まった時，コミュニケーション的理性の役割が周縁的なものではなかったことを思い起こすことは重要である．エマ・ロスチャイルドが『経済的感情』において，18世紀後半におけるアダム・スミスとコンドルセの著作のなかからこの理性の起源を再構成したように，道徳的・政治的問題が経済学という生まれたての科学から分離されることはまだ生じていなかった．彼女は，経済的関係が，「驚くほどに思想と発話の観点から」理解されており，「感情は経済的生活における理由に影響し，理由は感情に影響する」と記している．計算的理性のいわゆる「冷たさ」と感情の「暖かさ」とは，マンチェスター自由主義の最盛期にそうであったようにはまだ対比されていなかった．たしかに，コミュニケーション的合理性は登場しつつある公共圏にその制度的故郷を見出し，公共圏はしばしば経済政策の問題に焦点を当てた．「普遍的議論の傾向――18世紀の多くの人々に称賛され，忌み嫌われもした公共的論争の終わりなき，包括的な過程――は，しばしば経済政策に関わっているものであった」．たしかに彼女は，「コンドルセやアダム・スミスの記述において

は，経済的生活はそれ自体，暖かく包括的な感情の場所である」[15]と付け加える．
経済的生活は，コミュニケーション的合理的相互行為に決して還元されるもの
ではなかったにせよそれを含んでいる，日常生活の生活世界から根本的にはま
だ差異化されていなかった．皮肉にもこの意味において，この生活世界は，エ
ドマンド・バークのいう初期-保守的な(proto-conservative)世界に近かった．バー
クは，形而上学的・演繹的合理性を攻撃したかもしれないが，「理由の空間（space
of reasons）」への能力ある参加者だったのである．

　ロスチャイルドが書いているように，より典型的な形態の古典派経済学と見
なされるものへの移行は，ようやく1790年代に始まり，その中で道徳的心情
（sentiments）と感情（emotions）とが冷たい科学の名のもとに消されることになっ
た．そしてその10年間においてイギリスの思想は，革命的なフランスから影響
を受けることを警戒して右寄りとなった．体制批判者としてのアダム・スミス
の評価は完全には消えていなかったが，彼はすぐに，無慈悲な雇用者の信念を
後押しする聖者と広く解釈されるようになった．この信念とは，資本主義経済
における労働者たちのいかなる妨害も，自由に対する侮辱と考えられ，狭義の
非政治的観点において理解されるべきであるというものであった．ロスチャイ
ルドが書くには，スミスとコンドルセとが「会話という日常の徳や，政治的討
論の日常の意見交換にある種の信念を持っていた」[16]のに対し，マンチェスター
自由主義者たちは，経済的に繁栄した社会として理解された善き社会をもたら
す際に，口〔話すこと〕ではなく別な器官，つまり手を働かせることを好み，
そしてクビにしても目立たない労働者を好んだ．ハーバーマスがブルジョワ公
共圏の構造転換の議論において記したように，「商品交換と社会的労働の圏を
支配している市場の法則が，公衆としての私人たちのみに保留されていた圏内
にまで侵入してくるとすれば，論議は傾向的には消費へ転化し，こうして公共
的コミュニケーションの連関は，どれほど画一化されたものにせよ，孤立化さ
れた受容行為へと崩壊していく」[17]のである．いわゆる個人的嗜好に関わるもの
ごとは，欲望，価値そして利害を議論によって正当化するどんな試みにも勝っ
たのである．合理的選択論者が消費行為の論理を政治的行為にまで拡張したこ
とは，この変化の自覚的な追認に過ぎなかった．

　しかしながらハーバーマスも明らかにしたように，18世紀の生まれたばかり
の公共圏の遺産は，まだ完全には消えたわけではなかった．経済的自己利害を
計算する論理よりも合理的議論を強調する自由主義の陣営，つまり強制や誘惑

よりも説得に基づく議論を強調する自由主義の陣営は，決して完全に翳ること
はなかった．それは初めのうちはメンバーシップを制限されていたが——ハー
バーマス自身，ブルジョワ公共圏がその包摂を明白に制限していると語ってい
る——，論者の地位や権威よりもより良い論拠の力に基づいて説得し，あるい
は説得されうるすべての人を含むようになった．ジョン・ロールズのような20
世紀の政治的リベラルが強調したように，「公共的理性の思想」は「民主主義
的シチズンシップの理念」[18]と緊密に結びついている．コミュニケーション的合
理性は，道具的合理性が独話的（monological）であるのに比べれば，対話的
（dialogical）か複数話的（pluralogical）である．いかに単独の主体による推論の力
が優れており，歴史の外側にいるいわゆる超越論的主体の力が優れているとし
ても，コミュニケーション的合理性は，単独の主体の意識に基づいているので
はなく，むしろ本質的には間主体的である．さらにこの合理性は，秘密裏の，
または誰かからの監視を超えた自動操縦で作用するのでもなく，批判的公共性
の衆人環視のもとで考察するという意味においても公共的である．このコミュ
ニケーション的合理性が基づく相互依存は，機能主義的な種類のそれとは異な
る．機能主義的種類においては，結果は，誰のコントロールにもなく規則に従っ
た過程に基づく意図されざる結果の産物なのである．そうではなくコミュニ
ケーション的合理性は，意図された発話のレベルに真剣にとどまるものであり，
その中では，意味が過程内におけるすべての参加者たちの熟慮的な考察にとっ
て利用可能である．ここでダストンの注記にあったように，合理的選択理論か
ら消えた判断の持つ役割が，熟慮する人々を再度導くこととなる．この点に関
してセラーズの定式化に戻れば，「理由の空間」は，非人格的な合理性の空間
ではなく，行動のための正当化する理由が差し出されうる場所（locus）であり，
取るべき最善の道についての説得を通じてなんらかの同意が到達されるまで，
それに対する他の理由も考察される場所である．この同意は，それが合理的な
合意であろうと単なる戦略的な妥協であろうと，すべての選択肢が徹底的に諮
られた後になされる．コミュニケーション的合理性は，真理のいかなる保証も
できず，あるいは自然に内在するより深い合理性に到達する保証もないものの，
論拠の妥当性をテストする手続きを示しており，それは私たちが新自由主義を
支配していると見なしてきたものとは異なっている．結局，コミュニケーショ
ン的合理性は，どのような本質的価値が合理的と判断されうるのか，どのよう
なシステムが維持されるに値するのか，そしてどのようなものが挑戦を受ける

のか，という問題を提起する．合理的選択理論とは異なって，コミュニケーション的合理性は，規範的問題を認知的問題と結びつけ，そして経済をそれが出てきたより大きなコンテクストに位置づける必然性，つまり徳を主張するのである．

　しかしながら，その拡大された領域にもかかわらず，コミュニケーション的バージョンの理性は，分かれた様々なタイプの理性を含みながら，すべての差異をまとめて克服する権利を主張する必要はない．ハーバーマスは，「明確にしておかねばならないことは，対話的理性の立場においては，純粋理性の純粋主義が復活してくることはないという点にある」[19]と主張する．そうではなく，純粋ではない理性は，永遠に反事実的であるだろう一般的合意を無限に探求することにおいて理由をあげていく命法を意味したのであり，十全な合理性の単独で完全に一貫した状態の獲得を意味したのではなかったのである．じっさい，近代が差異化したものを統合する包括的な道はなかった．カントやヴェーバーが理解していたように，固有の論理（「独立志向（Eigensinn）」はヴェーバーの用語だった）と制度的発展とに従いながら，それぞれの価値諸領域はそれら独自の相対的な自律性を発展させてきた．それらの価値諸領域が水を漏らさぬ厳密なものでもなければ，自らが現れ出てきたところのさほど差異化されていない生活世界と結びつくものではなかったとはいえ，それらが完全に再統合される可能性はなかった．理性の包括的なメタ概念も，一つの領域に対する他の領域の根本的な優位性も，他のものを「病気（diseased）」または「病理的（pathological）」と烙印づけることを許すような本質的に「健康な」バージョンもないので，より間主体的ないし解釈学的なもののそばには，世界と自己との両方に対する関係を客観化するための正当な場所が存在する．道具的理性と言語の戦略的使用にもある役割があるのは，操作したり妥協したりしようとするのではなくより良き論拠に基づいて合意的な同意に到達しようとするコミュニケーション的なオルタナティヴに役割があるのと同じことである．

　であるならば，問題は，活動しているすべての種類の理性の相対的なバランスにあるのであり，合理的選択理論のケースでよく見られるように，その一つが強引に他のものを締め出す恐れにある．驚くまでもなく，ハーバーマスのようなコミュニケーション的合理性の擁護者は，合理性を，その合理的選択理論の演繹的バージョンと同一視することに批判的であり，政治的熟議よりも管理的な操縦を特権化するオルド－自由主義を非難してきた[20]．確かに，ロールズの

ようなコミュニケーション的理性の擁護者はときおり，合理的選択理論との一時的妥協を模索しようと努力してきたが，結局のところ，合理的選択理論の信奉者たちが，自らの科学的理論のいわゆる客観的発見を冒涜するいかなる規範的考察にも抵抗したため，その試みを放棄せざるをえなかった．²¹⁾皮肉なことに，新自由主義の擁護者たちは，合理的合意という反事実的な目的が全体論的（totalitarian）であるかもしれないという心配によって，自らが擁護する合理性を越えたいかなるオルタナティヴなバージョンに賛成するのもしばしばためらってきたのである．

　私が結論として議論したいのは，かれらの抵抗の一つの大きな源が，時間性（temporality）の問題に関連していることである．これまで理由の空間について語ってきたが，今度はその時間に向かおう．既に見たように，ダストンは，冷戦時代の防衛省の合理性は，「最小限の判断力と熟慮，そして最大限のスピードと効率性によって遂行されえた規則の歴史である」と論じている．新自由主義的経済機能主義の論理は，その目標を相互に予想される破壊からの防衛にではなくむしろ利益の最大化に置くということと，全く同じというわけではない．しかし，コンピュータに助けられたその取引手段の速さは，ゲームにおいてその働きをマスターしようと決意したプレイヤーの試みに優っている．ここで私たちはまた，ダストンの言葉を思い出せば，〔合理性であるにもかかわらず〕逆説的に「知性を必要としない（mindless）」ような種類の合理性に出会うのである．

　反対に，コミュニケーション的合理性の時間性（temporality）は，熟慮する，急がない，心のこもった（mindful）ものである．それは，新自由主義的車輪の急速なペースを遅くすることを要求し，重要なすべての論拠と反論とを考察することと，最善の――または少なくともより良い――オルタナティヴを判断することを必要とする．一言で言えば，それは，私たち自身の時代とは非常に異なった時代の時間性であり，そこにおいては思案（rumination）が可能であり，長年の人生経験をつうじて形成されうるある種の判断が可能である．果てしなき議論なしの迅速な決定を評価する者にとっては――経済の領域においてであれ，せっかちなカール・シュミットのやり方のような政治的な領域においてであれ――コミュニケーション的合理主義は，多くの指針を提供するには，ただあまりにもやっかいで非実践的なものである．

　しかしそうでなくとも，私たちが非常によく知っているように，機能主義的合理性に基づく自己制御システムは，少なくともその働きの影響を受ける多く

の人々にとっては，しばしばレールから外れて機能不全に陥るものである．かなり前に，コルネリュウス・カストリアディスは，彼が「経済的『合理性』という虚構」と呼んだものについて書き，とりわけ時間の問題を扱った．例えば，投資の利率の問題に注目して，彼は二つの極端な選択肢があると主張した．

> もしそれが，最大化される「瞬間の」消費（ゼロ点の時間範囲）であるならば，〔それに対する〕投資の適正な利率は明らかにゼロである．もし最大化される消費が「永遠」（無限点の時間範囲）であるなら，投資の適正な利率は（「ネット」）生産の100％近くになる．……意味のあるどんな答えも，これら二つの限界の間にある．しかし厳密には答えはどこにあり，またそれはなぜだろうか．（社会にとって）5年の時間範囲が，100年のそれより，もっと「合理的」であったりそうでなかったりすることを示す「合理的な計算」は存在しない．決定は，「経済」ではなく考察をもとにしてなされねばならないだろう[22][10]．

　言い換えるならば，道具的理性の合理性であれ，機能的理性の合理性であれ，統治性の合理性であれ，新自由主義的想像力の合理性に従属することを拒む理由の空間が開かれねばならないのである．時間性そのものは，自然の不可避的な力や自己制御する非人格的システムの自動的な働きとして受け取られるのではなく，むしろ合理的熟慮に従うものでなければならない．
　コミュニケーション的合理性と，他の形態の合理性とのバランスを回復することは，実質的にすべての契機がこれと別な方向に向かっている私たちの時代のような状況において達成されるのだろうか．私たちは，新自由主義における合理性の支配的モデルの限界を認識するために，2008年に世界経済をほとんど掘り崩した危機とは異なるもう一つの危機を待たねばならないのだろうか．新しい公共圏——そこにおいて参加者たちが市場における消費者にすぎないものではなく，これらのモデルの不適切なやり方にはもはや見られない真剣な選択を考察することができる公共圏——はありうるのだろうか．日常的生活世界——そこでは，社会的政治的行動のより抽象的で遠いレベルにおける意志決定に用いうる私たちの間主体的な相互行為に，コミュニケーション的合理性がそなわっている——のなかには，いまだに資源があるのだろうか．コミュニケーション的合理性によってもたらされる包括的な公共圏に生きる世代が，世界経済システムの挑戦にグローバルなスケールで応答することは可能だろうか．端的に言えば，多くの欠陥を持った新自由主義的モデルの合理性が最後の世界と

62

なるのではないという希望は合理的だろうか. 理由の空間は, コミュニケーショ
ン的合理性がより単純な時代の色褪せつつある記憶である時に, 役目を負い続
けられるのだろうか. 私は, だれも確信をもってこれらの問題に積極的な答え
を与えられないと思うし, 私たちの前で紡がれていくありえる未来のなかで与
えられる答えに心から喜べる者はいないだろうと思う. しかしそれを試みる努
力なしには, 私たちは, 目の前のすべての者をひき殺すように脅かす新自由主
義の破壊的な山車 (jeggernaut) を止めることも遅らせることもできないだろう.
[11]

注

1) Michael Oakeshott, *Rationalism in Politics and Other Essays* (London, 1962), p. 4.

2) Wilfred Sellars, *Empiricism and the Philosophy of Mind* (Cambridge, Mass., 1997), p. 79〔浜野健三訳『経験論と心の哲学』岩波書店, 2006年, p. 88〕.

3) 新自由主義に関連する議論としては, 以下参照. André Munro, "Following the Market: Rational Choice theory and Neo-Liberal Governmentality," ⟨http://www.panopticweb. com/2004conference/3.munro.pdf⟩.

4) S. M. Amadae, *Rationalizing Capitalist Democracy: The Cold War Origins of Rational Choice Liberalism* (Chicago, 2003) を参照. しかしながらゲーム理論の最盛期は, 冷戦と, 国家と非国家的な敵との間の非対称的な闘争の始まりとともに終わっていたかもしれない. 少なくともそう, ジャック・デリダは以下で示唆している. *Rogues: Two Essays on Reason*, trans. Pacale-Anne Brault and Michael Naas (Stanford, Ca., 2005), p. 156.

5) Lorraine Daston, "Follow the Rules: From Enlightenment Reason to Cold War Ratonality," ⟨http://www.crassh.cam.ac.uk/events/1442/⟩.

6) Michel Foucault, "Governmentality," *Ideology and Consciousness*, 6 (autumn, 1979). これはフーコーが前年にコレージュ・ド・フランスで行った第4講義の翻訳である.

7) *Polizeistaat* に関する洞察力に満ちた議論と, 独白的理性という演繹的概念におけるその根拠については以下参照. Howard Caygill, *Art of Judgement* (Oxford, 1989).

8) フーコーの議論を概観するには以下参照. Thomas Lemke, *Eine Kritik der politischen Vernunft-Foucaults Analyse der modernen Gouvernmentalität* (Berlin/hamburg, 1997). オルド-自由主義運動については以下参照. Dieter Haselbach, *Autoritär Liberalismus und Sozial marktwirtschaft: Gesellschaft und Politik im Ordoliberalismus* (Baden-Baden, 1991). 新自由主義の源泉としてのナチズムからの亡命者の考察については以下参照. Joachim Radkau, *Die deutsche Emigration in den USA: Ihr Einfluß auf die amerikanische Europolitik 1933-1945* (Düsseldorf, 1971), pp. 250-258.

9) Alexander Rüstow, "The Remnants of Western Imperialism: A German View," *Review of Politics* XXII (1960).

10) Edward N. Megay, "Anti-Pluralist Liberalism: The German Neoliberals," *Political*

Science Quarterly, 85, 3 (September, 1970) を参照.

11)　Oakeshot, *Rationalism in Politics and Other Essays*, p. 21〔嶋津格・森村進・名和田是彦・玉木秀敏・田島正樹・杉田秀一・石山文彦・桂木隆夫訳『政治における合理主義』勁草書房, 1988年, 増補版　2013年〕. ニュート・ギングリッチがポール・ライアンの2011年5月の共和党予算案を「右派の社会計画」として攻撃したとき, 彼はオークショットのハイエク批判を繰り返していた. 彼はその攻撃を謝罪したとき, 新自由主義的原則に戻った.

12)　この議論には以下参照. David Harvey, *A Brief History of Neoliberalism*（New York, 2005）, chapter 5〔渡辺治監訳『新自由主義――その歴史的展開と現在――』作品社, 2007年, 第5章〕.

13)　Emma Rothschild, *Economic Sentiments: Adam Smith, Condorcet, and the Enlightenment*（Cambridge, Mass., 2001）, pp. 8-9.

14)　*Ibid.*, p. 16.

15)　*Ibid.*, p. 27.

16)　*Ibid.*, p. 252.

17)　Jürgen Harbermas, *The Structural Transformation of the Public Sphere: An Inquiry into a Category of Bourgeois Society*, trans. Thomas Berger（Cambridge, Mass., 1992）, p. 161〔細谷貞雄・山田正行訳『公共性の構造転換（第2版）』未來社, 1994年, p. 217〕.

18)　John Rawls, "The Idea of Public Reason," in *Political Liberalism*（New York, 2005）. 確かにこの伝統のなかでも, 例えば彼の立場とハーバーマスの立場との間では差異があった. 以下参照. Habermas, "Reconciliation Through the Public Use of Reason: Remarks on John Rawls' Political Liberalism," そして Rawls, "Reply to Habermas," in *Jounal of Philosophy*, 92（March, 1995）.

19)　Habermas, *The Philosophical Discourse of Modernity*, p. 301〔三島憲一・轡田収・気前利秋・大貫敦子訳『近代の哲学的ディスクルス II』岩波書店, 1990年, p. 530〕. それにもかかわらずハーバーマスの立場が, 少なくとも目的としては, 理性の全体論的で包括的な概念を前提しているという議論については以下参照. David Ingram, *Habermas and the Dialectic of Reason*（New Haven, 1987）.

20)　このコントラストを拡張したものとしては以下参照. Joseph Heath, *Communicative Action and Rational Choice*（Cambridge, Mass., 2001）. ハーバーマスのオルド-自由主義批判は以下で議論されている. Matthew G. Specter, *Habermas: An Intellectual Biography*（Cambridge, 2010）, p. 193. 興味深いことに, 『正統化の問題』（trans. Thomas McCarthy（Boston, 1975））において, ハーバーマスは, 組織された資本主義は新自由主義的な運動によって分解される最先端にあると書いて, 組織された資本主義の管理的計画者にとって同じような選択――決定理論的合理性か, システム理論的合理性か, それともコミュニケーション的合理性か――を示している（pp. 139-140.〔山田正行・金慧訳『後期資本主義における正統化の問題』岩波書店〔岩波文庫〕, 2018年, pp. 251-253〕）.

21)　ロールズの合理的選択理論との対話と葛藤に関する見解については以下参照.
　　　Amadae, *Rationalizing Capitalist Democracy*, pp. 258-273.
22)　Cornelius Castoriadis, *Philosophy, Politics, Autonomy: Essays in Political Philosophy*, ed. David Ames Curtis (Oxford, 1991), p. 191.

訳注
〔1〕　ロン・ポールは1935年生のアメリカの共和党所属の保守派の元議員. 新自由主義者フリードリヒ・ハイエクの信奉者であり, 自由至上主義の政治家として知られる. 大きな政府に反対し, 保守系のティーパーティー運動で支持を広げた.
〔2〕　ロシア系アメリカ人の女性小説家・思想家 (1905-1982). 道徳的目的を自分自身の幸福追求としそのための唯一の社会体制は自由放任資本主義であると考えるオブジェクティヴィズムを提唱した. 自由至上主義者.
〔3〕　後に出てくるように, この合理性の三つのモデルとは, 道具的合理性, 機能主義的合理性, 統治性の合理性である.
〔4〕　確率的な考え方を用いた統計学で, トーマス・ベイズ (1702-1761) によって創始された. 観測された事実から, 推定したい事柄を確率的な意味で導出することを意味する.
〔5〕　個人は, 合理的な選択による, 自分の効率の最大化によって行為するという社会理論. 経済学や政治学, 社会学という広範囲にわたる影響力を持つ. 政治学の代表者はケネス・アロー等である.
〔6〕　第二次世界大戦後, アメリカ陸軍航空軍がダグラス社とともに設立した軍事関係の研究機関で, 軍産複合体の一つである.
〔7〕　複数主体が関わる意志決定と結果との関係を数学的なモデルにしたがって研究する学問. 数学者フォン・ノイマンと経済学者オスカー・モルゲンシュテルンによって創始された.
〔8〕　パーソンズとルーマンによって発展された社会システム論の概念. 二人の相互行為者が自分の行動を決めようとする際, 相手の行動に依存することによって互いに決められなくなる状態をさす.
〔9〕　アデナウアーは「奇跡の経済復興」を指導した, 戦後西ドイツの首相 (在任1949-63). エアハルトも, 西ドイツ首相 (1963-1966年).
〔10〕　あるものを生産した際, それが瞬時に消費されるなら (ゼロ点), その生産に対する投資はすぐに回収されるので利率はゼロでよい. しかし, 消費が永遠になされる, つまりその商品がまったく消費されないなら (無限点), その生産に対する投資は全額回収されないことになるので, 利率は100%である必要がある. 多くの生産はこの両者の間にあり, それを決めるのは, 効率性ではなく思慮深い考察である, の意.
〔11〕　ジャガナート (juggernaut) は, ヒンズー教における山車. 昔, 信徒がそれにひき殺されれば天国に行けると信じて熱狂的に殺到したという.

第4章
新自由主義の
フランケンシュタイン
——21世紀「民主主義」における
権威主義的自由——

ウェンディ・ブラウン

日暮雅夫・藤本ヨシタカ 訳

「新しい政治学が全く新しい世界のために必要である」と，トクヴィルが1835年に書いたのは有名である[1]．トクヴィルは，新秩序の歴史性を否定していたのでもなければ，それを把握しようとした過去の思想家たちの重要性を否定していたのでもない．彼自身の著作は，その両者を強く表している．むしろ，彼が言いたかったのは，政治的理解のための現存の様式やカテゴリーでは，彼の時代に出現した最も政治的に重要なもの，すなわち民主主義を構成する述語，性質，そしてダイナミクスを捉えることができない，ということであった．

今日自由民主主義は，私たちが適切な名前をまだ持たない力によって統合を失っているか，あるいは少なくとも変容を余儀なくされているが，そうしたなかで私たちは何か同様の事態に直面している．私は，主流の政治的生活において生じている極右の運動と極右政党の噴出だけを言っているのではない．いかにして私たちは，社会的・政治的・テクノロジー的そして経済的な力の新たな融合によって加速される人民の主権（popular sovereignty）の変容を理論化し，さらに特徴づけることができるだろうか．いかにして，国家主権の希薄化を捉え，国民国家とその後継者となりうるすべてのものの間の，方向性を失った不在期間を捉えることができるだろうか．いかにして，政治における宗教的な力の再生と，自由民主主義を世俗主義と同一化させようとする挑戦とを予測することができるだろうか．組織された非国家的で超国家的な政治的暴力の強化へと民主的コミットメントを方向づけるものとは何だろうか．デジタル・コミュニケーションの尋常でない新しい力——政治的主体性，アイデンティティ，献身，そして同盟に対するそれらの影響——はどうだろうか．40年にわたる新自由主義的統治性と30年にわたる金融化からどんな主体，社会，国家そして政治的言説が生じたのだろうか．一方における先例のないほど統合され複合化したグローバルな秩序と，他方における地球の有限性という不安材料とがもたら

す民主主義的想像力への影響とは何だろうか.

　これらの新しい力，配置，そして不安材料を捉えようとする，新たな理論的ボキャブラリーと目録とが必要であるなかで，批判理論のこれまでの記録をごみ箱に捨て去るわけにはいかない．いずれにせよ，新たに現在の批判理論を発明するのは不可能であり，私たちの時代の包括的な理論的見解を展開するというのは，ばかげた野望である．あるいは，私たちは形而上学によって，世界を解釈する既に学んだ方法から自らを単に救いあげたり，理論的洞察の難解な作業に代わって新語彙の創作に従事したりすることもできない．現在を説明しようとして自分たちの手持ちの批判理論に依拠しようとすればするほど，説明は逆説的に，自分たちの批判理論が説明できない範囲のさらに手前にとどまる可能性もある．身を置いているけれども居心地が悪く，方向性を失い，感覚すら麻痺させる場所にとどまっているだけかもしれない．厳格な統制下にあった正統派たちが長い間分け隔ててきた各理論家と専門分野とを実験的に結合させて並記を試みるだけにとどまるかもしれない．「それ自体全く新しい世界のための新しい批判理論」は，政治学と哲学にとどまらず，歴史学・宗教学・人類学・政治経済学・社会理論・精神分析学からの貢献も要求するだろう．そして，それらは，互いに境界を破壊することによって次々と増強されていくだろう.

　さらには，私たちの時代の政治がもつ斬新さに目を開くことは，批判理論における私たち自身の以前の著作がたんに取って代わられるだけではなく，むしろ閉塞感をもたらすことにも焦点を当てることになる．資本と人民とのグローバルな運動というコンテクストにおいて，私たちは，憤怒した白人男性優位主義ナショナリズムとして今日爆発することとなったいかなる力を突き止め，テーマ化することに失敗したのだろうか．あるいは私たちは，道徳化と市場化とによって編成された金権政治とポピュリズムとの同盟を形づくる，いかなる力を突き止めテーマ化することに失敗したのだろうか．「伝統的」道徳をニヒリスティックに動員することになった力とは何だったのだろうか．政治を強圧しようとする残忍な意志を解き放つ反政治は，いかなる力によって形づくられたのだろうか．政治的社会的生活における脱抑制的な (disinhibited)[1] 攻撃を形づくる力とは何だったのだろうか.

　新たな批判理論を展開することは，非常に困難なことである．しかし，この世界の研究者であるという稀なる特権が，私たちに，ためらいながらも失敗のあらゆるリスクにもかかわらず挑戦するように要求する．この仕事は必然的に

無計画で部分的であり，常に特定の問題や課題によってつなぎとめられ，特定
の知的傾向・知識・限界に色づけされている．このような仕方で，私たちの新
しい時代のための新しい批判理論を展開することは，必ずしも集団的なプロ
ジェクトではないにしても，本質的には共同のプロジェクトである．

　以下は，今日の「権威主義的自由」の出現を理論化するきわめて予備的な試
みである．

　　　　私はフランスに自由を取り戻したい．私はフランスを監獄から救い出したい．
　　　　　　　　　　　　　　　　　マリーヌ・ルペン　2017年4月．

　　　　私がイギリス独立党に入ったのは，真に自由と希望を評価するただ一つの政
　　　　党だと思ったからである．イギリス独立党はEUからの独立以上のことを意味
　　　　している．それは，オーウェル的な干渉主義的な過保護な国家からの独立のよ
　　　　うなものだ．それは，ほとんど個人にとっての独立のようなものだ．それは，
　　　　個人的な責任と，結果ではなく機会の平等を信じる唯一の政党である．それは，
　　　　政治家や官僚階級ではなく民衆に信を置く唯一の政党である．
　　　　　　　　　　　　　　　　　アレクサンドラ・スワン　2012年3月.[2]

　　　　私が23歳の法学部生である私の娘に……マイロ〔ヤノプルス──ブラウンによ
　　　　る補足〕[2]のビデオを紹介したら，娘はマイロを見てほっとしたと言う．そして自
　　　　然な気持ちになったと．そして私にとっては，マイロはチェックの背景のなか
　　　　のゆったりとした花柄のシャツのようだった．
　　　　　　　　　　　　　　　　　匿名，筆者との私信から．

　主に白人で，教養がなく，福音主義のキリスト教徒で，不満，怒り，心の傷
あるいはそれらすべてによって駆り立てられた層が，ドナルド・トランプに権
力をもたらした.[3]　たしかに彼は，白人教養層，人種的マイノリティ，超富裕層，
超シオニストそしてオルト‐右派（ライト）からも支持を引き出した．しかし彼の選挙基
盤は大学卒でない白人アメリカ人であり続けたし，その多くはトランプには大
統領の資格がないと率直に思っていた.[4]　彼は階級ルサンチマンを動員しただけ
ではなく，白人の怨恨，特に，40年にわたる新自由主義とグローバリゼーショ
ンというコンテクストの中で，（社会的・経済的・文化的・政治的）地位がもたらす
プライドが失われたことに起因する白人男性の怨恨を動員した．
　実際，新自由主義とそれ以前のポスト‐フォーディズムは，黒人アメリカ労

68

働者階級に対し破壊以上のものをもたらした．1970年には，黒人労働者の3分の2以上はブルーカラーの仕事に就いていた．1987年までに，その割合は28％にまで落ちこんだ．[5] 失業と不完全雇用の増加に加えて，貧しい労働者階級の黒人地区は，パブリック・スクール，公的サービス，福祉給付金の新自由主義的打ち切りと，暴力を用いない犯罪への過酷な量刑宣告によって激しい打撃を受けた．それとともに，これらは，麻薬とギャング経済の爆発的増大，壊滅的な黒人投獄率，そして少数の黒人中流階級とそれ以外のアフリカ系アメリカ人との亀裂の増大をもたらした．[6] しかしこの荒廃は，約束が破られたことによるものであり，優位性や権利が失われたことに対する時代遅れの怨恨ではなく，自己，人種，そして国家（nation）をめぐる政治的社会的理想像の解体でもない．

　明らかに，新自由主義的経済政策と，マリーヌ・ルペンが「獰猛なグローバリゼーション」と名づけたものとによる社会経済的な地位低下（dethronement）に対する白人たちの反発は，ヨーロッパ－大西洋地域一帯に広がっている．そこでは，白人労働者住民と中流階級住民とが，十分な（decent）収入，住宅，学校，年金，そして未来へのアクセスが閉ざされつつあることに直面するなかで，次のものに対する政治的反発を投げかけつつある．それは，邪悪な強奪者と思われる者とコスモポリタンとエリートたちとに対する政治的反発であり，自分たちの国を開放的なものにする責務も閉鎖的なものにする責務も負っているような者たちへの反発である．このことを私たちはよく知っている．しかしこの怒りとこの動員の政治的形態はなんだろうか．これを記述するために打ち出された古い語彙――ポピュリズム，権威主義（authoritarianism），ファシズム――は，好戦性，脱抑制性，そして現在の政治的社会的編成における国家統制主義を放任する者と支持する者との反民主主義的な混在という奇妙な化合物を捉え損ねてしまう．それらは，こうした白人右派による政治的な怒りの感情を形作り正当化する，新自由主義的理性の具体的要素――極端に拡張された私的なものの範囲，政治的なものへの不信，そして社会的なものの否定が挙げられ，それらはいっしょになって不平等を常態化し民主主義を骨抜きにしている――も解明し損ねている．そしてそれらは，価値を遊び道具とし，真理を取るに足らぬこととし，未来をどうでもいいもの，ひどい場合には破壊の無意識的な対象とする，深刻なニヒリズムも捉え損ねているのである．

　以下で私は，この危機的事態をたった一つの角度から探求する．つまり，なにが，今日の一般的となった右派的反応のなかに，反政治的であるが自由至上主義

的でありかつ権威主義的である領域を生み出すのか．自由のどんな新しい反復と表現とが，新自由主義的理性の危機的事態，傷つけられた白人男性権力，ナショナリズム，そして隠されたニヒリズムの絡み合いから作り出されてきたのか．いかにして自由は，解放をもたらさないことは明らかであり，繰り返し「非リベラルな民主主義」の前触れとして描かれてきたある構成物を活性化する力となり，またその代名詞となったのか．この構成物は，平等な権利，市民的自由，立憲主義，そして寛容と包摂という基本的な規範を攻撃し，白人ナショナリズム，強力な国家主義，そして権威主義的なリーダーシップとを支持しているのである．いかに，そしてなぜ，自由と非自由主義とが，自由と権威主義とが，自由と正当化された社会的排除と社会的暴力とが私たちの時代において混じり合うことになったのだろうか．いかにして，この混じり合いは，かつてリベラルだった民主主義国家において人々を魅了し，わずかながらの正当性を得ることになったのだろうか．この論文はこれらの問題に包括的に答える系譜学を提供するものではなく，最初の敵陣探索をなすものである．そして，いくつかの歴史的な源流を追求し，フリードリヒ・ハイエク，フリードリヒ・ニーチェ，ヘルベルト・マルクーゼという意外な理論的トリオに基づいている．つまり，ハイエクは私たちの時代における政治的合理性の観点から，ニーチェとマルクーゼは，その中で爆発する，怨みに満ち脱抑制的な反社会的でニヒリスティックな攻撃という観点から扱う．

1　新自由主義的理性の論理と帰結

新自由主義は，一般には，低い関税と税金，産業の規制緩和，かつての公共財（public goods）とサービスの民営化，福祉国家の解体（sripped-out welfare states），組織労働組合の破壊という手段によって，資本の制限されない行動，流通，蓄積を促進する一連の経済政策であると理解されている．加えてフーコーらは，新自由主義を，特徴的なある種の主体，行為の形態，そして社会的意味と価値との秩序を生み出す統治的な（governing）合理性と把握するよう私たちに教えた[7]．現実の歪曲または神秘化であるイデオロギーとは違って，新自由主義的合理性は，生産的で世界創造的である．つまり，新自由主義は，あらゆる領域と人間の努力とを節約し，正義を生み出す社会契約に基づく社会モデルを，市場として組織された社会という概念と，市場の要求に方向づけられた国家と

いう概念に置き換える．新自由主義的合理性が私たちの遍在する共通感覚になるにつれ，その原理は国家を通じて支配的となるだけではなく，仕事場，学校，病院，ジム，航空旅行，警備，そしてあらゆる種類の人間の欲望と決定を覆い尽くす．例えば，高等教育は新自由主義的合理性によって，人間資本による自分自身の未来の価値の増大のための投資として再構成され，民主主義的な公共財としての教育の思想と実践を全く理解不能のものとする変換点として再構成される．大学におけるすべてのものはこの影響を受けている——授業料のレベルと予算の優先性はもちろんのこと，カリキュラム，教育実践と研究実践，雇用と入学基準，経営上の課題と管理もそうである．表向きはリベラルな民主主義国家と位置づけられる国も再定義がなされている．例えば2017年の選挙直後に，フランス大統領エマニュエル・マクロンは，フランスを「操業段階〔の企業〕のように考え動く」国家にする決定を表明した．大西洋を越えれば，ホワイトハウスの米国イノベーション室のリーダー，ジャレッド・クシュナーは，「政府にビジネスという観点を定着させる」ということに努めつつ，以下の宣言をした．「政府は偉大なアメリカの会社のように運営されねばなりません．私たちの望みは，市民である私たちの顧客のために成功と効率を達成できるようになることです」．

　新自由主義的理性によってもたらされた自由の特別な編成（formulation）とはなんだろうか．それは新自由主義の様々な思想家と実例によって様々であるが，いくつかの一般化は可能であろう．もっとも明白なのは，自由は市場の重要性に従属していくにつれ，自らを人民の主権と，したがって民主主義とに結びつける政治的結合力を失ってしまうということである．その代わりに，自由は私的目的の追求と完全に同じものとなり，しかるべく規制緩和され，価値，地位の競争，あるいは個人ないし会社の市場占有率を増進するために主として用いられる．自由はそれだけで政治的意味を持つことはない．つまり，自由は政治そして特に政府が不在のところで発展する．新自由主義的理性は，自由の意味，主体，そして対象をこのように再構成するので，左派を市場のなかだけではなく，たんに（tout court）自由に反対するものとして中傷する．新自由主義の創設者たちに少しばかり目を向けることで，この動きをより正確に把握できるだろう．

　新自由主義的思考は，ヨーロッパのファシズムとソビエト全体主義の影のなかで生まれた．モンペルラン協会を設立したオルド自由主義者，フライブルク

学派，そしてシカゴ学派の思想家たちは，相当な認識論的相違と存在論的相違とを持ちながらも，これらの暗黒の体制が，彼らの時代の広範囲に及ぶ社会計画と，国家に管理された政治経済とに連続しているという確信を共有していた．ケインズ主義の福祉国家，社会民主主義，そして国有化などはすべて，「隷従への道」にある．それらが意味しているのは，次のような繋がりから来る危険である．つまり，一方における，社会的なものの概念を高く評価し，個人ではなく社会という観点から国家を考えることと，それが他方における，個人的自由に最も広範な地位を与えることによって生み出された，相互依存の自生的秩序と必要物供給とが妨げられることから来る危険である．[10]

　なぜ社会と社会的なもの(the social)に対する攻撃なのだろうか．それは，マーガレット・サッチャーの発言で有名になったように，新自由主義者たちにとって社会など存在しないからである．サッチャーの知的道標であるフリードリヒ・ハイエクは，「社会的なもの」を，神秘的で，一貫性がなく，危険であると同時に，偽って擬人化し，アニミズムにも近づく用語として非難した．[11] ハイエクにとって社会的なものの領域に対する信念をかくも極悪なものにしたのは，社会的なものが，構想(デザイン)によって正義と秩序とを作ろうとする試みに避けがたく導くからである．それは，市場と道徳との結合によってもたらされるダイナミックな秩序を次々と掘り崩してしまう．市場と道徳はともに理性ないし意志からは発せられるものではなく，むしろいずれも自生的に発展するものである．[12] さらに，正義は普遍的規則に適合した行為に伴うものであるため，「社会的正義」という述語におけるように，ある人々の条件や状態に適用するならば，それは誤った用法である．したがって社会的正義は誤っており，精神的な自由に対しても現実における自由に対しても攻撃し，ある集団の善の思想と当然のごとく置き代えようと試みることで伝統的道徳に対しても攻撃をするのである．

　誤った社会政策を実施してしまうこととは別に，なぜ新自由主義者たちは政治的なもの(the political)にも反対するのだろうか．ミルトン・フリードマンによると，政治的生活は自由に対し，以下のような対をなす脅威をもたらすという．すなわち，それは，市場が分散させる権力を集中させようとする固有の傾向と，市場が選択を特色とするにもかかわらず，規則によるものであれ独裁によるものであれ強制的な政治へと依存しようとする根本的な傾向である．[13] フリードマンは，政治権力のいくつかの手段が，安定した安全な社会にとってなくてはならず，市場の存続と健全さにとってすらなくてはならないものである

72

ことを認識している一方で（財産法，契約法，金融政策など），すべての政治行為，
規則，ないし命令は，フリードマンにとっては個人的自由から抽出されたもの
（subtraction）である．直接民主主義ですらも，満場一致に達しないとき，す
なわちマジョリティの意志をマイノリティに押しつけるときには必ず自由を約束
する．それとは反対に，市場は常に個人的嗜好が広がるままにしておく——が，
マジョリティに従属しなければならないことよりもむしろ，常に自分が一票を
投じたものを得たいという考えに，同等の価値を認めようとする．フリードマ
ンは以下のように述べる．

> 市場メカニズムの下位にある政治的原理は，満場一致である．私的所有に依
> 拠する理想的な自由市場においては，どんな個人も他人に強制せず，すべての
> 協働は自発的であり，このような協働に従事するすべての集団に利益がもたら
> され，そうでなければそれに参加する必要はない．諸個人の共有される価値や
> 責任以外に，いかなる価値，いかなる「社会的」責任もない．社会は，諸個人
> と彼らが自発的に形成する様々な集団の集合体である．政治的メカニズムの根
> 底にある政治的原理は，順応（conformity）である．個人はより一般的な社会的
> 利益のために奉仕せねばならない——その社会的利益を決定する者が，教会で
> あれ独裁者であれマジョリティであれ．個人は投票権を有し，なすべきことに
> ついて語るかもしれないが，もしその権利をくつがえされれば，彼は順応する
> ほかなくなる．[14]

　ハイエクもまた，政治的生活を，個人的自由と自生的秩序との妥協物と見な
し，その妥協物が競争によって訓練されるときに（したがって「責任をもたされた」
ときに）進歩を生み出すと見なした．こうした捉え方には，小さな政府に対す
る指示内容以上のものがある．むしろハイエクにとっては，政治そのものと特
に民主主義とは，それらが権力を集中させ，個人的行動を制約し，自生的秩序
を崩壊させ，市場の自然なインセンティヴ，配分，したがってその健全さをゆ
がめるがゆえに，自由を制限するものなのである．彼は，『法と立法と自由』
をウォルター・リップマンの警句で始める．「自由な社会においては，国家は人々
の仕事を管理することはしない．国家は，それぞれの仕事に従事する人々の間
の正義を管理するのである」[15]．
　しかしこのような定式化でさえも，それが国家と経済とに焦点を当てる限り，
規制緩和と民営化とが経済をはるかに越えた広範な道徳的‐哲学的原理になる

という，新自由主義的自由の本質と立場とを控えめに示しているに過ぎない．これらの原理が定着し，市民性（civility），平等性，包摂，あるいは公共善の名のもとで，とりわけハイエクが社会的正義の「危険な迷信」と名づけたものにおいて，自由への制約は，ファシズムや全体主義と連続したものとなってしまうのである．これを理解するためには，私たちはハイエクによる自由の規定をより詳細に考察する必要がある．

　ハイエクにとって自由は，人間の意図的な強制がないところで普及する．つまりそれは，規則の強要，独裁的命令，あるいは脅威によってのみ制限される．'freedom' または 'liberty' は（ハイエクは二つの語を交換可能なものとして用いている[3]が），「他人の恣意的意志からの独立」にほかならない．自由は「人と人との関係にのみ関わるのであり，自由に対する唯一の侵害は，人間による強制だけである」[17]．ハイエクは明白に自由の他のすべての意味あいを拒絶し，特に，――「―への自由」のように――行為する能力や権力を軽く扱う意味あいや，自由を民衆の主権と等置する意味あいを嫌悪している[18]．彼は，こうした捉え方が権利意識（entitlement）の拡大を招き，その結果，資源配分の形態の国家管理と社会計画とを招くかぎり，これらは単に間違っているだけではなく危険であると考える．行為者，能力，あるいは主権として捉えられた自由は，真の自由を制限するとともに真の自由が産出する自生的秩序を破壊しもするような干渉をもたらす．はっきり言えば，リベラルな市場の意味から離れて追求ないし実践される自由は（この中には左派のすべての解放プロジェクトが含まれるだろう），必然的に自由の反対物に転化してしまうのである．

　ハイエクにとっては，なぜ政治的介入がない場合に限って，相互依存の自生的秩序と文明的な発展とが現れるのだろうか．なぜ，専門家，計画者，さらには複雑な法的秩序に対してまで敵意が向けられるのだろうか．その答えは，ハイエク固有の社会的無知の理論，すなわち，個人の側にも集団の側にも社会に精通している知識は存在しないしありえもしないという主張にある．「個人的自由を擁護するのは，主として，私たちの目的と幸福の成就とが依拠する非常に多数の要素について，私たちがみな無知を免れがたいことを認識することにある．……もし全知全能の人間がいたとしたら……自由擁護の理由はほとんどないだろう」[19]．ハイエクにとっては，文明がそれに依拠して建てられてきた知識はあまりにも広く分散し，また深く沈殿しているので，いかなる者，いかなる集団，あるいはいかなる場所によっても集められたり処理されたりできない．

74

したがって，国家は，社会政策や社会計画にふけると同時に，誤りを生み出し，
自由を切り詰め，市場が生み出すイノベーションと秩序とを妨害し，訓練と，
したがって責任を阻害することになる．こうして，国家による計画やコントロー
ルは，本質的に抑圧的で，誤りに満ち，社会を無気力にするものとなる[20]．反対
に，自由は，その行使に対し責任を持つ競争によって律されるときには，一種
の世俗的な知的デザインを生み出すこととなる．

　ハイエクは，根本原理はアダム・スミスに近いかもしれないが，明確にそれ
を変容しその視野を拡大した．フーコーが言うように，その変容は，自生的秩
序と発展の原動力として交換を競争へと置き換え，それゆえ競争がすべての領
域において導入されすべての主体に浸透することを求めるものであった[21]．この
拡張は，市場の自由を，包括的な存在論的ならびに規範的原理として前提して
いる．つまり，すべての社会は市場のようなものであり，市場として最もよく
組織され，そしてすべての自由（個人的，政治的，社会的，市民的なそれ）は市場の
形態を持つのである．こうした拡張は，経済理論をコスモロジー理論に組み入
れるものである．つまり，同種の自由がどこででも広がるべきであり，同じ積
極的効果をどこででも作り出すことができるとするのである．自由は責任を生
み出し，責任は訓練を生み出し，そして訓練は社会的イノベーション，効果，
秩序を生み出すこととなる．

　ハイエクの理論は，その規範的領域において，新自由主義的な構築主義のプ
ロジェクトに対し，その原理を遍在的に統治するものとするように駆り立て
る[22]．しかし，いかにしてこの規範的なプロジェクトは確立していくのだろうか．
すなわち，いかにして自由は存在の全領域へと拡張されるのだろうか．逆に言
えば，いかにして政治が及ぼす範囲と力とは制限され削減されるのだろうか．
よく知られた答えは，公共財の民営化と主体に責任を持たせることによってこ
のことが生じるというものである——1980年代と1990年代におけるサッチャー
主義とレーガン主義，そしてそれ以来のすべての新自由主義的統治の明確な役
割であったものである[23]．しかしながら，実のところ重要であるのは，国有化を
廃止し，公的支給を廃止することを通して主体と家族に責任を持たせることに
よって，経済的な民営化が，自由に対する制限を取り除くという，新自由主義
者たちが解決しようとした問題のたった一つの結果のためだけに働くことであ
る．私たちの目的にとってより重大であるのは，ハイエクが，政治的なものの
範囲を切り詰め社会的なものの要求を抑えるために，「個人的な，保護された

領域」と彼が呼ぶものの範囲と要求とを拡張することに関心を寄せていたことである[24]. その際, 個人的なセルフケアの促進は, 目的を推し進めるものではない. むしろ, 自由のこのプロジェクトには, いっそう多くの活動を, 私的なものとして, つまりしかるべく規制緩和され, そして民主主義的規範からしかるべく守られた活動として指示することが含まれている. ハイエクの言葉でいうと, 「所有の承認」は, 「私たちを強制から守ってくれる私的領域の制限を外す最初の歩み」であるが, 「私たちはこの領域を, もっぱら, あるいは主として物質的なものからなると考えてはならない[25]」. むしろこの領域は, 「私たちの行為に干渉するものに対する防壁」を私たちに与えるのである. それは, 特にあのもっとも強制的な権力である国家の強制を壁の外に締め出すが, それだけではなく, 平等性, 包摂, アクセス, そして市民性といった広く普及した民主主義的規範による強制をも締め出す. これは, 公共的な事柄を民営化するプロジェクト以上のことである. 私的なもの（the private）の区域と対象はともに, 自由にとっての敵の領域と権力とに抗うために拡張される. つまり, 政治権力と社会的なものへの信念に対し挑戦するのである.

　合衆国では, 新自由主義的合理性がその足場を広げ, そして深めるにつれ, 政治生活のもつ強制性（国家の強制に制限されないことも含む）を推定しそれに対して個人的自由を保障するというこの抽象的原理は, 立法と民衆の言説との双方において具体的に展開された. この原理は広く, 自由と選択との名において, 平等性, 寛容, そして包摂という規範に挑戦する権利によって動員された. それは, 最高裁の多数派によって, 企業を政治的統制や命令からこれまでにないほど保護し, それによって新自由主義的な富の独占を, 金権政治の新しい脱政治化した形態に転換しながら, これまでにないほど大きな政治生活の諸部分を独占し操作できるよう企業の力を高めるように展開されてきた. こうした原理がアメリカ法体系の形を取るのは,（例えば言論の自由や宗教的良心への）個人的市民権が企業にまで拡張された時であり, 公共の上告可能な裁判手続きが内密の, 強力な拘束力を備えた調停に置き換えられることによって正義が私的なものとされる時であった[26].

　民営化をめぐるこれらの実践は, 平等性と反差別に向けた原理と実践に挑戦する以上のものである. さらに「個人的な, 保護された領域」を拡張することはまた, 家族の価値, 慣例（ordinances）, そして要求を, いままで民主主義的法と規範とによって組織されていた公共空間へと導入する手段でもある. した

がって，社会的なものと公共的なものは，新自由主義によって経済化されるだけではなく家族化もされる (familialized) のである．すなわち，これらの変化はともに，現代民主主義社会の心臓部にある平等性，世俗主義，複数主義，そして包摂という諸原理に挑戦し，それらがハイエクが言う「個人的な，保護された領域」の持つ「伝統的道徳価値」によって置き換えられるのを甘受するのである[27]．この観点については，30年も前のキャンペーンを考えてみればよい．それは，教育のための公共的資金を，個人向けのバウチャー制度に置き換えようとするキャンペーンである．それは，家族が自らの道徳的価値にふさわしい学校を子供のために選択できるようにし，またふさわしくない学校からは離れる機会を与えようというものである．あるいは，司法が各企業に許してきたことを考えてみればよい．それは，宗教上の「信仰」を理由に連邦政府から命じられた平等規則を破ることであり，それによって妊娠中絶薬を使ったとみなされる避妊法のために被雇用者健康保険の補償範囲を制限したり，結婚を考えているLGBTの顧客を拒絶したりすることである．あるいは，西側諸国においてキリスト教への同一化がますます開かれたものとなっている状況を考えてみればよい．それは，保守的な政治演説においても中道のそれにおいても見られ，この同一化の中には世俗的公共圏による歩み寄りも含まれている．要約すれば，「個人的な，保護された領域」を拡張し，自由の名のもとに民主主義の範囲を縮小することは，国家の新たなエートスを発展させるのである．すなわち，公共的な，複数主義的な，世俗民主主義的な国家的な想像力を，私的な，同質的な，家族的なそれへと置き換えるエートスである[28]．前者は，慎み深い公開性，法の支配，そして文化的宗教的複数主義へのコミットメントを特徴としている．その一方で後者は，特にその伝統的な形態においては，排外的で，閉鎖的であり，同質的で，単一的で，そして位階秩序的(ハイエラルキー)である．

　新自由主義による経済的民営化の破壊力は，民主主義にとって深刻である．それは，不平等，排除，共有地(コモンズ)の私的所有，金権政治，そして民主主義的想像力の深刻な衰弱を生み出す[29]．しかしながら，私たちが考察してきた民営化の第2の秩序は，民主主義を，反民主主義的な資本価値よりもむしろ反民主主義的な道徳的価値ないし「家族」的な価値によって転覆させる[30]．そこで行われるのは，民主主義的価値や制度に対する市場の戦争というよりも，家族的な戦争である．それは，包摂，自律性，権利の平等，利害対立の制限，世俗主義，そして平等性の原理そのものに対する正当な(レジティメート)挑戦として，排除，家父長制，伝統，縁故主

義，そしてキリスト教を位置づけている[31]．さらに，どちらの種類の民営化も自由への関心によって突き動かされているなかで，第2のものは特に，今日における権威主義的な自由の政治的編成を生み出すものとして重要である．「個人的な，保護された領域」が社会的なものへの対抗物として力を与えられ，国家そのものを覆うように拡張するにつれ，この領域を確保し保護することは，法，警備，そして安全保障という点においてますます強固な国家統制を要求することとなる．

　私たちはここで，様々な権利にまつわる用語によって惑わされるわけにはいかない．諸個人に備わる様々な権利は，平等性，市民性，そして包摂への民主的なコミットメント――「社会的正義」――が，判決や公共政策という形で具体化される新自由主義的理性によって攻撃されるか，「言論の自由」の旗印のもとにオルト－右派（ライト）によって巧みに使われて飛び交う楔（くさび）（flying wedge）となる．しかしながら，公共空間に侵入し政治的なものと民主的なものとに対抗して押し返そうとするそれらの背後にある力は，一方では市場の価値と要求であり，他方では異性愛－家父長的なキリスト教的家族主義である．どちらのケースにおいても，諸権利は，諸個人に意図的に備わったものから，何か別のもの――企業，所有，資本，家族，教会，白人であること――へ戦略的に転換させられる．公共的なものの経済的で家族的な民営化は，社会的なものに対する新自由主義的な誹謗中傷と結びついていくことで，ともに「社会的正義」を専制君主的ないしファシスト的なものだとして攻撃する右派的立場を形成する．歴史的不正を正すことはもとより，人種的・性的マイノリティや女性そして他の従属的な集団にとっての基本的市民権すらも，新自由主義によって，わざとらしい正当ではない指示へと変えられる．つまり，この指示は，「社会的なものという幻影」の上に書かれたものであり，個人的自由に対する攻撃と，市場と道徳とがもつ自生的秩序に対する干渉とを構成するというのである[32]．彼らの非難は，こうした〔社会的正義に向けた〕プロジェクトが，自由主義的（リバタリアン）な結末よりも平等主義的な結末に資するものであり，新自由主義的なハウツー本に書かれているような重大な過ちに資するというものである，といった訴えにとどまらない．これらは，自由，競争，個人中心主義（privatism）のみがあるべきところに，「良き社会」に向けた政治的ヴィジョン――社会工学または社会計画学――を強いるものである，という訴えにとどまらない．あるいは，これらが，市場による成果と報酬とを適切に組織化することを妨げるような――規制的なものであれ

再分配的なものであれ——政治的干渉であるといった訴えにとどまらない．あるいは，これらが自由な諸個人の持つ創造的なエネルギーとそのエネルギーが生み出す自生的秩序とを抑圧するものである，といった訴えにとどまらない．さらには，これらが伝統的道徳に違反するものであり，近隣や町や国家における市民生活と言説とに（コントロールするのでないとしても）影響を与えるために，家族と教会に与えられた資格を制限するものである，といった訴えにとどまらない．むしろ，これらの不当性はすべて，ハイエク的な自由の編成のなかで，政治的な反キリスト主義の象徴としてまとめて彫り上げられるのである．この自由の編成は，政治的なものの範囲を切り詰め，社会的なものの存在そのものを攻撃するために，私的なものの価値を高め拡張するものである．[33] 私的なものの範囲を拡大し規制緩和が持つ分解力をあらゆる場所のすべてのものに適用することは，自由の新しい実践が，社会的絆，社会的包摂，社会的協働，社会的支援，そしてもちろん社会的平等を支える諸価値と諸実践とを攻撃することで，「社会などというものは存在しない」といった主張を現実化することを可能とするのである．

　この点において，ひどく性差別主義的で，トランスジェンダー嫌悪的で，外国人嫌悪的で，そしてレイシズム的な発話と行動とが，「ポリティカル・コレクトネス」の命令に挑むという形で，いかに表現の自由としてしばしば噴出することとなったのかは容易に理解できるだろう．「個人的な，保護された領域」が拡張されるとき，制限と規制とに反対することが基本的で普遍的な原理となるとき，そして社会的なものが落ちぶれ政治的なものが悪しきものとされるとき，白人男性支配の個人的憎しみと歴史的力とが解き放たれ正当化される．誰も他の誰かに対し何らか〔の責務〕を負ってはいないし，誰もが他の誰かをどんな方法においても制限する権利を持っていない．ハイエクが遠慮なく宣言しているように，平等とは妬みの言語でしかないのである．[34] 一方その頃，白人至上主義的な感情に対する左派からの反対は，社会的なものがもつ全体主義的な神話に根差し，かつ政治的なものが強制的な力であるとするような，暴君的な治安維持として捨て去られてしまった．その結果，20世紀の終わりにかつてピークに達したと思われていたように，文化戦争が単に再燃されるだけではなく，抜本的に再構成されることになったのである．[35]

　ここではっきりさせておきたい．私は，ハイエクや他の新自由主義者たちが，今日の大胆となり勢力を増している極右によって，移民，イスラム教徒，黒人，

ユダヤ人，クイアの人々，そして女性への脱抑制的な攻撃をすると予想ないし
主張したと言いたいわけではない．ポイントはむしろ，こうした展開は，部分
的には新自由主義的理性の帰結であることである．つまり，個人と同様に企業
に対して私的なものの領域や要求を拡張し，そして（市場に対峙する）政治的・
社会的正義を拒絶する新自由主義的理性の帰結なのである．アンドリュー・リ
スターが論じるように，仮にハイエクの「社会的正義ないし分配的正義に対す
る批判がきわめて狭い標的に絞られたもの」——市場の帰結に対する国家によ
る経済的干渉——であったとすれば，それが私たちの時代の政治的合理性の部
分となったときに，その領野は拡大したのである．さらに，社会的なものの転
換と政治的なものへの攻撃は，民主主義的規範の信用が広範囲で失われていく
とともに，具体的な新自由主義的な帰結の全く異質の組み合わせ——男性，白
人，キリスト教，そして国民国家の，主権と安全が失われること——から生じ
るエネルギーに油を注ぎ正当化することになった．不当に傷けられたこれらの
力のエネルギーは様々に（恨みを伴う怒りとその行動化だけでなく，極右候補へと静か
に投票するという行動においても）表現され，一連の諸対象（上にあげたものに加えて，
政治家やリベラルなエリートたち）をターゲットにしている．しかし，それらはリ
ベラルないし社会民主主義的秩序のなかで正当な政治的形態をとろうとはしな
かったので，それらは最近に至るまで政治的周辺にいつづけることになった．
平等主義，社会保障，社会的正義，政治，そして民主主義に対する新自由主義
的理性の攻撃が，「個人的な，保護された領域」が拡張されるとともに，それ
らに正当な形態を与えることになったのである．こうして私たちは，スチュアー
ト・ホールが「結合（conjuncture）」と呼び，フーコーが「偶発的な系譜学的編成」
と名づけようとしたものを扱うことになるのである．

　私たちはいまただちに，これらの新しいエネルギーを注意深く考察したい．
しかしながら最初に，現状において私たちを非常に当惑させている一つの特徴
を理解しなければならない．すなわちそれは，いかにして右派が，自由とナショ
ナリズム，自由と保護主義，最大化された個人的自由と伝統的な社会的価値と
を共存させた党派になりうるのか，ということである．私たちがこれまで漠然
と考察してきた民営化の二つの対をなす領域が国家そのものを占領するとき，
国家はまず民主主義として描かれることをやめ，その代わりに一方では，良い
取引をして投資家を魅了する必要のある競争的な会社として，他方では，悪意
に満ち所属なきアウトサイダーたちに包囲された，きちんと守られていない家

として描かれる．現代の右派ナショナリズムは，この二つの間で揺れている．トランプがアメリカの昨今における国際取引の悪化についてわめき続けているのを考えてみればよい．それは，NATO 加盟国との貿易から気候協定に至るまでのすべてに及び，さらに付随して，合衆国がその不確かな国境によって掘り崩されているという彼の主張と，合法的な南からの新参者が訪れ「私たちの家族」に加われるような「偉大な美しい扉」を備えた壁の建設を約束するといったキャンペーンまでである．あるいは，マリーヌ・ルペンによる「フランス人のためのフランス」キャンペーンを考えてみればよい．それは，国家を記述するにあたって経済的用語と家族的用語とを結合させたものであり，彼女はフランス東部の集会で「私たちは私たちの国の所有者である」と宣言し，「私たちは，フランスという家を開け放し，途中まで開け，（あるいは）ドアを閉めきってしまうための鍵を持たねばならない」と語った．すると群集は，「これは私たちの家だ」とコールし返したのだった．支持者の一人が説明しているように，「彼女は移民に反対しているのではなく，ただ正義を守ろうとしているだけなのです．……冷蔵庫がいっぱいなら，私たちは隣人に与えますが，もしもそれが空ならば，私たちは自分の子供たちに〔だけ何かを〕与えます．フランスの冷蔵庫は空なのです」．〔こうして〕正義は，プライベートな家族の中で，決められた量の（titrated）もてなしを行うこととして定義し直されるのである．

　国家そのものがこのように経済化され家族化されるとき，普遍性，平等性，そして公開性といった民主主義的原理は捨てさられ，国家は，有害な内部者や侵略的なアウトサイダーとして示された者たちに狭量に（illiberal）振舞うことを正当化される．壁の建設，警備，そして証券化のあらゆる種類が，個人的で規制緩和された自由の広大な範囲を守る必要によって権威づけられるので，国家統制主義，警備，そして権威主義的権力は細分化される．安全性は，自由を保障したり制限したりするものではない．むしろ，壁，ゲート，セキュリティ・システム，そして立入禁止の標識は，私的なものを公共的なものから，保護されたものを開かれたものから，親密なものを見慣れないものから，そして所有されたものを共有のもの（ザ・コモン）から区別するのに必要な自由を意味するものとなるのである．民主主義的手続きと正当性は，家族と市場という価値によって取って代わられる．つまり，交渉や熟議ではなく，あるいは法の規則ですらなく，独断的命令（diktat）が家庭の権威の基礎となり，力とは，それが侵入者から自分を正当に守る仕方なのである．したがって，私的なものと規制緩和された自由

の広大な範囲を守ることは，警備，権威，そして証券化の新たな空間と物価安定策とを切り開き，その必要性は，私たちが間もなく考える予定の脱抑制的な社会的エネルギーによって強められる[39]．さあこれこそが（*Et voilà*）——自由の名のもとにおける21世紀の権威主義（authoritarianism）なのだ．

2　右派の自由とナショナリズムとのエネルギー

　この点に関して，私たちは，統治する理性の論理（*logic*）については考えてきたが，現代の右派の政治的編成と表現に形と内容とを与える感情的エネルギーについてはまだであった．新自由主義的理性そのものは，法や政策におけるその開始と，議会での問題の説明要求に入り込みながらも，国家の白人化，移民と難民の締め出し，あるいはフェミニスト，クイアの人々，リベラルたち，左派たち，知識人たち，さらには主流ジャーナリストたちを非難するためのナショナリズムの決然とした運動を生み出すわけではない．あるいは，新自由主義的理性は，怨みに満ちた怒りや他の反社会的情熱を刺激したり，「人間性」の最悪の部分や，男性性（masculinity），あるいは白人性（whiteness）の蓋を開けたりもしない[40]．上述したように，ここで重要なのは，新自由主義的理性によって引き起こされた広範な変化ではなく，特定の歴史社会的コンテクストにおける新自由主義的経済政策の帰結である．特に，ヨーロッパ諸国と北アメリカの地方と郊外における白人の中流と労働者階級とに強い影響を与えた政策の帰結である．身近な問題について手短に振り返ってみよう．

　今日の右派と左派の両方の政治的エネルギーは，部分的には，生活可能な収入，仕事上の安全，退職金支給，そして公的資金による教育やサービスや社会財を新自由主義的に破壊することに対する反応から生まれている．これらの帰結は新自由主義的な取引，税金，そして関税政策から生じ，ともに国民国家主権を掘り崩し，賃金と国庫収入の引き下げへと向かうグローバルな競争を生み出す．右派ナショナリズム政党の綱領が展開する初期段階まで，ヨーロッパと北アメリカにおいて地位低下した多くの労働者階級と中流階級の白人たちは，国民国家主権の没落と，彼ら自身の経済的幸福の没落と，白人男性の優位性の没落との繋がりを不完全ながら感じていた．彼らは正しかった．というのも，彼らの生活は労働組合があった工場での仕事が海外に移転すること（offshored union factory job）によって台無しにされ，購入可能な住居はなくなり，労働と

資本との前例のないグローバルな運動によって破滅させられたのであり，北半球において白人の男性を安全な扶養者とする時代も国民国家主権の時代も終わったのだ．この状況を覆すことはできないが，政治的には利用されることはありうる．例えば，ここは，テロリストが，仕事泥棒，犯罪者，身近な詐病者と混在してしまうような場所であり，また反対に，経済効力の回復といったインチキな約束が，人種的・ジェンダー的優位の回復というインチキな約束と混在してしまうような場所でもあるので，移民の誇張された姿が特に強力なものになる．近隣国との間の穴だらけの境界，浸食された社会経済的地位，そして新たな形態の不安定さとは，人種問題化された因果的論理と緊縮された補償とのなかで編み上げられていく．ブレグジットのスローガンにあるように，「私たちは自分の国をもう一度コントロールしよう」．あるいはフランスでのスローガンを再び持ち出すなら，「ここは私たちの家だ」ということになる．

　とはいえ白人の労働者階級と中流階級の男性たちが，新自由主義的政策によって独特な仕方で傷つき，新自由主義的な政治家たちによって独特な仕方で軽視されたと考えるのは誤りである．リベラル主流派の学者たちによるヒラリー・クリントンのキャンペーンに対するこの一般的に見られた非難——あまりにもアイデンティティ・ポリティクスに集中し白人労働者たちの過酷な実態を軽くあしらうものであったという非難——では，白人，特に白人男性にもたらされた転換が主として，経済的没落としてではなく，政治的・社会的・経済的に再生産されてきた白人至上主義という権利の喪失として，どの程度経験されているのかということを見誤ってしまう．それゆえ，なぜ右派の金権的な政治家たちが，選挙民の〔苦痛な感情という〕傷口に反移民的・反黒人的・反グローバリゼーション的な大げさな言葉（レトリック）を擦りこませるだけで，また〔めざすべき〕国家の形式と表現を移民排斥主義（ネイティヴィズム）の形式と表現へと結合させるだけで，選挙民に対し何の実質的なこともせずに済まされるのかを理解し損ねてしまう．もう一度言えば，標的となっている多文化主義者であれ，政治的エリートであれ，リベラルな学者であれ，避難民であれ，フェミニストであれ，あるいはブラック・ライヴス・マターの活動家であれ，「ポリティカル・コレクトネス」と「社会的正義」に対する右派の怒りは，階級をこえて，白人の，特に白人男性の地位低下によって焚き付けられているのだ．[41]　彼ら自身においては，私的なものの新自由主義的な拡大も，経済的・政治的な安全の新自由主義的荒廃も，いずれも人種差別的なナショナリズムがもつ狂暴なエネルギーを生み出すことはない

し，またその誕生をきっかけとした自由の叫びを生み出すこともない．つまり，ここで第3の要素が必要なのである．今日の右派による女性嫌悪（ミソジニー），レイシズム，イスラム嫌悪，そして反移民自警主義の爆発は最初からずっとたんに「そこに」あったのではない．つまり，社会政治的なリビドー空間（libidosphere）へと突然解き放たれ，ご都合主義の政治家たちによって認可され動員され，ソーシャルメディアによって安易な綱領を与えられた，文明社会の見苦しい下層にあったのではない．そうではなく，これらの爆発は，特別のルサンチマンと，不当に傷ついた権力の怒りを伴っているのである．

　不当に傷ついた権力の代表的哲学者は，もちろんニーチェである．まず最初に，いかに苦しみがあるかについての彼の見解があり，ルサンチマンに基づくとき，特に屈辱の苦しみが，それをもたらす責任がある対象の非難を道徳化するに至るのである．彼が奴隷道徳と呼ぶものの定式化において，ニーチェは，主に，従順で弱い者たちの敬虔な自己評価と，乱暴で強力な者たちへの非難に焦点を当てる．しかし彼は，「反動的感情……嫉妬と怨恨」の秩序の一部のタイプとして，威張る者や怠け者を診断しながら，奴隷道徳が，大げさに憎しみを漏らす者，反ユダヤ主義者，レイシストによっても実践されると認識している．群衆主義（Mob-ism），いじめ，好戦性——ニーチェはこれらの悲痛で恨みに満ちたエネルギーを，彼が肯定する権力のある者，創造的な者の持つ，自己超克し自信に満ちた世界創造的なエネルギーとは対極のものとして酷評する．

　おそらくルサンチマンは右派ポピュリズムの不可欠なエネルギーである．つまり，怨恨，嫉妬，かろうじて隠された被害者化（victimization），そして反動の他の感情的特質は，インターネット・トローリング，ツイート，そして右派集会におけるスピーチの感情的な中枢であり，そしてトランプ自身の振舞いの顕著な特徴である．しかしながら，哲学者ハンス・スルガによれば，現在の状況を理論化するに際してのニーチェの最も重要な貢献は，彼がニヒリズムを扱ったことである．ニーチェは価値と真理との偶然的な性質を考えているので，しばしばニヒリストと間違って特徴づけられているが，ニヒリズムの時代の哲学者としてより適切に評価される．彼はその時代を，科学と理性とが神をぐらつかせあらゆる道徳的・倫理的真理をゆさぶったあとの世紀において展開されたと考えるのである．スルガが思い起こさせるように，ニーチェにとって，ニヒリズムの時代は諸価値が消え去ることを意味するのではなく，「最も高い価値」がその土台部分から切り離されることによって「そのものの価値を失う」

ような世界を意味する[44].　西洋のユダヤ・キリスト教的価値は，リベラルな民主主義を保証する価値を含みつつも，その基礎を失うにしたがって，その深みを失う．したがってそれらの価値はまるまる消えることはないが，代用可能で些末なものとされ，容易に取引され，水増しされ，道具化され，うわべだけのものとされる．これらの帰結はさらに，文化とその主体のニヒリズムとを必然的に深めながら，諸価値の価値を低減することになる．

　今日，あらゆるところにこうした現象の証拠がある．それは，商業的利益や政治的利益を得るための諸価値の道具化──「ブランド化」──や，この道具化を不快に思うことが一般的にないことにおいて日常的に見られる．それは，一方で拷問から社団法人に至るすべてを認可するように憲法を拡げておきながら「原意主義（originalism）[6]」の振りをする，アメリカ最高裁の多数派において明白に見られる[45]．このことは，2011年10月に行われ，その5年後に再度行われたアメリカ人投票者へのある調査において明白である．つまり，2011年，オバマ政権のときには，自身の個人生活において非道徳的な行為を受け入れられるような選挙で選ばれた公人が，公的かつ職務上の生活においても倫理的にふるまうことができる，と考えた割合は，白人福音主義派プロテスタントのたった30%だけだった．この数字は，トランプが候補になった2016年10月には72%にまで上昇した．同様に，2011年には，白人福音主義派の64%が，大統領候補者には強い宗教的信念を持っていることが非常に重要であると考えていたのに対し，トランプが選挙キャンペーンを展開する間に49%にまで下落したのである[46]．これらの変化は間違いなく，深い倫理的考察の帰結ではなく，変化する政治的潮流の帰結であった．これこそがニヒリズムのあり方なのである──つまり，諸価値は死んだのではなく，変幻自在なものとなったのであり，プロジェクトをブランド化するために利用可能なものとなったのであり，明らかにそのプロジェクトにふさわしくない目的を覆い隠すにあたって利用可能なものとなったのである．

　価値だけでなく，真理と理性もまたニヒリズムの時代においてその拠り所を失っている[47]．真理は，いまもなお高く持ち上げられてはいるものの，証拠や理由づけすらも要求することをやめている．恒常的に「フェイクニュース」と叫ぶことは効果的であり，高度にセクト化された民衆は，自ら打ち立てた信念に基づくイベントの見解を与えられる．しかし，信念そのものはますます信用を失い，議論に感化されないものとなる．信念は，ルサンチマンや刺激や侮辱か

ら発せられるものであることを隠しているだけである．ブレグジットへの支持
を煽っているイギリスのタブロイド紙が示しているように，この点に関してニ
ヒリズムをもっとも悪名高く表現したものは，真理や，整合性や，現状肯定的
な（不満に基づいたものとは対照的な）政治的または道徳的信念に対する，トラン
プの明白な無関心ぶりである．トランプの支持者たちとほとんどの右派メディ
アがこの無関心をおおよそ共有していることは，この時代のニヒリスティック
な性格を強調するものである．

　スルガによれば，トランプ主義はニーチェが記述したのとは別のニヒリズム
の特徴を具体化したものであり，すなわち今日の自由の反社会的性質にとって
決定的な特徴を具体化したものである．これは，権力への意志をめぐる脱昇華
（desublimation）である[48]．フロイトもニーチェも，彼らにふさわしい形にうち立
てられた価値と世界を，フロイトが本能と衝動と呼び，ニーチェが権力への意
志と呼んだものの昇華（sublimations）として理解する．両者とも，飼い慣らさ
れていない人間という動物を，そのような昇華がないものとして，より自由で，
またある点でより幸福なものとして理解するが，自己破壊と他者破壊の危険の
あるものとしても理解していた．結局，両者ともに文明そのものを，昇華の産
物として理解していたのである．スルガの論じるように，ニヒリズムにおける
諸価値の無価値化とともに，「権力への意志がそれ自体の原初形態へと逆戻り
し崩壊する」ことがあり「……宗教と宗教的な価値への訴えすらも，権力を無
制限に使用するためのシニカルな道具となった」のである[49]．この崩壊で問題と
なるのは，倫理や謙遜から解放された権力の行使以上のことである．スルガが
述べるように，むしろ「制限のない権力への意志における道によって失われて
行くものは，他者に対する関心であり……特に，私たちの全社会秩序がいまま
で依拠してきた世代間の緊密性である」[50]．このようにしてスルガは，右派的自
由が良心から解き放たれた様相を，たんに新自由主義的利己主義や社会的なも
のへの批判によって描かれたからというだけではなく，ニヒリズム自身による
良心の極端な抑圧のゆえに起こったものとして理解する[51]．社会的なものをけな
し枯渇させることと相まって，自由は，その結果を考慮することなく好きなこ
とを行い，言う自由となり，困難，傷つきやすさ，他の人間や他の種や地球の
運命を心から配慮しない自由になるのである．ニーチェが言っているように，
その純粋な楽しみのために「意志をぶちまける」のが自由である．そしてこの
意志が社会的な去勢や屈辱によって傷つき恨みを伴ったときには，エリザベス・

アンカーが定式化するように，それは「醜い自由」となるのだ．しかしながら同時にまた，ニーチェは私たちにこの自由の「祝祭的な性質」を思い出させるだろう——それは，挑発と誇張による楽しみ，他者に恥をかかせたり（「誰かが傷ついた」と言って）苦しませたりする楽しみ，誰かが燃やされている焚火を囲んで踊るといった楽しみによって喜ばれるのである．このような歓喜は一部のブレグジット支持者の中では明白であったし，右派のブログとトローリングとの中でよく見られ，リベラルたちが資本，化石燃料，武器を保有する権利等の生々しい力を解き放つ支配や政策によって打ち負かされるときの，リベラルたちを身もだえさせる喜びの中にこっそり見てとることができるものである．

しかしながら，文明や地球の未来が燃え落ちることを祝う自由の祝祭は，最悪の問題というわけではない．むしろ重大なのは，自由が，ルソー，トクヴィル，あるいはマルクスによって見出された政治的自己決定に相当するものすべてを放棄する結果となることである．それはカントの定言命法から離れる．それは，ミルの個人性の陶冶と文明の進歩とから解き放たれる．そしてそれは，ベンサムの最大化した有用性の計算に対する自由の結びつきすらも捨て去る．その代わりに，倫理的な価値のニヒリスティックな分解は，社会的なものに対する新自由主義の攻撃と個人的なものの権利や力に結びつくことで，怒りに満ちた感情的で破壊的な自由を生み出す——ときおり保守的な右派性を身にまとっているときですら，それは倫理的貧困の兆候なのである．こうした自由は，ニヒリズムとして表現されると同時に逆説的にニヒリズムに対するものとしても表現され，伝統的価値と秩序の崩壊を嘲笑する対象を非難しつつ攻撃し破壊する．それは，拘束を解かれ文化的でない自由であり，受け入れられた規範の目に横槍を入れる自由であり，明日の心配をすることからの自由であり，挑発における喜びに満ちており，その自由が傷つくことや身分低下に責任のある人々に対する被害者的で報復的な反応をすることへと駆り立てられているのである．これは，「私はそうしうるからしようとし（I will because I can），私は何ものでもなく，何も信じていないし，世界は何ものでもなくなりつつあるから，私はなしうる」という自由である．これはニヒリズムによって思い起こされる自由であり，数世紀にわたって形作られ，新自由主義的理性そのものにおいて具体化されており，この理性は価格や投機市場によって生み出されるもの以外には何も価値を見出さないのである．

3　抑圧的な脱昇華と良心の減退

　ニーチェが書いて1世紀も経ないうちに，ヘルベルト・マルクーゼは別の角度から脱昇華を考察し，戦後資本主義における本能的エネルギーの非解放的な放出について理論化した．マルクーゼが名づけて有名になった「抑圧的脱昇華〈repressive desublimation〉」は，テクノロジーが必要不可欠の要求を減少させ，欲望がいたるところで，増大する中流階級によって享受される商品文化と結びついたとき，資本主義的支配，搾取，そして「偽りのニーズ」の秩序のなかで生じる．[55] この秩序は，多くの快楽によって特徴づけられ，セクシュアリティをめぐる非難を根本的に減退させるという方法によって得られたものも含むが〈あまり厳しくない活動は，より少ない昇華しか必要としない〉，解放は含まない．本能的エネルギーは，社会と経済からの命令によって直接的に妨害されるというわけではなく，したがって強度の抑圧と昇華とを必要とするわけではないが，いまや，資本主義的生産とマーケティングによって，またそのために吸収される．快楽ならびに特にセクシュアリティが，どこにおいても資本主義的文化と結びつけられるにつれ，快楽原則と現実原則は，旧来の対立状況から脱する．[56] 快楽は，労働の骨折り仕事や搾取への暴徒的な抵抗である代わりに，資本の道具となり服従を生み出す．[57] 快楽は，危険ないし対抗的なことからは程遠く，もはや美学やユートピア的な幻想にこもることもなく，機械装置の一部となる．このことはよく知られている．しかしながら，抑圧的な脱昇華の意味を発展させるマルクーゼの次の展開は，私たちの問題にもっとも直接的に関わってくる．マルクーゼによれば，解放されない脱昇華は「幸福な意識」を手助けするものであり，このヘーゲルの用語は，人間の意識と体制とを連結させることによって欲望と社会的要求との闘争を解決するためのものである．マルクーゼは，ヘーゲルの定式化を先鋭化するためにフロイトとマルクスを引き合いに出して次のように論じる．つまり，支配の一般的な文化においては，「不幸な意識」は良心の帰結である──超自我の「悪〈evil〉」に対する非難が自我においても社会においても駆り立てる．[58] こうして，良心は，直ちに内的抑制のための超自我的集積の要素となり，社会に関する道徳的判断の源泉となる．抑圧的な脱昇華がこの厳格な検閲に対して執行猶予を与え，「幸福な良心」〈良心としてあまり抑圧されていないので，あまり分裂していない自己〉を生じさせるとき，良心は最初の犠

性者となる．大事なのは，良心は主体自身の行為との関係においてだけではなく，社会的不正や悪——それらはもはやそのものとして登録されていないが——との関係においてでもくつろげることである．言葉を変えれば，このコンテクストにおけるより少ない抑圧は，要求度がより少ない超自我に至るのであり，それは良心がほとんどないことを意味しており，個人主義的であり解放がなされていない社会において，全面にわたって倫理的‐政治的関心をほとんど持たないことを意味している．マルクーゼの言葉によれば，「不自由な社会によって自由が満足するほど保障されていないために，良心の喪失は，この社会の悪行を受け入れる手助けをする幸福な意識の方に向かう．〔この良心の喪失は，——ブラウンによる補足〕衰えつつある自律性と理解力の徴である」．[59]

　脱昇華が良心の力を減退させるということは直観的な意味を持つが，しかしなぜマルクーゼはこの考えを衰えつつある主体の自律性と知的な理解力に結びつけるのだろうか．彼のここでの複雑な論点は，『集団心理学と自我の分析』におけるフロイトの議論——主体がその良心を理想化された指導者や権威に譲渡したときに，良心は減少させられる，といった議論——とは異なっている．マルクーゼにとっては，理解力が減退するとき自律は減退するし（これは彼における合理主義的ではないとしても認知主義的な要素である），理解力が生存のために要求されないとき，また解放されていない主体が資本主義的商品のもたらす快楽と刺激に浸っているとき，理解力は減退する．逆の言い方をすれば，本能的抑圧は，知性的な仕事も含めて，仕事をするのである．[60] それゆえ，後期資本主義の脱昇華が，本能に対する要求を弛緩させながらも，主体自らの方向づけを自由なものにしないにつれ，知性への要求は実質的に弛められる．[61] 発展した資本主義社会における，自由で，愚かで，容易に操作され，些細な刺激と満足とに依存的とまではいえないものの没頭状態にあるような，抑圧的脱昇華の主体は，リビドー的に解放されより多くの快楽を享受するだけでなく，社会的良心と社会的理解力についてのより普遍的な期待からも解放される．この解放は，社会的なものに対する新自由主義的な攻撃と，ニヒリズムが促進する良心の抑圧とによって増幅されるのである．

　マルクーゼが論じるように，抑圧的な脱昇華は，「それが起こりつつもどこにもその否定がないような社会の重要な要素」[62]である．それは，現状を維持し甘んじて受け入れながらの自由であるように見える．彼が言うには，その現れ方は，異端者や反体制派とすら見えるのに十分なほど大胆ないし俗悪なものと

なる可能性もある――それは,「獰猛かつわいせつで, 剛健かつ魅力的で, き
わめて非道徳的に」なりうるかもしれない[63]. しかしながら, (繰り返すように, オ
ルト‐右派のツイート, ブログ, トローリング, パフォーマンスにおいて明白な) この大
胆さと脱抑制は, 一般的価値に対するのと同じように秩序の持つ暴力や偏見に
対し立ち向かうというよりは, それらの徴候ないし繰り返しとなる[64]. マルクー
ゼの見解では, 抑圧的な脱昇華は特有の仕方で「自由と抑圧」そして逸脱と服
従とを結びつけるのであり, 今日頻繁に極右から噴き出している愛国主義とナ
ショナリズムの野蛮で, 獰猛で, ならず者的ですらある表現のなかに, それは
明白に現れている[65].

　抑圧的な脱昇華は, 人間本能の他の源泉, すなわちタナトスの蛇口を開ける
ことによって, 暴力の新たなレベルとおそらく新たな形態すら解き放つ. マル
クーゼが論じるように, エロスの脱昇華は「攻撃性の昇華された形態と同様に,
昇華されない形態の増大とも」両立可能である[66]. なぜだろうか. それは, 抑圧
的な脱昇華は, ただ自由のためにエロスを解放するだけではなく, セクシュア
リティの範囲内におけるエロス的エネルギーの圧縮や集中を代わりに含むこと
があるからである――これが, 「コントロールされた」あるいは「抑圧的な」
脱昇華と呼ばれるものの一部である. それゆえ, 脱昇華されたエロスは, 攻撃
性を奮起させ, 攻撃性と混ざりあい, 攻撃性を強めさえする. こうしてマルクー
ゼは, 社会的・政治的暴力に対する適応や黙従の増大を, 「諸個人が自らの溶
解や統合解体のリスクに慣れていくなかでの標準化 (normalization) の度合い」[67]
であると説明する. 彼自身が依拠しているのは, 20世紀中葉の核兵器が蓄積さ
れた冷戦時代であるが, 容易にその論点は, 気候変動や他の実存的脅威にも適
用できる. 私たちの目的にとって最も重要なことは, 彼の洞察は, 個人の自由
を熱狂的に肯定するなかで, 右派, 特にオルト‐右派からこぼれ出る攻撃の量
と強度を理解するにあたって示唆に富んでいるということである.

　最後にマルクーゼは, ニーチェによって理論化されたニヒリズムを強化する
にあたり, 市場がいかなる役割を果たすかについての見解を示している. 新自
由主義的革命の前であるにもかかわらず, マルクーゼは次のように饒舌に記し
た上で, 市場が現実原則と道徳的真理の両方になっていったと論じている. す
なわち, 「人々は生産的な機構〔市場――ブラウンによる補足〕のなかで, 彼らの
個人的な思考や行動の有効な代理人を見出すように導かれるのだが, それは自
身の個人的な思考と行動とが引き渡し可能となり, また引き渡されざるをえな

くなったうえでのことである．……この譲渡においては，機構も道徳的代理人の役割を果たす．良心は,物象化によって,つまり事物の一般的な必然性によって無罪を申し渡される．この一般的な必然性のなかには，罪が存在する余地はないのである」． 良心は，幸福な意識の脱昇華的な産出によって既に枯渇しているものの，そのわずかな残存物は，市場の理性と市場の要求とによって取り去られる．実在するものは，理性的なものと道徳的なものとの両方となる．現実原則，命令，そして道徳秩序となるやいなや，資本主義は，必然性，権威，そして真理とを兼ね備えたものとなり，その明らかな荒廃，支離滅裂さ，不安定さにもかかわらず，すべての領域を覆い，批判の影響も受けなくなる．そこにいかなるオルタナティヴもないのだ．

4 結　論

　以上の要素（strands）をより合わせ，今日具体化されつつある反民主主義的で反社会的な権威主義的自由の編成の予備的な理解へと向かうこととしよう．私たちはまず，社会的なものと政治的なものとに対する新自由主義的理性の攻撃から始めた．新自由主義は，社会的なものを虚構であるとして非難するが，それは，平等性が，市場と道徳が生み出す自生的秩序を犠牲にして追求されることからくる．新自由主義は，政治的なものを，無知がはびこり自由が行きわたるべきところで，知識のふりをし，じっさいには強制を用いているとして非難する．個人的領域の拡張に向けてサポートを与える，脱政治化され正当性を失った国家は，これらの危険に対する対応策として促進される．しかしながらこの対応策は，政治文化を脱民主主義化する結果となり，包摂，複数主義，寛容，そして平等性という規範と実践を信用できないものとする結果を生む．これらの規範と実践を支持することは，新自由主義的理性からすると，自由を拒絶し，道徳を政治的命令に置き換え，そして全体主義を形作るような社会工学へと従事するという，間違った考えを持った努力と見なされる．それゆえに，「社会的正義の戦士たち」はオルト－右派によって「ファシスト」とラベリングされるのである．

　さらに，市場と道徳の拡張が社会と民主主義の言説に取って代わるにつれ，国民そのものが，民主主義的シチズンシップによって構成されるのではなく，所有されたものとして描かれるようになる．この所有者であることは二つの顔

を持つ——賢明な取引をなし秘密の漏洩を避けることだけを目的とするビジネスの顔と，危険な世界のなかで安全が保障されねばならないという家庭の顔である．これらはいっしょになって，内的なそして外的な非自由主義<ruby>リベラリズム</ruby>，移民排斥的<ruby>ネイティヴィスト</ruby>なナショナリズム，そして権威主義すらも正当化する．自由は，貧窮からの脱却を求める者（the needful）や歴史的に排除された者に対抗する武器となると同時に，逆説的ながら，経済面でも安全保障の面でもパターナリスティックな保護主義という形態において国家の力の増強を懇願するのである．

こうした事態の多くは，新自由主義的知識人たちが意図して招いた結果というよりも，意図せず生まれたものだ．新自由主義的知識人たちは，国民（nations）が，法の支配によって少しばかり抑制され，行為の道徳的規則と市場的規則によって導かれ，そして競争によって訓練された自由な個人によって成り立つことを夢見ていた．ちょうどマルクス主義の致命的な弱点が，（マルクスによって派生的なものまたは超構造的なものとして退けられた）政治権力の恒久的な複雑性を無視したことであったように，新自由主義者が夢見たものは，それ自身の悪夢へと転化してしまった——すなわち，神話〔的なこと〕を言って回る怒った大衆によって支えられる権威主義的政治文化へと転化した．その要因の一部は，新自由主義者たちが，彼らがまさしく拒否したもの，すなわち社会的なものの領域における歴史的に特殊な力とエネルギーを無視していたことにある．また一部は，彼らが政治的なもの，特に国家，権力に対して不適当な理解を持っていたためである．その理解によれば，政治的なもの，特に国家，権力は，国家に対する民主主義的制限の解除の結果として，また大企業や金融企業による政治生活ののっとりの結果として形づくられるだろうとされる．さらにまた一部は，どのように反民主主義的，反社会的，そして破壊的な政治的情念が，新自由主義そのものの原理によって掻き立てられたのか，またいかにニヒリズムによってますます弱められた道徳的組織によって引き留められることがないのか，ということを新自由主義たちが理解するのを失敗したことにある．

ニーチェから私たちは，いかにこの自由の新たな反復が屈辱，怨恨，そしてニヒリズムの複雑な帰結によって屈折させられるかについての理解を引き出した．新自由主義とグローバリゼーションとによる社会経済的な立場変更に苦しめられながら，ニヒリズムの時代を生きる反動的な生き物（creature）は，権力への脱昇華された意志を携えつつ，真理，社会，あるいは未来に対する関心という足かせを取り除かれた攻撃へと駆り立てられている．ニヒリスティックな

エネルギーは，新自由主義が社会契約を猛烈に非難するなかで社会的な統合解体の精神を強めていく．こうした事態は，これらのエネルギーが，人種とジェンダーに対する歴史的な権利付与を根絶し転換することから生じる感情，欲望，そして偏見を認可するにつれて起こる．「アメリカをもう一度偉大に」とか「フランス人のためのフランスを」〔というスローガン〕は自らを，男性中心主義と白人至上主義の最後の喘ぎないし悪あがき（gasps or grasps）以上のものとしてかろうじて表現しているのである．しかしながら，ニヒリズムの時代における価値の放棄（value-slinging）は，厳格な神学的ないし哲学的な基準に向けられたものではない．

「発達した資本主義」における抑圧的な脱昇華というマルクーゼの考えは，この編成にもう一つの見方を付け加える．良心によって導かれ，教会と国家への清廉さに緊密に同一化した保守的で権威志向の主体とは異なって，抑圧的な脱昇華における反動的な主体は，倫理や正義におおよそ無関心である．この主体は，順応性があり操作可能で，自律性も，道徳的自己抑制性も，そして社会的理解力も枯渇させながら，快楽を言って回り，攻撃的で，そして自らの境遇の破壊性と支配とに意固地に結びついている．この主体は，根本的に脱抑制されているが，自分と他者を顧慮した思考や道徳的指針はなく，社会的紐帯と義務とが希薄化されたり破裂させられたり，主観的に感じられたりした主体の経験は，新自由主義的文化そのものによって肯定されている．こうした脱抑制が攻撃性として形作られるのは，この文化によってであり，その傷と想定されうる源泉とによってであり，そしてニヒリズムによって刺激され招き寄せられた脱昇華によってである．

社会契約なき自由，民主主義的正当性なき権威，そして価値や未来なき復讐心を抱き，新自由主義的理性とその帰結とによって形作られた，被害者意識を持った反動的な生き物を見るがいい．それは，ハイエクとその知的系列にいる者たちによって想定された，計算でき，起業家精神があり，道徳的で，訓練された存在からはかけ離れ，怒り，非道徳的で，そして衝動的であり，内に秘められた屈辱と復讐への渇望とによって駆り立てられているのである．このエネルギーの強大さはそれ自体においてすさまじく，そして金権政治家，右派政治家，さらにそれらを刺激しかつ愚かなままにすることに没頭するタブロイドメディアの王様によって容易に搾取されている．そしてこの生き物は，自らを具体的に向上させうるような政策によって扱われる必要がない．なぜなら，それ

は主として，自らの傷を癒す精神的な聖別式（anointment）を求めているからだ．同じ理由で，この生き物は容易になだめることはできない——それは主として深い怨恨とニヒリズム的な絶望とによって焚きつけられているのである．それは，理性，事実，あるいは係争中の議論によって動かされない．なぜなら，それは知ろうとはせず，自らの価値が持っているべき一貫性や深み，あるいは真理への信念によっては動機づけられていないからである．それは，被害者意識と迫害への感覚を強く持っている一方で，その脆弱な良心しか持っていない．それは，成功しそうなオルタナティヴの未来には引きつけられない．この未来においては，それは自分自身の居場所を見つけることがなく，自らの失われた優位性を回復する展望を見出すことはできないからである．私的なものの要求，駆動力，そして価値が，公的生活と公的表現の正当な形態となってくるにつれて，自らが擁護する自由は信用を得る．失うものが何もないそのニヒリズムは，他になにものも持たないので，単に否定的にふるまうだけでなく，祝祭的であり，さらには黙示録的ですらあり，意図的にイギリスを崖から落とそうとし，気候変動を否定し，明らかに非民主主義的な権力を支持し，不安定で無知な者を地上のもっとも権力ある地位につけようとする．おそらくそれは，まだ到達されていないか変形もされきっていないが，その最終盤は存在しないだろう．しかしそれをどうしたらいいのだろうか．そして私たちはまた，これらの論理とエネルギーとが現在の困難な状況に対する左派的な応答の諸側面を形作っているあり方も，検討する必要に迫られているのではないだろうか．

謝辞

　この論文のより早期のバージョンは以下に発表された．*Critical Times* 1, no.1（2018）, pp. 60-79〈http://ctjournal.org/index.php/criticaltimes/article/view/12〉．ウィリアム・キャリソンとブライアン・ジャッジの研究上の協力に感謝する．

注

1）　Tocqueville, *Democracy in America*, trans. Mansfield and Winthrop, p. 7〔松本礼二訳『アメリカのデモクラシー第1巻（上）』岩波書店〔岩波文庫〕, p. 16〕．

2）　Alexandra Swann, "Leaving the Tories for UKIP Was about Freedom and Aspiration." *Guardian*, March 6, 2012〈https://www.theguardian.com/commentisfree/2012/mar/06/leaving-tories-ukip-alexandra-swann〉．

3）　トランプ投票者の88％は白人であったが，アメリカでは人口の62％は白人である．彼は白人女性投票者の半分以上，白人の男性投票者の3分の2，そして50歳以上の白人

のほぼ3分の2から支持された．Alec Tyson and Shiva Maniam, "Behind Trump's Victory: Divisions by Race, Gender, Education." *Fact Tank*, November 9, 2016 〈http://www.pewresearch.org/fact-tank/2016/11/09/behind-trumps-victory-divisions-by-race-gender-education/〉,〈http://www.cnn.com/election/results/exit-polls〉.

4 ）　トランプは大学卒でない白人投票者の3分の2の支持を勝ち取った．Nate Silver, "Education, Not Income, Predicted Who Would Vote for Trump," *FiveThirtyEight*, November 22, 2016 〈http://fivethirtyeight.com/features/education-not-income-predicted-who-would-vote-for-trump/〉. 出口調査でインタビューを受けたトランプ投票者のうち4分の1から5分の1は，トランプが自分たちの不満，怒り，偏見，または階級憎悪をあおったことが決定的であるとしながら，彼には大統領の資格がないと思うと言った．以下参照．Laura Roberts, "Why Did So Many White Women Vote for Donald Trump?" *Fortune*, November 17, 2016.

5 ）　Adam Shatz, "Out of Sight, Out of Mind," *London Review of Books*, May 4, 2017 〈https://www.lrb.co.uk/v39/n09/adam-shatz/out-of-sight-out-of-mind〉.

6 ）　Heather Gilligan, "It's the Black Working Class-Not White-That Was Hit Hardest by Industrial Collapse," *Timeline*, May 18, 2017 〈https://timeline.com/its-the-black-working-class-not-white-that-was-hit-hardest-by-industrial-collapse-1a6eea5of9fo〉.

7 ）　ミシェル・フーコーの以下の講義参照．Michel Foucault, *Birth of Biopolitics: Lectures at the Collège de France*, 1978–1979, ed. Michael Senellart, trans. Graham Burchell（New York: Picador, 2008）〔慎改康之訳『生政治の誕生』筑摩書房，2008年〕. 私はこの合理性の要約を以下で示した．Brown, *Undoing the Demos: Neoliberalism's Stealth Revolution*（New York: Zone, 2015）〔中井亜佐子訳『いかにして民主主義は失われていくのか』みすず書房，2017年〕.

8 ）　以下参照．Angela Charlton, "Macron Launches 'French Tech Visa' Program to Woo Tech Industry, Build 'Startup Nation,'"*Business Insider*, June 16, 2017 〈http://www.businessinsider.com/macron-launches-french-tech-visa-program-to-woo-tech-industry-build-startup-nation-2017-6〉.

9 ）　Ashley Parker and Phillip Rucker, "Trump Taps Kushner to Lead a SWAT Team to Fix Government with Business Ideas."*Washington Post*, March 26, 2017 〈https://www.washingtonpost.com/politics/trump-taps-kushner-to-lead-a-swat-team-to-fix-government-with-business-ideas/2017/03/26/9714a8b6-1254-11e7-adao-1489b735b3a3_story.html〉.

10)　あるオルド自由主義者たちはこの特徴づけから除外される．以下参照．Thomas Biebricher and Frieder Vogelmann, *The Birth of Austerity: German Ordoliberalism and Contemporary Neoliberalism*（Lanham, MD: Rowman & Littlefield, 2017）.

11)　F. A. Hayek, *The Fatal Conceit: The Errors of Socialism*, ed. W. W. Bartley Ⅲ（Chicago: University of Chicago Press, 1988）, p. 108, pp. 112–13; Hayek, *Law, Legislation and Liberty: A New Statement of the Liberal Principles of Justice and Political Economy* 2（London: Routledge and Kegan Paul, 1982）, pp. 75–76〔篠塚慎吾訳『法と立法と自由

[Ⅱ] 社会正義の幻想』春秋社，1987年，pp. 106-108〕.

12) Hayek, *The Fatal Conceit*, p. 67, pp. 116-117; Hayek, *Law, Legislation and Liberty*, pp. 66-68〔『法と立法と自由 [Ⅱ]』pp. 94-97〕.

13) Milton Friedman with Rose D. Friedman, *Capitalism and Freedom* (Chicago: University of Chicago Press, 2002), chap.1〔村井章子訳『資本主義と自由』日経 BP クラシックス，2008年，第1章〕.

14) Milton Friedman, "The Social Responsibility of Business Is to Increase Profits," *New York Times Magazine*, September 13, 1970, p. 12.

15) Walter Lippmann, *An Inquiry into the Principle of a Good Society* (Boston: Little, Brown, 1937), p. 267, quoted in Hayek, *Law, Legislation and Liberty*, p. v〔『法と立法と自由 [Ⅱ]』p. 6〕.

16) Hayek, *Law, Legislation and Liberty*, p. 66〔『法と立法と自由 [Ⅱ]』pp. 94-95〕.

17) F. A. Hayek, *The Constitution of Liberty* (Chicago: University of Chicago Press, 1960), pp. 59-60〔気賀健三・古賀勝次郎訳『自由の条件 [Ⅰ]』春秋社，2007年，p. 13〕.

18) Hayek, *Constitution of Liberty*, pp. 61-68〔『自由の条件 [Ⅰ]』pp. 25-32〕.

19) Hayek, *Constitution of Liberty*, pp. 80-81〔『自由の条件 [Ⅰ]』p. 46〕.

20) 以下参照．Hayek, *Constitution of Liberty*, chap. 2, "The Creative Powers of a Free Civilization,"esp. pp. 75-90〔『自由の条件 [Ⅰ]』「第2章，自由文明の想像力」pp. 24-58〕.

21) Foucault, *Birth of Biopolitics*, p. 118〔慎改康之訳『生政治の誕生』筑摩書房, 2008年，p. 145以下〕.

22) それが構築主義的であるのは，新自由主義者たちが新しい領域の経済化と市場化とを，自然に起こるものではなく，法，動機づけ，そして新たな形態の支配を含んだプロジェクトとして理解する意味においてである．

23) 顕著な例は，ビル・クリントン大統領による個人的責任と労働機会の和解法（Personal Responsibility and Work Opportunity Reconciliation Act（PRWORA, 1996））である．それが目指したのは，「貧しい女性への福祉に対する公的責任を，私的家族的責任を国家によって強制するシステムへと置き換えること」であった．以下の卓越した議論を参照のこと．Melinda Cooper, *Family Values: Between Neoliberalism and the New Social Conservatism* (New York: Zone, 2016), p. 63. クーパーが私たちに思い起こさせるのは，いかに母親や子供との現実の社会的ないし法的関わりから距離を置こうとしても，この法の制定によって生物学的父親性が生み出され，「父親」にとっての一生に及ぶ金銭上の責任が，国家による同様の責任を回避するべく生み出されたことである．

24) Hayek, *Constitution of Liberty*, p. 207〔『自由の条件 [Ⅱ]』p. 13〕.

25) Hayek, *Constitution of Liberty*, p. 207〔『自由の条件 [Ⅱ]』pp. 13-14〕.

26) 自由の言説（ディスコース）を通じて民主主義に対抗して私的なものを強めるプロジェクトは，明白に，合衆国憲法修正第1条の法体系（first amendment jurisprudence）に見られる．2015年，ハーバード大学ビジネス・ローの教授であるジョン・C・コーツⅣ世は，新聞

96

を読んでいるどんな市民もはっきりわかっていることを経験的に示す研究を発表した．つまり，「企業は，ますます（そして日増しにスピードを上げながら）修正第1条の権利の直接的な受益者として，個人に置き換わっていった」．Coates, "Corporate Speech and the First Amendment: History, Data and Implications," 〈http://papers.ssrn.com/sol3/papers.cfm?abstract_id=2566785〉, p. 1. 他の法学者たちは異なる点を政治的に強調した見解を集中的に示した．*New Republic* の2013年の記事で，ティム・ウーは，「かつて，抗議者と公民権を剥奪された者にとっての守護神であった修正第1条は，経済的自由至上主義者と，私的事業を法的制限から免れさせるその力を認識した企業弁護士のお気に入りとなった」と書いている．ウーは以下で引用されている．Adam Liptak, "First Amendment, 'Patron Saint' of Protestors, Is Embraced by Corporations," *New York Times*, March 24, 2015 〈http://www.nytimes.com/2015/03/24/us/first-amendment-patron-saint-of-protesters-is-embraced-by-corporations.html〉．バート・ニューボーンは以下のように論じている．すなわち，この傾向は1970年代や1980年代に現れ出した．なぜなら，「強固な言論の自由の保護が，政府に対する右派の懐疑的で規制緩和するアプローチにまさにぴったりであり，……新たに活力を与えられた一群の右派思想を有する力強い演説家たちによる激励された精力的な活動を後押しするものとなった」からであった．Neuborne, *Madison's Music: On Reading the First Amendment* (New York: New Press, 2015).

　　言論の自由の権利を企業に拡張することは，悪名高き2010年のシチズンズ・ユナイテッド判決に見られるように，企業に選挙過程を支配する権限を与え，ひどく軽んじられてきた一部の大企業に利益をもたらした．つまり，製薬，たばこ，石炭，食肉産業，航空産業はみな，拡張された用法の言論の自由を，広告の制限に対抗するための手段として用いた．さらにそれは，大小を問わず，企業に対し，同性婚の拒否や，非クリスチャン的と思われる出産コントロールの方法のために雇用者保険の適用の保留を進めることを，宗教的自由の名のもとに認めることとなった．トランプ政権は，宗教的表現の自由の名のもとに，企業の権利を，反差別運動と平等保護供給とを避けるように拡張しようといち早く活動し，宗教組織の権利を，非営利的な立場を維持しながら政治的に行動できるように拡張しようと活動してきた．その際のお題目（rubric）は自由であり，その際の策略は企業を個人とすることであり，その際のプロジェクトは制限と命令のすべての種類を取り消すことである．

27)　ハイエクは，「社会的正義は，ただ伝統的道徳価値，すなわち個人的自由だけが繁栄することができる不可欠の環境の破壊を」生み出すと書いている（*Law, Legislation and Liberty*, p. 67）〔『法と立法と自由［II］』p. 96〕．

28)　それこそ新自由主義者たちが嫌う「過保護な国家」のなれの果てではないか，といった皮肉がここには込められている．

29)　これは *Undoing the Demos*〔『いかにして民主主義は失われていくのか』〕の主題である．

30)　Cooper, *Family Values*.

31)　もちろん両者は結びつくこともある．クリントンのかつて掲げた「福祉改革」

PRWORA〔1996年の個人的責任と労働機会の和解法〕がその一例である.

32）　Hayek, *Law, Legislation and Liberty*, p. 67〔『法と立法と自由［Ⅱ］』pp. 95-96〕.

33）　ハイエクは社会的正義を,「意味論的な詐欺」,「危険な迷信」,「繊細な感情を, 自由な文明のすべての価値を破壊するための手段とする悪夢」,そして最も強烈な形では,「伝統的道徳価値, すなわち個人的自由だけが繁栄することができる不可欠の環境の破壊」をもたらすものと考えている. 以下参照 *Law, Legislation and Liberty*, pp. 67-70〔『法と立法と自由［Ⅱ］』pp. 95-99〕.

34）　Hayek, *Constitution of Liberty*, pp. 155-56〔『自由の条件［Ⅰ］』pp. 131-132〕.

35）　左派は, 空間の安全性や事前警告に明らかに関心を持っていながらも, 公共的なものを個人的価値と関心にこのように置きかえることには影響を受けている.

36）　Kevin Johnson, "Trump's 'Big, Beautiful Door' Is a Big, Beautiful Step in the Right Direction," *Time*, October 29, 2015 〈http://time.com/4092571/republican-debate-immigration/〉.

37）　Lauren Collins, "Can the Center Hold? Notes from a Free-for-All Election," Letter from France, *New Yorker*, May 8, 2017, p. 26.

38）　自称「中道の」ルペンの支持者である小さな町の市長は, 彼の町にいる「身なりの整った若い移民の男たち」について聞かれると,「かれらが私の家でなにをしているのか」と返した. Collins, "Can the Center Hold?," p. 24.

39）　しかもこの発展は, 自由を, 新自由主義的知識人たちが想定した以上の範囲と行為へとつき動かすことになる.

40）　並みはずれて慎重で繊細なジャクリーン・ローズすらも, これらの醜い衝動がまさに心の奥深くに眠っており, 活性化ないし解き放たれるのを待っているという軽はずみな考えに甘んじているように見える. Rose, "Donald Trump's Victory Is a Disaster for Modern Masculinity," *Guardian*, November 15, 2016 〈https://www.theguardian.com/commentisfree/2016/nov/15/trump-disaster-modern-masculinity-sexual-nostalgian-oppresive-men-women〉.

41）　またもここでもお題目は自由なのである——つまり, 欲するものを行い述べる自由, つかめるものをつかむ自由, 稼いだものを守る自由であり, 人の特権をチェックし社会経済的な富を分配するという必要性に気づかれることからの自由なのである. もちろん, こうした自由の付与はドナルド・トランプ自身によってなされたし, いまもそうだ——彼の金メッキのバスタブ, 女性の性器をつかむ(pussy grabbing)という威張った態度[5], 彼の「抜け目のない」租税回避はもとより, 彼が命令によって支配できなかったり, 新聞社をクビにできなかったり, イスラム教禁止令を課すことができなかったり, あるいはリベラルな民主主義の遺物であるチェック・アンド・バランスを無効にできなかったりといった, 公職上当然のことを知った後の憤慨ぶりもそうであろう.

42）　Friedrich Nietzsche, *On the Genealogy of Morals*, trans. Walter Kaufmann（New York: Vintage, 1989）, p. 75〔木場深定訳『道徳の系譜』岩波文庫, 1940年〕.「ユダヤ人に対する闘争は, いつも, 最悪の性格, すなわちより羨む者とより臆病な者の兆候である. いまこれに参加する者は, 群集(the mob)の多くの性質を持っているにちがいない」.

Nietzsche, quoted in Weaver Santaniello, "A Post-Holocaust Re-examination of Nietzsche and the Jews, " in *Nietzsche and Jewish Culture*, ed. Jacob Golomb（London: Routledge, 1997）, pp. 21-54.

43）　ハンス・スルガはニヒリズムへの私の注意を「ドナルド・トランプ：ポピュリスト的レトリックと金権政治との間で」（2017年2月の，UC バークレー批判理論における大統領選についてのシンポジウムに際してのペーパー）で引いた．このペーパーは，ニヒリズムに関して執筆中の彼のより大きな著作の一部である．

44）　Sluga, "Donald Trump," 16; Friedrich Nietzsche, *The Will to Power*, trans. Walter Kaufmann（New York: Vintage, 1968）, p. 9〔原佑訳『権力への意志（上）』筑摩書房, 1993年, p. 22〕．

45）　以下参照．Jack Edward Jackson, "Anti-Constitutionalism: Frontiers sans Frontiers," PhD diss., University of California, Berkeley, 2012. 改訂された博士論文は間もなく以下のものとして公表される．*Law without Future*（University of Pennsylvania Press, 2019）．

46）　Charles M. Blow, "Donald Trump: The Gateway Degenerate," *New York Times*, May 29, 2017, A21.

47）　Nietzsche, *Will to Power*, p. 10〔『権力への意志（上）』, pp. 24-25〕．

48）　Sluga, "Donald Trump," p. 16.

49）　Sluga, "Donald Trump," p. 17.

50）　Sluga, "Donald Trump."〔欠落〕

51）　以下参照．Brown, *Undoing the Demos*, Chap 7.（『いかにして民主主義は失われていくのか』終章）．

52）　Elizabeth Anker, "Ugly Freedom." 進行中の草稿．

53）　Nietzsche, *Genealogy,* p. 67.

54）　このトランプへ投票した人物たちによる彼を支持する見解には，数えきれないバリエーションがある．「どの政党が勝っても全く違いはない，とは思いません．彼らが勝ったときにやると言っていることは何であっても，彼らは実際にはできないでしょう．……私は彼に，みんなをひどく困らせてほしかっただけで，彼はそれをやってくれました．」Steven Rosenfeld, "Trump's Support Falling among Swing-State Voters Who elected Him, Recent Polls Find," *Salon*, July 23, 2017〈http://www.salon.com/2017/07/23/trumps-support-falling-among-swing-state-voters-who-elected-him-recent-polls-find_partner/?source=newsletter〉．

55）　さらに付け加える必要があるのは，プロレタリア化が南半球に移動していくとき，北半球における人々が，食糧・衣服から車・電化製品に至るまで，安くて豊富な商品の恩恵を受けていることである．

56）　Herbert Marcuse, *One-Dimensional Man*（New York: Beacon, 1964）, p. 76〔池松敬三・三沢謙一訳『一次元的人間』河出書房新社, 1980年, p. 94〕．

57）　「打ち立てられた社会と和解できない要求が奪われて……快楽は，順応させられ，服従を生み出すことになる」．Marcuse, *One-Dimensional Man*, p. 76〔『一次元的人間』p.

94〕.

58)　Marcuse, *One-Dimensional Man*, p. 76〔『一次元的人間』p. 95〕.

59)　Marcuse, *One-Dimensional Man*, p. 76〔『一次元的人間』p. 95〕.

60)　本能に対し強く「否」と言ったり，社会的に受け入れられる形態へと本能的に注がれるエネルギーを昇華したりすることさえも，社会道徳と神学を普及させることによって支持・組織され，ほとんど無意識的なレベルにおいて生じるのである.

61)　マルクーゼが「矛盾とオルタナティヴを把握するための心的部位の衰微」を記述し，「現実的なものは理性的であり……打ち立てられたシステムが約束を実行する」と主張したのは有名である. Marcuse, *One-Dimensional Man*, p. 79.〔『一次元的人間』p. 98〕.

62)　Marcuse, *One-Dimensional Man*, p. 77〔『一次元的人間』p. 96〕.

63)　Marcuse, *One-Dimensional Man*, p. 77〔『一次元的人間』p. 96〕.

64)　Marcuse, *One-Dimensional Man*, p. 79〔『一次元的人間』p. 97〕.

65)　Marcuse, *One-Dimensional Man*, p. 78〔『一次元的人間』p. 97〕.

66)　Marcuse, *One-Dimensional Man*, p. 78〔『一次元的人間』p. 97〕. マルクーゼはここで，フロイトから離れており，フロイトは後年，攻撃性がリビドー的エネルギーにとってのより大きなはけ口によって弱められると理解した. マルクーゼにとっては，抑圧的な脱昇華は，彼がエロス的エネルギーの「圧縮（compression）」や集中と呼ぶものを含んでいる.

67)　Marcuse, *One-Dimensional Man*, p. 79〔『一次元的人間』p. 97〕.

68)　Marcuse, *One-Dimensional Man*, p. 79〔『一次元的人間』p. 98〕.

訳注

〔1〕　「脱抑制」は, 本論最終部で多用されるマルクーゼの用語.「抑制」が, 人がその衝動・欲望をコントロールすることであるのに対し, 脱抑制はそれを解除し, 衝動・欲望を解き放つこと.

〔2〕　マイロ・ヤノプルス. 1984年生のイギリス出身のオルト－右派のジャーナリストで,「ブライトバート・ニュース」の編集幹事であった. トランプ大統領の支持者でオルト－右派のアイドル的存在. ゲイであると自認している. 2017年には, カリフォルニア大学バークレー校の共和党支持団体が彼を招待して講演会を企画し, 激しい反対運動が起きて中止となった. マイロはこの引用のなかでは, 地味なチェックのシャツに対して, 花柄のシャツにたとえられている.

〔3〕　本訳では, 'freedom' も 'liberty' も, ともに「自由」と訳している.

〔4〕　インターネット上の嫌がらせ行為で, 特にSNSで悪意ある投稿を繰り返し行ったりすること. 有名人の自殺等を引き起こし, 社会問題化している.

〔5〕　2016年アメリカ大統領選の時に, トランプ氏が,「スターなら女性の性器をわしづかみにできる」「女性に何でもできる」と言っているビデオが暴露され批判を受けた. 大統領就任直後の1月21日に全米で行われた「ウィメンズ・マーチ」において, 女性器と関連づけられたピンクのニット帽が女性運動のシンボルとなり多用された.

〔6〕　憲法解釈上, 憲法制定者の立てた原理を重視する立場.

第5章
権威主義的
パーソナリティ再訪
—— トランプの時代にアドルノを読む——　　　　ピーター・E・ゴードン

青柳雅文 訳

　人間の個体化という現象に深く沈潜すればするほど，個人をその閉鎖性と力動
性という姿として容赦なく理解すればするほど，ますますその個人において元
来非個人的なものに近づいてゆくことを，フロイトは発見した——純粋にひた
すら自分自身の素材にかかわる仕事をつうじて.
　　　　　　　　　　　　テオドール・W・アドルノ『社会学入門』1968年[1]

　とてもたくさんの人が，私のことを知らずにテレビに出ているが，彼らは私に
ついての専門家のようだ.　　　　　　　　　ドナルド・J・トランプ

　2016年1月中旬，つまりドナルド・J・トランプが第45代合衆国大統領に就
任するおよそ1年前，オンライン雑誌『ポリティコ』は「トランプ支持者であ
るかを測る，一つの奇妙な特色」と題された報告書を出した.

　　ドナルド・トランプ支持者だとわかるいちばんの決め手は何かと聞かれたら，
　　何と答えるであろうか. 白人だということか. 貧困だということか. 無学だと
　　いうことか. それらは間違いであろう. 実は，有権者がトランプを支持するか
　　どうかを測る統計的に重要な唯一の変数を見つけた——それは人種でも収入で
　　も教育水準でもない. それは権威主義である. すなわち，トランプの選挙の強
　　さ——そして彼の耐久力——は，とりわけ権威主義的傾向のあるアメリカ人た
　　ちに支えられていた. そして共和党員だけでなく民主党員も含めて，アメリカ
　　の有権者たちに権威主義が拡がったために，このことこそが，トランプのファ
　　ン層が成長し続けることを可能にしているのである[1].

　この報告書を執筆したマシュー・マクウィリアムズは，政治コミュニケーショ
ン会社「マクウィリアムズ・サンダース」の創立者であるが，当時彼はマサチュー
セッツ大学アマースト校で政治学の博士論文提出資格者でもあり，そこで権威

主義に関する博士論文を書いていた. 様々な政治的忠誠心を持った1800名の登録有権者の全国世論調査を実施しながら, マクウィリアムズは「教育, 収入, ジェンダー, 年齢, イデオロギー, 宗教, これらはいずれも, 共和党の有権者が好む候補者を支えるのに何の意味もなさない」と報告した.「テロリズムへの恐怖」を押しのけて, ある一つの統計的変数がドナルド・トランプ支持者の特徴的な目印として頂点に登り詰めた. それは権威主義である. マクウィリアムズが指摘するように, それは社会科学において「もっとも広く研究された思想の一つ」である. 彼が説明するには, 権威主義者たちは「服従する」傾向にある. 彼らは「強い指導者を支持して集まり, それに従う. そして彼らは, とくに脅威を感じるときに, よそ者にたいして攻撃的に反応する」.

　政治世論調査員たちは, トランプ支持の中にあるこの鍵となる要素を見誤ってきた. というのも, 彼らは調査に際して, 権威主義に関する質問をまったく含んでいないからである. 私の調査では, 人口動態や〔競争の勝ち負けに焦点を当てられる〕競馬や〔感情や意見の〕温度や政策という典型的な問題群に加えて, 1992年以来政治学者たちが権威主義への指向を測定するために採用した四つの質問からなる単純な調査をおこなった. これらの質問は, 子どもの養育にはつきもののことである. つまり有権者にとってより重要なのは, 子どもが礼儀正しいか自立しているか, 従順か独立独行か, 行儀がよいか思いやりがあるか, 礼儀をわきまえているか好奇心旺盛か, ということである. これらの質問のそれぞれで前者を選んだ回答者は, 強く権威主義的である. これらの質問にもとづけば, トランプは, 支持することが権威主義者たちの間で統計的に意義を持つ——共和党であれ民主党であれ——唯一の候補者であった. より善良な人にアピールしようとする人は, 彼が反体制的である点を重く受け止め, 彼の支持者たちが所有せざりし者たちの小さな結びつきだと誤解することのないようにしなければならない. トランプ支持は, アメリカの権威主義に固く根差しており, 一度目覚めれば, 考慮されるべき力になる. トランプがそのような候補者だということは, 政治世論調査員たちからすれば, 権威主義を重く受け止め, それを調査し測定し始めなければならないということも意味する.

　政治的な切迫感を持った前述の論調からは疑念が引き起こされるかもしれないとしても, 半世紀以上にわたって影響を及ぼしてきた社会心理学の初期の調査には, いまなお耳を傾けるべきである. その調査に含まれる意味を理解する

ために，1950年に『権威主義的パーソナリティ』として公刊された画期的な研究の本来の目標を思い起こすことが重要である．⁴⁾　以下では，研究の前提とその躓きとなりうるものに焦点を当てながら，その目標のいくつかを検証する．またテオドール・アドルノが書いた所見，とりわけ公刊された版の研究に入らなかったものを再検討しながら，彼の特有の貢献についても考察するつもりである．願わくは，アドルノをもう一度読むことによって，トランプがどれだけ『権威主義的パーソナリティ』のカテゴリーの例証となっているか，そしてどのような点でその著書の趣旨とは異なるものだと証明されるか，このどちらもはっきりさせたい．〔ここでは〕『権威主義的パーソナリティ』研究は二つの異なる流れの議論を展開させている，と示唆しておきたい．第1の議論，つまり調査プログラムの「公式の」発見は，マクウィリアムズが前述の引用箇所で繰り返していた基本的な思想，すなわち新しい「心理学的類型」を認定したという主張を含んでいる．第2の議論は，それが含む意味という点で，〔第1の議論よりも〕はっとさせられるしラディカルである．つまりそれは，権威主義的パーソナリティがたんなる類型を意味するだけでなく，現代社会の差し迫っていて全般的な特徴も意味するということを示唆しているのである．

1　歴史的・理論的前提

　アドルノとマックス・ホルクハイマーは，反ユダヤ主義に関する調査を実施しようとしていたアメリカユダヤ人協会（AJC）からはじめて接触を受けた当時，『啓蒙の弁証法』，いわゆる哲学的断想の最初の下書きをちょうど完成させたところであった．その中で彼らは，古代の神話から現代のファシズムに至るまでの，人類史全体にわたる道具的理性の壮大な系譜学を展開した．『〔啓蒙の〕弁証法』は，ホメロスの『オデュッセイア』とド・サドの『ジュリエット』の文学的読解を含め，高度に抽象的な作風で書かれているので，経験的な注釈から大きく外れたところにあった．ただし，現代社会における批判的意識の清算に至った局面である「文化産業」を痛烈に非難しつつ検討した章は例外であろう．⁵⁾　したがって，『権威主義的パーソナリティ』は「別の手段で『啓蒙の弁証法』を継続したもの」⁶⁾として読めると，アドルノの伝記作家シュテファン・ミュラー＝ドームが示唆したのは皮肉なことである．この研究をつうじて，アドルノもホルクハイマーもアメリカ社会科学の経験主義的方法への賛意を深めることに

なったという点もまた，指摘するに値する．しかしながら真の問題は，アメリカの社会科学者たちとアドルノが共同研究をおこなったことが，完全には解決されることのない緊張関係をあらわにしたという点である．

　この研究のためにおこなわれた調査は，社会研究所とカリフォルニア大学バークレー校の世論研究グループとの共同事業であった．プロジェクトが軌道に乗り始めた1945年，アドルノはロサンゼルスに滞在し，そして彼の同僚たちと集まるため，北に位置するサンフランシスコを2週間おきに訪れた．その同僚とは，ポーランド出身でナチス・ドイツから亡命し，精神分析医としてウィーンで訓練を受け，バークレーでの研究の調査員として従事したエルゼ・フレンケル＝ブルンスヴィック，バークレー校心理学教授R・ネヴィット・サンフォード，当時バークレーの研究生で，後にイェール大学心理学教授となるサニエル・レヴィンソンであった．AJCからの支援が，とりわけ合衆国において反ユダヤ主義が復活しうることに個人的な懸念を抱いていた者たちにとって，一時は深刻な不安の種になったが，社会科学の正確さへの傾倒，およびアメリカの民主主義の価値を守る必要があるという熱い信念という二つの任務を，この調査員たちが遂行したのは驚くべきことではない．研究を駆り立てていたものは，実際のファシズムへの傾倒ではなく，意識の隠れたあるいは明白な特徴としてのファシズムのほうこそ測定可能だという確信であった．序論の最初の頁で，著者たちは次のように説明する．

　　本書において報告される調査は，次のような主導仮説によって導かれている．すなわち個人の政治的，経済的，社会的な確信は，まるで「気質」や「精神」によって結び合わされているかのように，全体として首尾一貫した一つの〔思考〕パターンを形成することが多く，しかもこのパターンは個人のパーソナリティの深層にある趨勢を表現している，という仮説である．主要な関心事は，潜在的にファシスト的な個人，つまり反民主主義的なプロパガンダにとくに感化されやすい構造を持っている個人に向けられていた．……ファシズムがかなり強大な社会運動となるようなことがあれば，容易にそれを受け入れそうな兆しを示しているような人々，こういう人々を見つけ出すことは難しくなかったのである[7]．

　この隠れた潜在的可能性を測定するために，調査チームは質問票を開発し，それを総勢2099名の（主として湾岸地域だが，そのほかにもロサンゼルス，オレゴン，

ワシントン DC にいる）被験者に配布した．質問票は四つに区分される尺度，つまり A-S スケール（反ユダヤ主義を測定），E スケール（排外主義を測定），PEC スケール（いわゆる似非保守主義者から正真正銘の保守主義者を区別するために，政治経済的に保守的なイデオロギー・コミットメントを測定），そして最後に F スケール（潜在的なファシズムの可能性を測定）に，被験者の回答をマッピングするように設計された．この最後の測定基準は，以下の九つの特性を含んだ「権威主義」と呼ばれる，特有の態度構造を際立たせることになっていた．

a．因習主義．中産階級の因習化した諸価値にたいする固着．
b．権威主義的従属．内集団の理想化された道徳的権威への無批判の追従的態度．
c．権威主義的攻撃．因習化した諸価値に違反する人々を見つけ出し，これを非難し，拒絶し，処罰しようとする傾向．
d．反内省．主観的なもの，想像的なものおよび繊細に感じられるものにたいする抵抗．
e．迷信とステレオタイプ．個人の運命に関する神秘的な規定への信仰．固定したカテゴリーで思考する気質．
f．権力と「タフさ」．支配 - 従属，強 - 弱，指導者 - 信奉者という次元へのバイアス．権力を持った人物との同一化．自我の因習化した属性を過度に強調すること．強さとタフさを誇張して主張すること．
g．破壊性とシニシズム．一般化された敵意．人間的なものへの中傷．
h．投射性．世界に起きている粗野で危険な出来事を信じ込む気質．無意識の情緒的な衝動を外部へと投射すること．
i．性．性的な「振舞い」への誇張された関心．[8]

著者たちが述べているように，「これらの変数は一つの症候群，つまり反民主主義的なプロパガンダを受容させる人間内部の多少とも持続的な構造を一緒になって形成するとみなされた」[9]．言い換えれば，この研究を駆り立てていた想定は，反民主主義的信念（排外主義，反ユダヤ主義，政治経済的イデオロギー）に関して高得点の成績となる前兆であろう種類のパーソナリティ構造のプロファイルを展開可能なはずだ，ということである．ただし質問表の中で，これらのトピックを明白に言及することに訴えかけないものは除かれた．PEC スケールはまもなく除外された．というのも，PEC スケールは，E スケールや A-S スケールとの相互関係が十分に強くはないからである[10]．調査員たちが説明する

には,「それぞれ反ユダヤ主義や排外主義と相関するが政治的,経済的,社会的問題の議論において通常扱われない領域から生じる諸項目を選び出すことが必要となった」[11].これによって,ある環境下であればファシストの政治的目標を呼び覚ますかもしれない,隠れた性格学的な特徴が描写されることになる.調査員たちが説明するには,F スケールは「潜在的な反民主主義的パーソナリティを測定しようとする」[12]ものである.

『権威主義的パーソナリティ』研究は,政治的イデオロギーと精神分析を相関させるきわめて意義深い試みの一つを表している.しかしそれは,フランクフルト学派が経験的社会心理学に投じた事業の最初のものではなかった.すでに1920年代,エーリッヒ・フロムはドイツの労働者階級の政治的態度に関する経験的研究を実施していた[13].次いで1930年代半ばには,フロムはジグムント・フロイト〔の手法〕を取り入れ,そしてとくにヴィルヘルム・ライヒの「性格分析」〔の手法〕を取り入れて,ファシズム傾向のある「サド・マゾヒスティック性格」を精神分析の影響のもとではっきりと描写しながら,『権威と家族に関する研究』をヘルベルト・マルクーゼやホルクハイマーと共同でおこなった[14].このような諸研究は,労働者階級と革命意識が自然に協調するものだ,と期待してきた史的唯物論の希望が頓挫したことからエネルギーをもらっていた.自分たちの表向き客観的に見える利害に反対して行動を起こす労働者階級の憤慨というのは,主観的意識の深さを測定し,精神病理学の言葉に手を伸ばすことによってはじめて理解できるであろう.これらの研究はすべて,客観的な社会経済的状況と個人のパーソナリティの主観的な特徴との相関関係を還元主義になることなく展開させようという批判的な志に導かれながら,社会学と精神分析との間にある弁証法的空間へと入って行った[15].しかし心理学的なものと社会的なものとの関係を正真正銘弁証法的に理解し続けようとすることは,大いなる挑戦に留まるのは明らかだった.後年の批判者たちが考えることになるが,『権威主義的パーソナリティ』の著者たちは,著作の冒頭で,まさにほかならぬ新しい「人間学的種属」あるいは「権威主義的類型」を認定してきたと表明したときに,意識の不当な物象化に傾倒しているように見えていた[16].

著作のはしがきは,ホルクハイマーと(AJC から支援を受けて,この著作を含む『偏見の研究』シリーズの共同所長であった)サミュエル・H・フラワーマンによって共同で執筆されたが,その中ではすでに,個人の意識の優位を独立した変数とみなすことへの,ある種の当惑を見て取ることができる.彼らは次のように述べ

ている.

> 私たちが偏見の社会的な側面よりも個人的で心理的な側面のほうに不当に重心
> を傾けていることに，読者は気づかれるかもしれない．このことは，心理学的
> 分析についての個人的な選好によるのではなく，また非合理的な敵意の源泉が
> 社会的な欲求不満や不正において究極的に見出されることに気づかなかったか
> らでもない．私たちの目標は，偏見を記述することに留まるのでなく，まさに
> それを根絶する一助となるように説明することにある．……根絶（eradication）
> は再教育（re-education）を意味する．そして厳密に言えば，教育は，その本性
> において個人的で心理学的なものである.[17]

　彼らが論ずるには，たとえそれが実践的目標として正当化されうるとしても，
個人心理学を強調するには，新しい人間学的類型の出現と普及の両方を説明す
るための社会的歴史的状況を探求することが補われなければならないことにな
るであろう．現在の諸研究が「本性において本質的に心理学的」だとしても，
ホルクハイマーとフラワーマンは，「社会的前例に関する」あらゆる個人的な
振舞いを説明する必要があると認めている．彼らが宣言したように，「孤立し
た個人的なものはまさに人為的なものである」.[18]

　しかも，社会的に人為的なものとしての個人心理学の主張を挫かせつつ，権
威主義的パーソナリティあるいは権威主義的性格という概念こそが，社会学的
説明とは反対に作用していると正しく述べているように見える．心理学的なも
のと社会的なものとの関係の弁証法的イメージを強めるのでなく，個人心理学
は心理学的なものを先行条件として物象化する傾向にあり，それゆえ批判理論
からすれば，個人心理学は社会学を精神分析へと結びつけるあらゆる学際的な
仕事の必須条件であったものを傷つけてしまっている．マクウィリアムズによ
る最近の（敬服すべき調査成果を省察しており，かんたんに片づけてしまうべきでない）
業績は，このように心理学を説明に役立つ有力な変数として理解する，という
ことを反映しているように見えるであろう．それは，まるで社会学的分析にとっ
ては他の決定的あるいは確定的な社会的諸要因よりも有力な安定したカテゴ
リーであるかのように，「権威主義」をほかから切り離そうとする仕方がある
としても．これはマクウィリアムズ自身を非難することではなく，この点で彼
はたしかに人間科学におけるもっとも骨の折れるジレンマの一つに直面してお
り，それは自殺という最奥の苦悩でさえも社会学的趨勢と相関させた，道徳的

な諸統計やエミール・デュルケームの諸成果に見られる19世紀の研究にまでは
るか遡ってたどることができる．マクウィリアムズはこの調査の系譜に続いて
従っているというだけではないが，彼でその系譜の最後だということでもない．
トーマス・ウィートランドが指摘するように，『権威主義的パーソナリティ』
は「社会学の歴史において大きな衝撃を持っている」[19]．1950年の公刊後5年の
うちに，少なくとも64の関連研究や数多くの解釈に刺激を与えてきた．オラン
ダの社会学者ジョス・メロンは，1950年から1990年に至る40年にわたって，『心
理学抄録』誌が権威主義に関して公表された2000以上の研究をリストアップし，
そして調査グループが「アドルノほか」によるものだと認定したオリジナルの
研究への引用が，2000を超えて急増したと指摘している[20]．

　たしかに，『権威主義的パーソナリティ』研究は，それを中傷する者に欠く
ことがなかった．とりわけ冷戦時代には，一つにはフランクフルト学派が『偏
見の研究』という，より大きな調査プログラムと連携していることを理由にし
て，激しい批判に直面した．シカゴ大学の社会学者エドワード・シルズのよう
な批判者は，「左派権威主義」の可能性という誤った認識を政治的に好むことで，
著者たちのことを咎めた[21]．そのような諸々の非難は，マッカーシズムがバーク
レー校に降りかかった際には，より険悪な雰囲気を帯び，『権威主義的パーソ
ナリティ』の原著者のひとりであるR・ネヴィット・サンフォードは，忠誠宣
誓への署名を拒否したために解雇された（署名しなかった他の45名と一緒に，サン
フォードはこの事案を裁判に持ち込み，1952年の終わりに地位を回復した）．他の者たち
は方法論上の理由を挙げてその研究を批判した．それをラトガース大学の社会
学者ジョン・リーバイ・マーティンは，「おそらく政治心理学における卓越し
たものの中で，きわめて大きな欠陥のある業績であろう」とみなした[22]．彼の意
見によれば，その致命的な誤りとは，（数量化して経験的に順位づけた回答にもとづく）
唯名論的な調査手順を（人間の心理は区分されたプロファイルへと分かれるというア・
プリオリな信念にもとづく）諸類型の実在論的な詳述と密接に結合させている点で
ある．重要となる非難は，確証バイアスにたいする非難，つまり調査チームは
何を探求しているかを前もって知っていて，関連する心理学的諸類型を見つけ
るためだけに質問票を発明したということである．しかしながら，元々おこな
われていた研究は，〔後に〕その正当性が反転してしまったにもかかわらず，ア
メリカ政治のスペクタクルが過去の政治の趨勢に匹敵するほどの不安を招いて
いる今日では，とくに注目されるに値する．私たちが考察するに値する問いと

108

は次のとおりである．合衆国においていま目の前で起こりつつある政治的諸問題に，『権威主義的パーソナリティ』研究において最初に展開された諸構想を動員することができるのであろうか．そしてその研究にアドルノ自身が寄与したことが，半世紀以上経て，説明に役立つ力を保持しているのであろうか．

2 『権威主義的パーソナリティ』研究におけるアドルノの役割

　ある経験的調査プログラムが発見したものに直面した際に，批判的な理論家にたいして安直に結論を下すことは，アメリカ実証主義という半分は想像上の幽霊を呼び覚ますことになる．それはまるでこのことが，質的かつ量的な社会科学とのあらゆるパートナーシップを解消するのに十分な理由となるかのように．実際のところ，アドルノはバークレーの心理学者たちとの共同作業を楽しんでいたし，そしてかなりの時間が過ぎた1986年，サンフォードは初期の研究について次のように短いコメントを書いていた．「アドルノはもっとも多く刺激をくれた知的な仲間であった．彼は，私たちには精神分析理論の難解な理解と思われたものを備えていた．それはドイツ・ファシズムのあらゆる面に完璧に精通し，そしてとりわけ，際どいジョークを間断なく提供した」．ユーモアには欠けるが理論的にはより重要なこととしてサンフォードが説明するには，アドルノは，

> Fスケールに代わる項目を考え出すことになるときには，非常に役立った．……彼が私たちのスタッフに加わったことによって「私たちの仕事が拡張され深化した」以上のことになっている．私が『権威主義的パーソナリティ』の結論を次のように執筆したことは，おそらくアドルノの影響下にあったからであろう．「潜在的ファシストの構造を変えることは，心理学的な手段だけでは成し遂げることができない．その課題は，世界からノイローゼや非行やナショナリズムを追放する課題と比肩できるものである．これらの〔追放されるべき〕ものは社会の組織全体の産物であって，社会が変わることによってはじめて変わるものである」[23]．

　アドルノとの共同作業についてのサンフォードの好意的な思い出によって，フランクフルト学派の理論家にたいする，アメリカ亡命期間中に知的な孤立状態に陥った反省の色のない大物という，ときに誇張されたイメージは問い直さ

れる. この〔誇張された〕印象とははるかに対照的なのが, アドルノがはじめて
バークレーのグループに加わり, 『啓蒙の弁証法』の反ユダヤ主義の章を書き
上げることでＦスケールを作る手助けをしていた1944年11月, ホルクハイマー
に宛てて書かれたアドルノ自身の手紙である. アドルノは「『反ユダヤ主義の
諸要素』からある種の翻訳をおこなったことによって, 多くの問題を洗練させ
ました」と述べて, 「すべてとても楽しいものでした」と書き加えていた.

　まさにアドルノがこのような労力の中にどのようにして楽しみを見つけたの
かは, よりいっそう吟味するに値するかもしれないことではある. しかしこの
点を強調するよりもむしろ, これまで浮き彫りになることなく『権威主義的パー
ソナリティ』研究を悩ませた別種の問題に注意を向けることにしたい. その問
題とは, そもそも「パーソナリティ」のようなものを認定するのが妥当かどう
かということである. 言うまでもなく, このことは社会学あるいは心理学のど
ちらに還元されるかという古典的な問題, すなわち社会学的状況と心理学的状
況との関係においてはどちらがより説得力のあるものとして認められるべきか
という問題とはちがう. サンフォード自身は, 社会学的状況の弁証法的なマト
リックスの中に権威主義的パーソナリティの現象を見るように促した人物こそ
がアドルノだったと認めている. しかしこのときさえも, サンフォードは個人
心理学の立場に関して, より深くより挑戦的な理論的問題を忘れている. この
理論的問題を視界に入れるために, 研究全体をつうじて最初から最後まで流れ
ている, 故意ではなかったアイロニーに注意を向けなければならない.

　『権威主義的パーソナリティ』は共著であるが, 個々の章は調査グループの
別々のメンバーに割り当てられていた. アドルノ自身は「類型と症候群」とい
う表題の与えられた第19章を執筆した. とりわけ以下の一節は, もう一度吟味
をおこなってしかるべきである.

　　私たちの類型論は, 人間の類型化そのものを社会的機能として理解するという
　　意味で批判的な類型論でなければならない. 類型が硬直したものであればある
　　ほど, 人間には社会のゴム判押しの特徴が深く刻まれることになる. これは,
　　硬直性やステレオタイプ思考のような特性によって高得点者を性格づけるのと
　　一致する. ここに, 私たちの類型論全体の究極的な原理がある. その主要な二
　　分法は, 人格が自分自身を規格化し, 規格化された仕方で考えるのか, あるい
　　は真に「個人化」され, 人間経験の領域で規格化に反対するのか, ということ

である．個々の類型は，この一般的な区分の中の特殊な形態だということになる．
一般的な区分は，一見したところでは (prima facie) 高得点者と低得点者の間を
分離する．しかしながらもっとよく見ると，それはまた低得点者にも影響を与
えている．つまり，低得点者が「類型化」されればされるほど，図らずも低得
点者の中にあるファシスト潜勢力を表に出すことになるのである．[26]

　ここには，たとえ部分的にしか認められず主題として成熟していないままで
あっても，一つのアイロニーが視野に入ってくる．アドルノの提言――所与の
人格が「規格化」され，規格化された仕方で「考える」のか，あるいは逆に規
格化に「反対する」のか――の中に，ある内省的な問題が見つかるかもしれな
い．この区別によって，類型的思考に免疫があると思われる真の個人という勝
利主義的イメージとは反対の，Ｆスケールで高得点となる被験者を測定すると
いう危険にさらされる．「高得点の」個人だけが，ステレオタイプ思考の傾向
にある．言い換えれば，この区別自体は，真の個人よりも高得点の被験者の観
点から社会的現実を見ている．このことは，研究に駆り立てる原理がそれ自身
の診断にとらわれるようになるという，悪循環あるいは自己反映的逆説の可能
性を明らかにしている．ステレオタイプ思考が，異なる諸人格を擬似自然的な
類へと還元することを意味するのであれば，研究の社会心理学的方法そのもの
が病理として特徴づけた技法を動員してこなかったことに，疑問を感じるのは
仕方のないことである．

　この自己反映的問題から調査研究を救い出すために，まさに「真の個人」の
カテゴリーこそが社会的現実からなくなり始めていることを（アドルノの観点か
ら）認識する必要がある．このかなり驚かされる提言は，公刊された研究にお
いてもっぱら断続的に現れ，研究によって一連の物象化された心理学的類型が
作り出されてきたのではないか，という批判から防御しようと，きわめて多く
表立っている．まさにこれらの提言がアドルノによって執筆された「諸類型と
症候群」章においてのみ見られることは，何も驚くことではない．彼が述べて
いるように，「類型論の批判は，非常に多くの人々がもはや伝統的な19世紀の
哲学の意味での『個人』ではなく，あるいはむしろこれまで一度もそのような
ことはなかった，という事実を無視するべきではない」．調査方法の不備であ
るように見えたものは，社会的秩序そのものの不備として記述されるであろう．
すなわちアドルノが説明するように，「私たちの住んでいる世界が類型をなし，

異なる『類型の』人格を『作り出す』がゆえに，心理学的類型が探求されるの
には理由がある²⁷⁾」.

　このときアドルノからすれば，新しい「人間学的類型」を，心理学あるいは
「性格」（後者はアドルノが好んで用いた用語である）の異なる諸様式の一つの尺度に
位置づけられる他のものに並ぶものとして認定することは誤っている．結局，
心理学的類型を認定する動因がそれ自体で類型学的思考の徴候だったのであ
り，それゆえその動因によって社会的現実において批判されていた規格化にた
いする，まったく同じ趣向を曝け出していた．しかしながら同時に，そのよう
な調査事項は，現代の社会的現実に出現しているパターンと対応関係にあった．
経済的交換と商品化された文化経験という近代のパターンは，正真正銘の諸個
人が次第に社会的類型へと還元されることを意味し，そしてこうして展開する
社会そのものの特徴は，諸個人を見分けのつきやすい社会的類型へと方法論的
に圧縮してしまう調査事項の実在論的正当化とみなされる．しかしながら，こ
うした議論に潜んでいるのは，ステレオタイプ的思考や権威主義を近代の社会
的秩序そのものの一般的特徴と同一視するはるかにラディカルな主張であっ
た．このことは，「私たちの住んでいる世界が類型をなす」というアドルノの
一節においてほとんど述べられていない意味を含んでいる．しかしながらこの
重要な提言は，公刊された『権威主義的パーソナリティ』においてはかろうじ
て判読されるに留まる．というのも概して，その公開されている研究は，それ
ぞれ正当な調査事項の間で，競合していたとしても妥協点を示しているからで
ある．アドルノと共同作業をおこなった社会心理学者たちは明らかに，アドル
ノとホルクハイマーが批判理論のヨーロッパ的でマルクス主義志向の伝統の代
表として展開させてきた，精神分析的学説の歴史化され社会学的に変容したも
のなど受け入れる気がなかった．ましてや（アメリカの文脈で書かれ，社会的可能
性を持ったアメリカ的精神が刻み込まれた）『権威主義的パーソナリティ』研究の「実
践的」で民主主義教育的な諸目的は，この段階では『啓蒙の弁証法』のふたり
の著者にとって主義主張に沿う理論的立場となっていた，モダニティにたいす
る，まとまってはいないがはるかに厳しい告発と容易に適合させることはでき
なかったのである．

　AJC とフランクフルト学派との意見の不一致は，バークレー校の調査プロ
ジェクトが開始されるずっと以前，ホルクハイマーからマルクーゼに送った
1943年7月13日付の私信を調べれば明らかになる．

　反ユダヤ主義の問題は，私が最初に考えていたよりもずっとはるかに複雑です．そのような重大な問題を解決するための手段として心理学を信じていないというのは，お伝えするまでもありません．その学説にたいする疑いを少しも変えませんでした．また，プロジェクトで使うときの心理学という用語は人間学を表しており，そして人間学とは敵対的社会という状況下で発展してきた人間の理論を表します．私が意図しているのは，人間の本能や思想などの，いわゆる心理学的な生における支配図式の存在を研究することです．恐怖のせいでプロパガンダに影響されやすい人々の諸傾向は，それ自体で恐怖の結果，つまり物理的および精神的な，顕在的および潜在的な圧迫の結果です．心の奥底さえも支配しているようなパターンをうまく記述することができるのなら，価値ある仕事をしたことになるでしょう．しかしこれを成し遂げるためには，膨大な量のばかげた心理学文献を研究しなければなりませんし，……私のノートをお見せすれば，きっと私が狂ってしまったと思われることでしょう[28]．

　これらの不満は，アドルノと同様にホルクハイマーも，アメリカの同僚たちにたいしてある程度の礼譲を果たすために，よりラディカルな意見の多くを抑制してこなければならなかったことを示唆している．調査員による明らかに権威主義的な「類型」の主張と，フランクフルト学派による近代社会にたいするよりグローバルな非難との間の著しい不一致が残されたのである．

3　アドルノの未公刊「所見」

　これらのことに含まれるよりグローバルな意味は，「『権威主義的パーソナリティ』への所見」を調べればいちばんよく理解できる．これは未公刊の短い理論的論考であり，それをアドルノは元々公刊版に盛り込むつもりでいた．「所見」が完成したテクストとして公にならなかった理由については，記録された説明がないが，考えられる答えは，その内容を吟味すれば明らかになるであろう．まさに最初の頁でアドルノは，先行する社会学的環境の問題を慎重にだが強調している．「偏見についての私たちの調査は，主観的な面に向けられている」と述べて，彼は次のように説明する．

　　経済的で歴史的な決定因子のように，偏狭さを作り出し再生産する客観的な社会的諸力を私たちは分析しているのではない．プロパガンダのような短い言葉

の諸要因でさえもそれ自体で重要になってくることはない．もっとも，数多く
の主要仮説が，社会研究所によっておこなわれたプロパガンダ分析に由来する
が，偏見を強化する刺激のすべては，そして――少数のステレオタイプがその
まま染みついた――あらゆる文化的風土さえも，前提とみなされる．被験者へ
の効果は追求されていない．いわば私たちは「反応」の領域にいるのであって，
刺激の領域にいるのではない²⁹⁾．

　言うまでもなく，これは方法論的な異議申し立てを特徴的に叙述していた．
そのことは，諸個人を悩ませるだけでなくアドルノが「あらゆる文化的風土」
と称したものも悩ませる病理の，はるかに一般化された非難を示唆しているこ
とからもわかる．この分析の流れに従えば，社会の規格化の一般的趨勢によっ
て実際に個人の魂が弱まるときに，社会心理学が，個別化された心理学的プロ
ファイルのたんなるよせ集めで満足するならば，それは調査方法として十分と
はまず言えないであろう．アドルノが説明するには，「偏見の究極的な源泉は，
どの一個人にも含まれる『魂』とは比較にならないほど強力な社会的諸要因の
中に求められる必要があると確信している．この想定は，今日のアメリカ社会
の『客観的精神』によって暗に奨励されている価値との一致が高得点の被験者
の主な特性の一つだということが示されている限りで，研究の成果そのものか
ら裏づけられる」³⁰⁾．明らかな権威主義的パーソナリティを切り離して取り出そ
うとする誘惑に抵抗しつつ，アドルノは反ユダヤ主義，ファシズム，権威主義
が「私たちの社会の全構造」³¹⁾に起因すると結論づけている．

　現代の合衆国の「客観的精神」に関するこのような批判は，亡命ヨーロッパ
人であるアドルノ個人の外国人としての感覚を反映させていたのかもしれな
い．しかしながら彼の所見を，たんに経歴が反映したものあるいは文化エリー
ト主義のしるしとして片づけてしまうことはできない．むしろ彼の所見は，大
衆の意見の沈殿物にしか当てはまらないような社会科学の数量化された探究の
中に，彼が「民主主義的バイアス」と呼ぶものにたいする広範囲に及ぶ方法論
的批判のあることを認定しているのである．言い換えれば，信念の主観的なパ
ターンと社会秩序の客観的特徴との間の相関関係は，商品の成功が消費者の数
量化された個人的感情だけから引き出されるという市場経済そのものの主観主
義的イデオロギーを再生産することなしに，主観的なメンタリティの集合体を
つうじて還元的に引き出されることはできないのである．

114

このように，研究を主観的な面に限定することに危険がないわけではない，と
いうのは十分にわかる．私たちの意見では，主観的なパターンに関する詳細な
分析は，そのような言葉で偏見が説明できるということを意味しない．逆に私
たちは，偏見を生む客観的な社会的諸力の分析を，現代の反マイノリティのバ
イアスについての調査においてもっとも重点をおくべき問題とみなしている．
この課題はアメリカの調査の至るところで比較的おろそかに扱われるが，この
ようにおろそかにされるのは，「民主主義的バイアス」，つまり社会的に妥当な
学問的発見とは膨大な数の人々からサンプルを取ることによってのみ獲得され
るのだ，という考えのせいである．このような人々の意見や態度は，まさにい
ま起きていることに左右されるのである——それはちょうど，市場で提供され
る商品の成功あるいは失敗が買い手のメンタリティに左右されると言われてい
るのと同様に．[32)]

　このときアドルノからすれば，集合的な社会調査という個人主義的あるいは
「民主主義的」戦略は，主観的意見の集合体という社会のフェティシズム的理
解を再生産し，つまり実質的な「個人」から社会が現実に作り出される場合に
のみ保持されることになる相関関係を再生産する．しかしアドルノはこうした
前提にたいして，乗り越えられてきた歴史的段階に対応させつつ，イデオロギー
的だとして厳格に異を唱える．彼の分析においては，「高得点の」個人は社会
病理学の事例であるよりも，新興の社会的規範であるように見える．つまり，

　　方法論的に，前述の想定がもはや当てはまらないのではないかという疑念は，
　　私たちの研究のもはや重要でないとは言えない成果である．高得点の被験者は，
　　自分たちの運命にとっても社会の運命にとってもその決断が重要となる自律的
　　な単位として振舞っているようには見えず，むしろ因習的な「流行」を求め，「将
　　来の波」とみなすものに乗るような，反応の従順な中心として振舞っているよ
　　うに見えるのである．このような見解は，自由市場の漸進的な消滅へと向かう
　　経済の傾向と，新しい状況のゆっくりとした出現に人を適合させることとの間
　　で，共同歩調をとっているように思われる．公衆の意見を調べる因習的なパター
　　ンにしたがった調査は，人々が何を感じ，何を欲し，何を実行するのか，とい
　　う従来の概念を時代遅れだと証明するところにまでかんたんに到達するかもし
　　れない．[33)]

　アドルノからすれば，高得点の被験者はもはや例外的なものとして片づけることができなかった．むしろその被験者は，近代社会全体にわたって次第に明らかになった趨勢の模範となるあるいは増強された実例となった．この意味で高得点の被験者は，低得点であることによってファシストのプロパガンダの魅惑に抵抗するためのより大きな能力を含意していた真の諸個人よりも「真」であった．アドルノが記したように，「『高値』と『低値』の適時性に関する限り，『低値』と比べて『高値』のほうが，広く行き渡った文化的風土により徹底して順応し，よりうまく――少なくとも表面的には――適応している，という私たちの発見は，現状の規格で測定すれば，現在の歴史的状況により特徴的なことでもあると示しているように思われる」[34]．

　このような所見は，それが含んでいる意味からしても，『権威主義的パーソナリティ』の調査プログラムが認めるよりもラディカルなのは明らかであった．というのも，「人々が何を感じ，何を欲し，何を実行するのか」という概念が，個人心理学の現象を記述するための道具として，その牽引力を失ったのだとすれば，このことは，まさに記述しなければならない対象――個人の魂――がそれ自体解体され始めているがゆえの事態だからである．皮肉にも，こうした強い「自己」，あるいはブルジョワ的な「自己」の客観的な解体は，精神分析もまたその卓抜さを失い始めている一方で，たんなる「反射の束」に過ぎない自己という行動主義的に還元されたモデルが客観的真理の地位を主張していることを示唆している．アドルノが考えるには，「近代人における心理学的決定要素に限界があり，その要素が強力な社会的順応へと置換されるのだと指摘することが，私たちの研究の役割かもしれない．このことは心理学の観点からすれば退行的であるのと同時に，習慣づけられた反射の束としての人間という行動主義的概念に近くなっている」[35]．

　正真正銘の個別性から離れ，『権威主義的パーソナリティ』研究が「高」得点と認定した社会的行動の増強に向かう点で，社会の一般的な趨勢は「退行的」であった．アドルノが説明するには，「今日，人は『社会的行為者（エージェンシー）』に変容してゆく傾向にあり，かつて個人という古い概念を定義していた自立と抵抗という性質を失う傾向にある．したがって私たちが方法論的に維持している，客観的な社会的諸力と諸個人という伝統的な二分法は，その実体のいくつかを失っている」[36]．このように，社会的規格化の圧力のもとで自己という古い精神分析的モデルが解体されたことは，主観と客観との――魂と社会との――非弁証法

的混同という意味を持ってくる．つまりこの混同とは，個人の抵抗が事実上不可能となった社会秩序の「肯定」が隆盛したことに関する，アドルノとホルクハイマーのより広範な主張を裏づけているように見えるという趨勢である．アドルノが考えるには，「少なくとも，現代の反ユダヤの心理学がある意味で心理学そのものの終わりを前提としているという仮説を思い切って立ててもよい[37]」．

　共同調査チームが公刊された『権威主義的パーソナリティ』のテクストにこの所見を含まなかったことは，驚くことではない．というのも，アドルノが正しいのであれば，まさに個人心理学の概念こそ，きわめて深刻な疑念を持って扱われなければならなかったからである．精神分析でさえも統合的で分裂的なパーソナリティというモデルを助長していたが，彼の観点においては，このモデルは，19世紀のブルジョワ階級の社会学的真理を表現する一方で，完全に統合された近代社会秩序の動力学を理解するにはもはや不十分であった．この点で精神分析でさえも客観的には誤りであり，しかも自律的な深層というモデルに忠実であるという点では，技術的な意味でイデオロギー的であった．それゆえアドルノからすれば，Ｆスケールで低得点だった個人は，消滅に瀕している社会の一種の残滓であった．明らかな権威主義的パーソナリティが表向き悩みの種だとするステレオタイプ化傾向は，実際のところ，近代社会において社会的規範となってきた意識のステレオタイプ化のせいであった．このはるかに一般的な性格づけこそが，「人々は，自分たちが住んでいる世界と同じくらいに非合理的なのは避けられない[38]」とアドルノに宣言させたものであった．たとえ精神分析が自律的な個人という実現されていない理想を社会にたいしてまだ抱いていたとしても，文化産業の力と日常生活のステレオタイプ化は，この理想を，一種のユートピア的不可能性とまでにはならないとしても，次第に周縁へと追いやったのである．社会の力が個人に侵入するにつれて，まさに権威主義のパラノイアこそは，批判の自覚がないとしても，ある意味で精神分析的理想よりもはるかに的確に最近の社会的状況についての真理を表現していた．大衆文化が「反転した精神分析[39]」だと考えた人物はレオ・ローウェンタールであった．アドルノからすれば，この反転は権威主義的パーソナリティに限ったことではなく，一般化された社会学的事実となってきた．この議論は，社会学と心理学との学際的交流さえも超え出て，まさに心理学そのものの前提にたいする非難へと進むことによって，『権威主義的パーソナリティ』の調査事項^{リサーチ・アジェンダ}を弁証

法的に克服するという意味を持ってくるのである.

4　精神分析とファシスト・プロパガンダ

　社会心理学の展望についてのアドルノの厳しい見方によって, 1950年に公刊
された『権威主義的パーソナリティ』のテクストに「所見」が含まれなかった
理由が明らかになるであろう. しかしまた, ちょうど一年後に『精神分析と社
会科学』誌で公刊された「フロイト理論とファシスト・プロパガンダのパター
ン」と題されたアドルノの論考にたいする私たちの評価が深まるであろう. こ
の論考においてアドルノが, 『権威主義的パーソナリティ』研究と明らかに矛
盾しているが, 強調して述べているのは, 「ファシズムそれ自体は, 心理学の
問題ではない」[40]ということである. というのも, 「社会についての明示的な理
論だけが, 心理学の範囲をはるかに超えて, ここで生じた［ファシズムの集団心
理学的な効き目に関する］問いに完全に答えることができる」[41]からである. もち
ろんこの論考は, つい最近まで彼が寄与していたファシズムについての強力な
心理学的解釈を破棄しなければならないかのように読める. 論考と『権威主義
的パーソナリティ』研究との内的対話がもっとも明らかになるのは, ファシズ
ムは「それ自体で近代社会の非合理的様相を内在化してできた所産である権威
主義的性格について, その全体的構造にもそれぞれの特殊な特性にも絶対的に
依拠している」[42]とアドルノが説明するときである. アドルノからすれば, 『権
威主義的パーソナリティ』研究が提示したファシズムの理論は, 誤って因果関
係の方向を反転させてきた. アドルノが主張したのは, 権威主義的パーソナリ
ティがファシズム人気の源泉なのだと断定することではなくて, むしろ権威主
義的「性格」が非合理的な社会を〔無意識的に〕取り入れたものなのだとみなさ
れるということである. 「心理学的気質は, 実際にはファシズムを引き起こさ
ない」とアドルノは説明する. 「むしろファシズムは, ある心理学的領域を浮
き彫りにしている. それは私利私欲という概して心理学的でない理由で助長さ
れる力によって, 首尾よく利用されうる領域である」[43].

　だが, 心理学的原因をこのように明らかに否定するにもかかわらず, 私たち
はこの論考の中に, ファシストの群集を動機づけ刺激するのに役立つ心理学的
な技術と経験に関する, アドルノのより正確な洞察のいくつかを見つけている.
もっとも要を得ているものは, フロイトにしたがって, 大衆の「野蛮さ」につ

118

いてのあらゆるリベラル的理論を切り捨てる，作為と劇場性という奇妙な意味
にたいするアドルノの洞察である．それはファシズムが何か未開のものだとい
うこと，あるいは正真正銘の退行の兆候だということではない．むしろファシ
ストのプロパガンダに必須の媒体として役立つ集会や演説に際して，観客は野
蛮という幻想に参加してゆく．彼らは未開あるいは脱昇華の忘我状態へと自分
自身を退行させるというファンタジーを経験するのと同時に，この退行がパ
フォーマンスに過ぎないと認識している．フロイトの集団心理学の分析から借
用して，アドルノはこの現象を「作為的退行」として性格づけている[44]．

> 「いんちき」のカテゴリーは指導者たちに当てはまるだけでなく，一部の大衆と
> そこで想定される錯乱やヒステリーにおける同一化作用にも当てはまる．ユダ
> ヤ人は悪魔だと心の奥底で信じているほんのわずかの人々こそが，指導者を完
> 全に信じる．彼らは実際に自分たち自身を指導者と同一化していないのだが，
> この同一化をはたらかせ，自分たち自身の熱狂を表現し，こうして指導者のパ
> フォーマンスに参加する．それはこのパフォーマンスをつうじて，たえず突き
> 動かされる本能的衝動と自分たちのたどり着いた啓蒙の歴史的段階との間で彼
> らがバランスをとっているということであり，しかもそれは任意に破棄するこ
> とができないのである[45]．

　アドルノは，とりわけ重要な点がこうした自己愛的同一化の現象にあると考
えている．ファシストの指導者は，「被験者自身のパーソナリティの拡大」[46]と
して支持者たちの前に現れる．この同一化は，明白な逆説をあらわにしている．
つまりこの同一化において，指導者の権威は愛にもとづくのではなく，恐怖や
嫌悪という原始的なメカニズムにのみもとづいている．指導者は「肯定的なプ
ログラム」に欠けているので，彼の指導はその力を，将来の実質的なヴィジョ
ンからよりも，「脅威と否認」から引き出している．アドルノの言葉で言えば，
「指導者は自分自身が愛していない場合にのみ愛されることができる」[47]．集団は
それ自身に同一性が欠落していることをあらわにしている．つまり集団は，排
除されている人々，あるいは集団が排除したいと望んでいる人々について抱く
否定的ファンタジーを手段としてはじめて，自らを理解するのである．敵愾心
は，社会が結束するまさに媒体になり，「偉大さ」は，壁を建設することを意
味するに過ぎない．
　しかしこの点に関して，最善の注意を払ってアドルノの分析を読むべきであ

る．つまりアドルノは，同一化の心理学的メカニズムがファシズムの成功の根本にあると提言しているのではない．反対に，この同一化そのものが，心理学的絆という一種のパフォーマンスあるいは見せかけなのだ，と理解するように彼は求めているのである．「いんちき」がそれ自体で同一化作用に当てはまるという前述の引用におけるアドルノの所見に注意せよ．この同一化が作為に過ぎないことは，ファシストの指導者が，同一化を切望する群集とはまったく異なった特権的な権力を行使している，という事実から明らかだとされる．

　　……劣等感，大根役者との類似性，非社交的なサイコパスという，ファシストの指導者にしては仰天するような徴候でさえも，フロイト理論の中では想定されている．それらの徴候は支持者たちの自己愛的リビドーの一部分であり，指導者像へと投影されることなく彼ら自身のエゴに付着したままなのだが，そのために超人はずっと支持者に似ていなければならないし，支持者の「拡大」として現れなければならない．こうしたことから，人格化されたファシスト・プロパガンダの基礎的な装置の一つとなるのが，「小さいながらも立派な人」の概念である．それは民衆のひとりに過ぎないという観念と全能さとの両方を示唆する人格だということ，物質的富にも精神的富にも汚されていない質素で雄々しいアメリカ人だということである．心理学的な相反性は，社会的奇跡を起こすのに役立つ．指導者像は，権威に従属したいことと，その権威そのものでありたいことという，支持者の二つの望みを満足させるのである[48]．

　こうした分析において，ファシズムは真理になり，しかも同時に非真理にもなる．つまり一方でファシズムは，あらゆる本能を（とくに暴力もそうであろう）病理学的抑圧へと服従させよと要求するのとともに，ブルジョワ文明の束縛から集合的に解放しようと大衆に約束する．この抑圧を病理学的なものだと非難することで，ファシズムは，誰も言わず誰もしないようなあらゆることを「正直に」あるいは「率直に」認めるものとして現れる．他方でファシズムは，マゾヒズム的従属の経験と，支持者たちとまったく同じだという幻想との両方を提供する指導者と同一化しているというファンタジーをつうじて，もっぱらこうした解放のパフォーマンスをおこなう．これがファシズムの「社会的奇跡」であり，それはあらゆる奇跡と同様に，不幸な社会的状況から実際に変化することはないが，救済の夢として役立つ．こうしてファシズムは「存在者との同一化」を宣伝する．それは（アドルノが別のところで説明するように）ハイデガー哲

学が持つイデオロギー的基盤とファシズムを並べようという戦略である．つい
でながら，この同一化の作為は，アドルノがハイデガーの「本来性というジャー
ゴン」の中に見つける作為と何ら異なることはない．つまりそこにおいては，
没落した世界にたいして全体性を回復させると約束する哲学的言語が，近代広
告の言語から区別できないことを明らかにしている[49]．

5　DJT〔ドナルド・J・トランプ〕あるいは政治としての文化産業

　本論考では，「権威主義的パーソナリティ」の概念におけるいくつかの複雑
な状況を明らかにしてきた．もっと正確に言えば，アドルノが1950年の調査プ
ログラムにおける公式の主張に異議を唱えた過程を展開してきた．こうして明
らかにされたことをつうじて，合衆国での近年の政治現象の解釈にいくつか関
連するかもしれないアドルノの分析における諸主題を，主に間接的にだが，取
り戻そうとしてきた．とくに「権威主義的パーソナリティ」の概念が十分に立
証されていないかもしれないことを提言しようとしてきた．というのも，アド
ルノがファシズムの中に認定しているものは，心理学の構造でもなければ，心
理学的気質の政治的沈殿物でもないからである．むしろそれは社会秩序そのも
のの一般化された特徴であった．もしそのように呼べるのなら，トランプ主義
とは，ドナルド・トランプよりはるかそれ以上のものであり，おそらく彼を政
治的に批判する者によって時折不安とともに呼び覚まされる「ファシズム」と
いう幽霊には遠く及ばないものでもあろう．アドルノが正しければ，そして彼
の主な洞察がまだ通用するのならば，以下のように結論づけられることになる
であろう．

　トランプ主義は，他のパーソナリティから区別されることができたり，表向
き健全な心理学をともなった批判者がどういうわけか影響されない尺度で位置
づけられたりするような，ある特殊な種類のパーソナリティに固定されている
のではない．ましてやそれは，共和党右派に限定されるものでもないので，左
派と自己同一化している人々が，トランプ主義の創造には責任がないと自画自
賛することもないであろう．ましてやトランプ主義は，これまで共和党と民主
党の両方が〔特定の人たちだけが分かる〕犬笛として皮肉にも動員し，そして今日
では当惑することなく率直に述べるアメリカ人の正直さとともにあからさまに
表現される，レイシズムというフランケンシュタイン的怪物として説明できる

ものもない．何よりもトランプ主義は，エリートたちを奇襲してきた怒りのポ
ピュリズムがたんに急増したのではない．トランプ人気の多くがまったく予期
しなかったことだったという．この不都合で不安定な事実を理解するのは難し
い．原理の問題だとして社会経済的な説明方法に執着する左派の人々は，しば
しばトランプ主義を，不公平なグローバル資本主義にたいする一種の見当違い
の「抵抗」として解釈しがちであるが，しかし彼らはそのようにする際に，統
計上の圧倒的な真実を無視している．つまりその真実とは，トランプに投票し
た人の最大の割合が，下降してゆく白人労働者階級における不満を持ったメン
バーたちではなく，生涯共和党員であり，単純に共和党の候補者であるという
理由でトランプに投票した広い郊外に住むアメリカ中産階級のメンバーだった
ということである．トランプ主義は，〔一般的な〕社会的病理ではなく，それと
似たような，アメリカの政治文化に全般的に見られる病理の実例なのである．

　トランプ主義は，個々のどんな分析の枠組みも壊すのに十分なくらい複雑で
ある．トランプ主義を規範からの逸脱とみなす諸理論は，現象のいくつかの面
を説明するかもしれないし，そしてそれぞれは批判のいくつかの管轄において
とくに興味を引くかもしれない．トランプ主義は，まさに私たちの否定的な自
己定義の対象として役立つからこそ，批判する者からすれば強力な魅力を持っ
ている．トランプは，彼を賞賛する群集にとっては，まさに彼の訥弁や威張っ
た態度や暴力をほのめかすがゆえに清新であり，それは典型的には，タフな言
葉の水準に留まりながら時に実際の行動に零れ出る．しかしながらトランプは，
彼の反対者にとっては，まるで思慮のなさにたいする心の距離を言葉で表現で
きるかのように，ある種の超雄弁を引き起こしているように見える．いずれに
してもトランプ主義は私たちのことではなく，私たちの隠れた慰みものなので
ある．これが政治的批判における詐欺の瞬間であり，つまり私たちが誰である
かをよりよく定義させてくれる敵にたいする否定的カテクシス〔＝心的エネル
ギーを何かに集中すること〕を偽造することである．トランプはたしかに娯楽だが，
それを楽しむ人々のためだけにあるのではない．トランプが支援者たちを魅了
するとき，彼を嫌悪する批判者たちにも同じような強烈な魅力を呼び起こして
いる．というのも，愛情と嫌悪は同じコインの裏表だからである．

　アドルノの批判において本当に重要なのは，そのような社会的病理と特殊な
パーソナリティや社会集団との同一化を拒否したという事実にあると思われ
る．アドルノはすでに，「スケール」という慰めを排除することになる社会秩

序の出現をとらえていた．それは批判する者を，批判の対象からもっとも遠く
に離れたところに置いている．彼の観点において，社会全体は，そのリベラル
な批評家が他の者たちにたいしてだけは保留することになる病理の跡をつけら
れている．トランプ主義は，社会がそれ自身の不自由にたいして反乱している
かのように装いながら，実際の反乱ではなく，反乱が規格化され，意識がメディ
ア形式によって充満している状態を表現しているのである．

　アドルノが正しければ，トランプ主義はパーソナリティあるいは心理学の一
例として解釈されることができず，文化全体の無思想性として認識されなけれ
ばならない．トランプ主義は，今日まさにトランプとその支持者たちではなく，
文化のほぼすべての形式と言説のほぼすべての形式に刻印されている規格化に
たいする思慮のなさと偏好の強さのことである．強力なサウンドバイトや侮蔑[2]
的なツイートによって上質なジャーナリズムが没落すること，そして狭くニッ
チな市場の中で意見をユーモアや劇場化された憤激へと偏向させ規格化しつつ
反映させることは，個人の思想のカテゴリーを次第に非現実的にする．このこ
とは，左派にも右派にも当てはまり，とりわけ今日の政治的言説として通用す
るものが黙認されているときに，それは著しい．私たちには公共圏に代わって，
ユルゲン・ハーバーマスがかつて社会の再封建化と呼んだものや，怠惰に慣れ
ていった惨めな公衆の眼前にある公共性のたんなるパフォーマンスがある．新
しいメディア形式は，娯楽へと展開した．批判的な言説に代わって，私たちは
イデオロギー的領域の至るところで，評論家によるスペクタクルを見る．それ
は，複雑さよりも侮蔑を好み，各自の私的なケーブルネットワーク経由で分配
された自己矛盾のないイデオロギーの自己愛的肯定を弁証法的に不確実にする
ということを撥ねつける．表現が批判に取って代わる．それは，今日非常に多
くの人々がコメディ番組からニュースを知ると認めていて，視聴者が皮肉屋の
笑いでのみ信念を得ているのだ，ということに驚く以上に，驚くべきことなの
である．半分信じるという奇妙な現象は，まるで無知が知ったかぶりと恥の両
方で染まるかのように意識を強くひきつけてきた．それは政治的なイデオロ
ギーと同一化しながら，実際の批判がたんなる思慮のなさに届すると暗黙裡に
認識することである．正真正銘の批判的な公共圏は，皮肉よりも議論を含むで
あろう．しかし今日の公共性は，一連のニッチな市場に衝突して粉砕され，そ
の中で人は好みのスローガンに熱狂し，何を知ることになるかをもう知ってい
るのである．まさにあらゆる政治的立場についての名前や，社会学者たちが「ピ

ラーリゼーション〔＝社会の立柱化・色分け・類型化〕」と呼ぶもの——あるいはフランクフルト学派が「チケット」思考と呼んだもの——は，たいてい失敗することなく，一連の意見を予測することになる．このことは，トランプを支援する人々と同様に，民主党に熱狂している人からしても当てはまる．マス・メディアをつうじた規格化の現象は，ファシズムの復活ではなく批判的意識そのものの解体を意味するのであり，そしてそれは政治的闘争とはかなり異なるもの，つまり引用符で括られた政治のメディア化された法令がゆっくりと発生することを告げており，そこにおいてすべての政治的な問題はゆっくりとまた消耗してゆくのである．

　このことは，トランプ主義の現象を把握することが困難なままである理由だと思われる．かつてアドルノが認めたように，これまで政治的現実と呼んできたものよりもテレビの現実に属しているこうした反乱には，一種の作為がある．たしかにトランプは侮蔑的なことを言うし，そして彼の擁護者たちがしばしば言うように「ありのままに話す」．しかしこの正直さの奇妙な面は，彼が自分の言うことのほとんどを意味づけていないという印象を誰も乗り越えることができていないという点である．彼は次の瞬間には自分の意見を翻しそうであるし，ちょうど言ったことを否定しそうである．彼を支援する人々は，怒るべきことでないと言い，これがまさにトランプがトランプであることだと言う．彼が「ありのままに話す」とき，彼のパフォーマンスの本物らしさは，正確に言えば本物らしさのパフォーマンスである．ラジオのトーク番組の司会が思いがけず荒れることで，態度が意味に置き換わり，話していることが話されたことに置き換わる．トランプはリベラル的抑圧が持つ悪の力としてつねに「政治的公正（ポリティカル・コレクトネス）」を引き合いに出すし，それゆえリベラリズムが抑圧してきたものにたいする一種の興行主だと彼のことを思いたくなる．しかしトランプ主義は，抑圧を「取り消す」というよりも政治的劇場のイベントであり，そこでは誰もが抑圧の見かけ上の除去を経験するのであって，実際には何も変化することはない．彼のあからさまな女性嫌悪，レイシズム，ムスリムに関する扇動的な見解さえも，アメリカの公衆の言説を長く性格づけてきたステレオタイプ的態度のレパートリーをたんに要約しているに過ぎない．彼のキャンペーン集会において，また大統領としての公開演説において，そして彼の強迫的な「ツイート」というばかげた短縮形式において，彼は遊び場における言葉と奇妙にも似ているクリシェ〔＝陳腐な決まり文句〕の流れを再利用しているように見える．つま

りヒラリー・クリントンは「捻じ曲がったヒラリー」になり，アフリカ人は「小屋」に住んでおり，北朝鮮の最高指導者キム・ジョンウンは「リトル・ロケットマン」になる．「捻じ曲がった」が，おとぎ話の道徳的に不毛な風景を呼び起こす英語の古臭い言い方だとしても，メディアは，報道価値のあることと同じようにがらくたを忠実に報告する．それによってメディアは，最新のスキャンダルを渇望するときには，同じ擬似退行のゲームに屈し，そこでは国事でさえも子ども劇場へと還元される．ここでポイントとなるのは，トランプ主義が一つのスキャンダルだということである——ただしそれは，アメリカ民主主義の健全で成熟した他の規範からの逸脱を表すからではない．トランプのトレードマークになった下品さと単純さは，例外的だとあまりにたやすく非難されるが，決して例外的なのではない．つまりそれは，受け入れられた類型学の思慮のなさに屈してきた文化の徴候なのである．それゆえアドルノの所見の重要性は，権威主義的パーソナリティが何人かが無関係だと主張できる病理ではなく，「私たちの社会の全体的構造」を示したということである．トランプ主義が『権威主義的パーソナリティ』の調査カテゴリーから外れているように見えるならば，フランクフルト学派による文化産業の分析へと転じるのがよいかもしれない．トランプ主義自体はまさに文化産業の別名として議論できるかもしれない．そこでは，抑圧を取り消すパフォーマンスは，まったくこれまでどおりのことを実行するための手段として役立つのである．

　さて，こうした文化産業の神格化がどのように生じるのか問うならば，そのパターンが私たちのいる現在よりもはるか以前に現れていたことを認める必要があるであろう．それは1960年，ニクソン－ケネディのテレビ討論会で先駆けておこなわれており，そこではパフォーマンスがイデオロギーと同じくらいに重要であった．またそれは1980年代，ロナルド・レーガンの奇妙な出現でも先駆けておこなわれ，彼が自分のいたハリウッド映画を引き合いに出すという習慣は，いまは亡きアメリカのファンタジーを生き永らえさせるのに役立った．現代アメリカ社会は，徹底してこの反復の習慣を続けてきた．今日ビデオ画面は私たちの日常生活の中に浸透しており，家庭だけでなく，商店や空港にも，給油ポンプにも，そしてもちろん私たちの手の中にもある．フォーカスグループをつうじた「メッセージテスト」の戦略は，スローガン工作において政治的キャンペーンを実行に移すことで，大量生産される音楽の特徴と同じくらいに遍在的かつ必須な大衆政治の特徴となり，群集はこのスローガンを，まるで流

行歌のソロパートを反復するかのように，声をそろえて叫び返す．政治の中身⁵²⁾
を空にすること，政治的諸形態の脱実体化されメディア化されたパフォーマン
スが発生することは，実際のところ新しくはない．しかし今日それは，現実だ
と思うことのほとんどを「テレビの現実」に負っている人が「現実の」政治的
な経験の黒幕にどうにか勝利しても，それに私たちがほとんど驚かなくなると
いう極致点にまで到達した．トランプ主義は引用符つきの政治であるが，しか
し私たちがいるのは，引用符が政治的経験だけでなく経験そのものも作り変え
てきた時代なのである．

　この作為の意味は，トランプの事例においてとくに著しく，2016年11月の合
衆国大統領選挙における彼のありえない勝利は，明らかなイデオロギー的指針
が満たされていたというよりも，「テレビの現実」における一つのエピソード
に近いように思われる．心理学的な病因論，機能不全，誇大妄想，メディアの
輝きに浸ることへの憧れ，これらを求めるならば，〔トランプの勝利は〕ファシズ
ムの再来だと性格づける人騒がせな試みよりも，彼の予想外の当選を説明する
ことにたどり着くのかもしれない．もちろん，在職1年目にトランプがスティー
ブン・バノンやセバスチャン・ゴルカのようなイデオローグたちに囲まれてい
たことはたしかである．彼らはラディカルな右派あるいは「オルト」右派とい^{ライト}
う，正真正銘憎たらしい勢力を代表している．一例として挙げれば，バノンは，
イタリア・ファシズムの殿堂の中でもとくに著名な擬似哲学者のひとりである
ユリウス・エヴォラにたいする賛辞を述べさえしていた．しかしトランプ自身
は，イデオロギー的に不可解な人物に留まっている．危機から危機へと揺らめ
きながら，彼の不安定な指導力はメディアによる消費のために非常に多くのス
ペクタクルを生み出してきたが，政策における首尾一貫性を同じだけ多くは生
み出してこなかった．ヴェルサイユの廷臣たちのように彼に群がっているのは，
相反する関心を持った無数の狂信的な集団——キリスト教の福音主義者やリバ
タリアン，新ナショナリストや新保守主義者，権利を奪われた白人労働者階級
のポピュリズム擁護者，共和党所属の金持ち下院議員——であり，彼らはみな
大統領の注目を引こうと競い合っているが，その誰もが長く注目され続ける自
信を持ちえていない．この混沌の中心には，一種のイデオロギー的真空状態が
ある．つまりかつて民主党支持者として認定されていたがいまでは共和党支持
者として認定されている人は，イデオロギーによってまず動くのでなく自己愛
的な承認欲求によって動いているので，事実上カメレオンに過ぎないかもしれ

126

ない．トランプは，大統領になっても開催し続ける大衆集会ではきわめて幸せであるように見られているし，そこで彼は演出の味に興じることができ，キャンペーンのトレードマークとなったスローガンを彼に向かって詠唱し返す熱愛する群集たちを勇気づけている．駆り立てる目的がこの無秩序の中のどこにもないのならば，それは取引を成立させることだけを望むアメリカのビジネスマンか詐欺師に典型的な楽観主義である．トランプはいままでいんちき話を売ったことはないが，その一方で彼はかつてステーキを売っていたし，2016年3月の記者会見で，政治的支援者たちに贈り物として彼のブランド名の肉を約束しさえしていた．⁵³⁾彼のイデオロギー的指針あるいは彼の個人的な動機が何であれ，彼の勝利は究極的に，アメリカの商業文化の中核の空虚さを意味する．こうした実体のない人の性格あるいは「パーソナリティ」においては，ファシズムという暗いマントで自らを覆うほどの，自覚的な意図はもちろんのこと，イデオロギー的確信のレパートリーを彼が持っていることもほとんど示唆されない．『ディールの術』は『わが闘争』ではないのだ．

　過去と現在の安直な比較は，新しい権威主義の系統よりも，ありうるもっとも強い言葉で私たちの非難を表現するのに必要なものを，あらわにするかもしれない．結局のところ「ファシズム」とは，政治的分析のより細やかな作業がうまくゆかないように見えるときになるとかならず政治的言説の中で使われる，論争上の緊急事態を表す言葉である．レトリックにおいては，ファシズムを呼び覚ますこうした習慣にたいする名前がある．それは「ゴドウィンの法則^{〔4〕}」と呼ばれる．言うまでもなく，トランプ主義が現実のファシズムへとイデオロギー的に変わることはないであろうと，たやすく確信して安心してしまうべきではない．しかしそのような移行は起こるように見えない．トランプ主義かもしれないものは何であれ，パーソナリティ類型で言うファシズムではないし，あるいは脅威となることをかならず実行するであろうファシズムでもない．それは実質的な意味での政治が政治という商品に取って代わりつつあるメディア化された公共圏の政治的帰結であり，そして政治家たち自身は自分たちの政策を吟味されるよりも，自分たちのいわゆるブランドを吟味される．もちろん，権威主義的パーソナリティを示す特徴の元々のリストに由来する多くの項目がトランプ主義に，とりわけその愛国主義と威張った態度，その「タフな心」というスタイルの上にかんたんにマッピングされることは否定し難いであろう．（奇妙なことに，性的抑圧は断絶したところにあるように思われる．つまりトランプは性的

道徳についてのアメリカ人の古い因習を性的自慢と交換している。それはアメリカ福音主義の間でトランプ人気の妨げにならなかった変化である。）しかしそのようなリストは、前世紀の元々のファシストの運動がたんなる形式の政治になる途上にすでにあったことを思い出させるかもしれない。ファシズムとの比較が今日なお有効であるならば、イデオロギーの特異点を扱うよりも、イデオロギーが自分を売り出すための単純化された言葉に置き換えられていることを扱う必要があるかもしれない。それは今日、マス・コミュニケーション時代におけるあらゆる政治を性格づけているのである。『啓蒙の弁証法』の著者たちにとっては、ファシズムと宣伝との間の比較はすでに自明であった。「指定された言葉をひたすら目まぐるしく繰り返して広く流すことによって、宣伝と全体主義的スローガンは結びつく。言葉を、それを話す人間の言葉にしてきた経験の層は掘り崩され、そしてすばやく習得した言葉には、これまではもっぱら広告柱や新聞広告欄に特徴的であったあの冷たさが付着する」。[54]

　すでにフランクフルト学派は重要な点をとらえていた。つまりファシズムが大衆民主主義からのラディカルな離脱を意味するのではなく、もっぱら大衆民主主義の内的病理を強化したものとして生じているということである。より正確に言えば、議会制民主主義における選挙や他のメカニズムが民主主義的市民の「現実の」選択を表現できるようにしていると、いまだにどれだけ想像しているかもしれないとしても、生産と消費の資本主義的諸体系は彼らの「現実の」関心を無傷のままにはしない、ということがわかったのである。おびただしい量の社会文化的規範があらかじめこれらの選択を方向づけるときに、自由民主主義的諸体系において正真正銘の選択が表現されることについて単純に語ることはできない。このことは、1940年代の合衆国において移民排斥主義運動（nativist movements）が台頭した真相であるならば、新自由主義の論理が生活をすべて支配するに至るまで拡大している今日、よりいっそう真実味を増している。一つの実例として、『欺瞞の預言者　アメリカ扇動者の技術の研究』にたいするホルクハイマーの序言から引用すれば十分であろう。これは不当にも無視されてきたレオ・ローウェンタールとノーベルト・ギッターマンによる1949年の著作である。ホルクハイマーが述べるには、「高度に産業化された社会の今日の状況下で、消費は生産によってかなりの部分を決められており、イデオロギーの領域においても同様である。様々な態度や反動的な振舞いは、しばしば『製造される』のである。それらを人々は自由に『選択する』ことなく、現

128

実の，あるいは想像上の権力の圧迫のもとで受け入れている」.

　この洞察の重要性については，社会心理学に関するアドルノの懐疑的な所見をとくに引き合いに出しながら，これまで明らかにしようとしてきた．アドルノによれば，とりわけ心理学主義が脱政治化という重大な危険をともなうがゆえに，心理学的カテゴリーに訴えかけることによってファシズムが誤って説明されることになる．まったく皮肉なことに，この脱政治化のジェスチャーは，私たちの中でも，自分たちの調査方法が自らの「民主主義的な」コミットメントを何らかの仕方で反映しているはずだと感じている人々には，至極当然のことに思えるのかもしれない．自己に関する私たちの民主主義的な理解は，あらゆる政治的なスタンスが本当の感情を自ら選択した表現だと解釈してよいと勇気づけてくれる．しかしそれは，ちょうど引用された箇所でホルクハイマーが異を唱えた自律的表現として，政治的イデオロギーをこうして「民主主義的に」解釈することである．たとえ社会政治的な病理が現実の心理学的病理に由来するとしても，弁証法的分析はこの由来で終わることができず，最初に魂を現実的なものとして構成する社会的先行条件をもとめなければならない．アドルノは未公刊の「所見」において，この点をよりいっそう強調している．近代後期資本主義の状況下では，個人の欲望や感情の最奥にある特徴さえも方向づける文化的で社会的な力が圧倒的になるまで成長してきているので，まさに欲望や感情のカテゴリーが問題となるのである．

　もちろん，以上のことはすべて懐疑を招くかもしれない．ここ数十年，文化産業に関するフランクフルト学派の分析は，一つにはその極端な宿命論が民主主義的な感性と十分に調和していないという理由で，明らかにその輝きの多くを失ってきた．とはいえ，ただ自分の政治的熱望にたいする侮辱だと感じるがゆえにのみ，一連の社会批判に反論することは（ありふれたことであっても）問題のある行動である．アドルノが社会調査における「民主主義的バイアス」に関する所見の中で，まさにこの種の抵抗を先駆けておこなっていたことを，思い出すべきである．しかし彼は，自分の名前が商品として（例えば表紙にアドルノの肖像が描かれ，アドルノ自身によるどの図書よりもはるかに多くの複製品が一日で売られたであろう，エリック・ジャロシンスキーの風刺に富んだ図書『否（Nein）』のような形式で）広まることになる奇妙な現象を予想することができなかった．アドルノのもっとも記憶に残るアフォリズムのいくつかが，一連の引用可能なクリシェになってのみ残ることになるというのは，彼のいちばん大きな不運であった．彼が予

想していたかもしれない皮肉な転換において，今日の文化産業は，知識人自身を後期資本主義の名士のかがみに変えながら，まさに批判の領域へと侵入することによって最後の復讐をおこなっているのである．アドルノが考えたように，[57]「精神分析においては，誇張だけが真実である」．[58] この寸評（*aperçu*）はそれ自体で誇張であり，そしてそれはアドルノのアーカイブにおいてきわめて容易に誤用されるフレーズに数え入れられる．しかし今日ではその見直しがもとめられてよい．結局のところ，精神分析のカテゴリーが有効であり続けるのは，私たちが魂を現実の対象としてもっともらしく語ることができる限りにおいてのみである．今日合衆国において政治として通用するものは，その病因論を心理学的性格の決定的形式の中に持つのではなく，むしろ「心」が政治的分析の有用なカテゴリーを残しているかどうかに関して疑問を呼び覚ましうるような，心のないスペクタクルの様式の中に持つのである．

　しかしまさにこの主張によって（いくらか誇張して述べることが認められるのであれば），本章の冒頭で論じた調査プログラムからの中核的洞察を少なくとも保持できるかもしれない．精神分析をつうじて，個人心理学とイデオロギー・コミットメントとの間の相関関係が展開されるであろうことは，フランクフルト学派が指導的役割を果たすことになる前提であった．しかしアドルノは，『権威主義的パーソナリティ』の調査事項（リサーチ・アジェンダ）に，よりラディカルな洞察を導入しようとした．その洞察とは，権威主義的パーソナリティの観念を見直そうとする後年の努力が無視していたであろうこと，すなわち心理学的分析そのものが，歴史的に変異した社会的および文化的な諸形式を条件としていることである．権威主義的意識の生起の流れを追跡するよりも，私たちはアドルノの指示に従って，今日私たちの文化のいかなる区域も気づかずに残しはしない意識の標準化に従って，あの権威主義を追跡するであろう．

　こうした問題は，ケンブリッジ・アナリティカという，商業利用にも政治利用にも役立つと宣伝している個人データ分析会社による「データ収集」に関する最近のスキャンダルにおいて再浮上した．2014年夏までに，その会社はアメリカの有権者たちの「心理測定プロファイル」を作り出すと公言していた．その際この有権者たちは，そのパーソナリティ類型に沿ってはっきりと正確に測定されたイデオロギー的内容によって，標的となる可能性があった．ケンブリッジ・アナリティカをめぐって公開されたスキャンダルは（共和党の寄贈者ロバート・マーサーから潤沢な資金援助を受け，トランプの大統領選挙のキャンペーンに従事した），

500万以上のフェイスブックユーザーからのデータが非合法の手段で，あるいはインフォームドコンセントなしにどこから得られたのか，という問題にほぼ焦点が当てられていた⁵⁹⁾．しかしより深刻な問題は，その会社が，その心理測定プロファイルおよび相関する有権者のカテゴリーがとにかく正確であろうということを，どうしてそうもっともらしく主張できたのかということである．ソーシャル・メディアにログインする人なら誰でもわかるであろうが，質問票に答えることでユーザーはカテゴライズされる儀式に知らないうちに夢中になり，そしてその際に，システムが「友だち」だと定義しようとする人の全員に，結果が幸せそうに通知されることになるのである．しばしばそのような質問票は，大衆文化の素朴なカテゴリーに含まれる問い（「あなたはハリー・ポッターで言えばどのキャラクターですか．」）を提示するが，それは参加者たちに，ポストモダンのトーテミズムが持つ当たり障りのない皮肉なゲームという感じを与えるに違いないのである．

　ところが人々は，回答が何を明らかにするのに役立つのか，そして商業分野のあらかじめ形成されたカテゴリーがあらかじめ存在する心理学的および政治的な傾向と相関関係にあるとどのような仕方でもっともらしく言われるのか，まさにこれらのことをあらためて問いただそうとはめったにしない．一つありうることは，人々が明らかにしないか，あるいは有権者（あるいは購入者）の好みについて，ケンブリッジ・アナリティカのような企業が高報酬のクライアントに信じさせたいことよりもわずかしか明らかにしないかのいずれかである．ここで心配な点は，これらの心理測定テストが流動的で多様な人間存在に厳格な類型学を押しつけることだけではない．より深刻な問題は，そのテストによって自分たちの類型学が，自然にある種類の架空の決定論だと認められてしまうことである．だがこれは全部間違いなのであろうか．データが豊富だという威信があり，客観的科学の外観をしていれば，社会心理学による近代の類型学も，かつては客観性に似た幻想を享受させ，星々の決定論に個々人を強いていた占星術（「あなたの十二星座はどれですか．」）という古い類型学も，その両者の間に著しい類似点があることを熟考する価値はある．人間生活を支配する星座の客観的な力にたいする信頼は，『ロサンゼルス・タイムズ』占星術コラムの研究においてアドルノが「擬似合理性」と呼んだものの一例として登場している⁶⁰⁾．「心理測定」データが疑似科学と同じような装いの神秘主義を繰り返すのかどうかは未解決の問題のままである．しかしながらこの比較は重要な相違に気づいて

いない．すなわち，今日のソーシャル・メディアのほうが心理学的および政治
的な諸類型の創造のための効果的な手段になっているという点である．十二星
座の区別は，その人が誰であるかに影響するものでないのは明らかである．し
かし私たちが社会的現実を切り分ける仕方は，そのような諸類型が，社会的に
重要になるあるいは「現実的」になる段階にまで至るのに役立つ．これを哲学
者イアン・ハッキングは，「人類のループ効果」だと述べていた[5][61]．資本主義市
場における参加者たちは，大衆化された文化の「民主主義的」に見える領域へ
と自発的に加わることによって，文化によって彼らがそうだと想像されてきた
消費者の諸類型のまさにあの「結果」のほうに似始める．ファシズムへの感化
されやすさを予測する『権威主義的パーソナリティ』の試みと，新たな「デー
タ収集」技術との間には，驚くべき連続性があると結論づけられるであろう．
つまり後者は，商業的な目的と政治的な目的の両方を果たして，感受性と争う
のでなくそれを搾取するために，こうした感受性の認定をもう一度要求するの
である．ケンブリッジ・アナリティカの本当のスキャンダルとは，心理測定プ
ロファイルが心理学的生活と政治的生活の両方の中に増加したリアリティを獲
得しているのが，アドルノが警告したように，もっぱら人間の経験それ自体が
次第に規格化され「類型化されて」きているからだということかもしれない．
この堕落した状況において，政治的表現のもっとも平凡で退行的な諸形式だけ
が勝ち誇って生じるであろうことに，私たちは驚くはずがないのだ．
　以上の考察は，今日二つの領域——政治的領域と心理学的領域——が解体の
危機にあるという，はるかに混乱し皮肉な問題を知らせてくれるかもしれない．
この観点から見れば，性格類型という病理学的言語でトランプ主義を記述する
試みは，トランプが規範の冒涜であるどころか，実際には社会秩序そのものの
新興の規範を意味するというより深刻な可能性にたいする防御策としてしか作
用しない．前述のことがいずれも正しければ，たとえトランプ自身が選挙で敗
北をこうむったとしても，彼を可能にした社会現象が将来ひたすらより強力に
なると予想されるという，粛然とした問題を認めなければならないのである．

謝辞
　本論考は元々，批判および理論学会40周年に際して，2016年4月29日ハーバード大学で終
日開催された「ポピュリズム時代の批判と理論」シリーズの開幕講演として執筆された．こ
の講演で所見を述べる場に招待していただいたホミ・バーバとヘント・デ・ヴリースの両氏，

132

そして彼らのコメントのために集まった観衆には心から感謝申し上げたい．文書として執筆するのにあたっては，ジュディス・スルキス，マーティン・ジェイ，トーマス・ウィートランド，エスペン・ハマー，ローレンス・グリックマン，ジェイソン・スタンリーの各氏からは期待以上に有用なコメントをいただいた．本論考は修正されて，オンライン上に掲載された〈http://www.boundary2.org/2016/06/peter-gordon-the-authoritarian-personality-revisited-reading-adorno-in-the-age-of-trump/〉．次いで紙媒体として *boundary 2* vol. 44, no. 2（2017），pp. 31-56に掲載された．この掲載されたものは実質的に修正，加筆され，親切にも *boundary 2*から許可をいただき本書に再掲された．原稿整理の補助や，とくに脚注や再編集の作業に関しては，チャールズ・クラベイには感謝申し上げたい．またシカゴ大学出版に寄稿した原稿にたいするふたりの匿名の読者から提言を受けたことをうれしく思う．言うまでもなく，本論考において生じるあらゆる問題はすべて著者自身の責任である．

注

1 ） Matthew MacWilliams, "The One Weird Trait That Predicts Whether You're a Trump Supporter." *Politico*, January 17, 2016〈https://www.politico.com/magazine/story/2016/01/donald-trump-2016-authoritarian-213533〉.

2 ） ごく最近彼は，ある短い著書の中で自らの見解を公にしていた．Mattew MacWilliams, *The Rise of Trump: America's Authoritarian Spring*, Public Works（Amherst, MA: Amherst College Press, 2016）を参照.

3 ） MacWilliams, "One Weird Trait."

4 ） Theodor W. Adorno et al., *The Authoritarian Personality*（New York: Harper & Brothers, 1950）〔田中義久（他）訳『権威主義的パーソナリティ』（『現代社会学大系』第12巻）青木書店, 1980年〕．すべての引用は，この（省略のない）オリジナル版による.

5 ） Theodor W. Adorno and Max Horkheimer, *Dialectic of Enlightenment: Philosophical Fragments*, ed. Gunzelin Noerr, trans. Edmund Jephcott（Stanford, CA: Stanford University Press, 2002）, pp. 94-136〔徳永恂訳『啓蒙の弁証法——哲学的断想——』岩波文庫，2007年，pp. 249-347〕．

6 ） Stefan Müller-Doohm, *Adorno: A Biography*, trans. Rodney Livingstone（Malden, MA: Polity Press, 2009）, p. 292〔徳永恂・柴嵜雅子・春山清純・辰巳伸知・長澤麻子・宮本真也・北岡幸代訳『アドルノ伝』作品社，2007年，p. 344〕．

7 ） Adorno et al., *Authoritarian Personality*, p. 1〔前掲『権威主義的パーソナリティ』p. 10〕．

8 ） Adorno et al., *Authoritarian Personality*, p. 228〔前掲『権威主義的パーソナリティ』pp. 54-55〕．

9 ） Adorno et al., *Authoritarian Personality*, p. 228〔前掲『権威主義的パーソナリティ』p. 55〕．

10） Adorno et al., *Authoritarian Personality*, p. 194.

11） Adorno et al., *Authoritarian Personality*, p. 222〔前掲『権威主義的パーソナリティ』p.

46〕.

12）　Adorno et al., *Authoritarian Personality*, p. 228〔前掲『権威主義的パーソナリティ』p. 55〕.

13）　Erich Fromm, *Working Class in Weimar Germany. A Psychological and Sociological Study*, ed. Wolfgang Bonss, trans. Barbara Weinberger（Leamington Spa, Warwickshire, UK: Berg Publishers, 1984）〔佐野哲郎・佐野五郎訳『ワイマールからヒトラーへ——第二次大戦前のドイツの労働者とホワイトカラー——』紀伊國屋書店, 2016年新装版〕.

14）　Wilhelm Reich, *The Mass Psychology of Fascism*, trans. Vincent R. Carfango（New York: Farrar Straus Giroux, 1970）〔平田武靖訳『ファシズムの大衆心理』（上・下）せりか書房, 1970年〕. Max Horkheimer, Erich Fromm, and Herbert Marcuse, *Studien über Autorität und Familie*（Studies on authority and the family）, vol. 5（Paris: F. Alcan, 1936）.

15）　Martin Jay, *The Dialectical Imagination: A History of the Frankfurt School and the Institute for Social Research* 1923-1950（Boston: Little, Brown, 1973）, pp. 113-142, pp. 219-252〔荒川幾男訳『弁証法的想像力——フランクフルト学派と社会研究所の歴史——』みすず書房, 1975年, pp. 163-204, pp. 321-369〕.

16）　Adorno et al., *The Authoritarian Personality*, p. ix.

17）　Adorno et al., *The Authoritarian Personality*, p. vii〔前掲『権威主義的パーソナリティ』p. 9〕.

18）　Adorno et al., *The Authoritarian Personality*, p. vii.

19）　Thomas Wheatland, *The Frankfurt School in Exile*（Minneapolis: University of Minnesota Press, 2009）, p. 257.

20）　Jos Meloen, "The Fortieth Anniversary of 'The Authoritarian Personality,'" *Politics and the Individual* 1, no. 1（1991）, pp. 119-127.

21）　Jay, *The Dialectical Imagination*, pp. 248-250〔前掲『弁証法的想像力』pp. 357-360〕.

22）　John Levi Martin, "'The Authoritarian Personality', 50 Years Later: What Lessons Are There for Political Psychology?," *Political Psychology* 22, no. 1（2001）, p. 1.

23）　Nevitt Sanford, "A Personal Account of the Study of Authoritarianism: Comment on Samuelson," *Journal of Social Issues* 42, no. 1（1986）, pp. 209-214; quoting Adorno ct al., *The Authoritarian Personality*, 975〔前掲『権威主義的パーソナリティ』pp. 498-499〕.

24）　亡命知識人とアメリカ人社会学者との初期の前途有望な時期の交流にたいする重要な洞察は, 以下の著作に見いだされる. Thomas Wheatland, *The Frankfurt School in Exile*, and Wheatland, "Franz L. Neumann: Negotiating Political Exile," in *German Historical Institute Bulletin*, supplement 10, eds. Jan Logemann and Mary Nolan（New York: Cambridge University Press, 2014）, pp. 111-138.

25）　Müller-Doohm, *Adorno*, p. 296〔前掲『アドルノ伝』p. 349〕.

134

26) Adorno et al., *Authoritarian Personality*, p. 749. 傍点筆者〔前掲『権威主義的パーソ
ナリティ』p. 442〕.

27) Adorno et al., *Authoritarian Personality*, p. 747. 傍点筆者〔前掲『権威主義的パーソ
ナリティ』p. 439〕.

28) Wheatland, *The Frankfurt School in Exile*, p. 244. 傍点筆者. ウィートランドは次の
ように結論づける. 「ホルクハイマーとアドルノが, この前提と方法論的に基礎的な『権
威主義的パーソナリティ』に完全には巻き込まれてこなかったかもしれないことは明ら
かであろう. 私が正しければ, プロジェクトを弱めるアドルノの言い方は, おそらくそ
のトピックに負っている彼の実際の立場に近いであろうし, その著書に彼が寄与したこ
とは, アメリカの調査にも, AJC とアメリカ社会学の協力者との実用本位の目標にも,
都合のよいことである」Thomas Wheatland, private correspondence, May 31, 2016.

29) Theodor W. Adorno, "Remarks on *The Authoritarian Personality*" (unpublished,
1948), pp. 1-2, Max Horkheimer Archive Universitätsbibliothek, Goethe Universität,
Frankfurt am Main, 〈http://sammlungen.ub.uni-frankfurt.de/horkheimer/content/zoo
m/6323018?zoom=1&lat=1600&lon=1000&layers=B〉.

30) Adorno, "Remarks," p. 2.

31) Adorno, "Remarks," p. 11.

32) Adorno, "Remarks," p. 2.

33) Adorno, "Remarks," p. 2.

34) Adorno, "Remarks," p. 5.

35) Adorno, "Remarks," p. 29.

36) Adorno, "Remarks," p. 29.

37) Adorno, "Remarks," p. 28.

38) Adorno, "Remarks," p. 13.

39) ジェイは第6章「美学理論と大衆文化批判」のエピグラフにローウェンタールを引用
している. Jay, *Dialectical Imagination*, p. 173〔前掲『弁証法的想像力』p. 250〕. 他の
者たちが発言を誤ってアドルノのものとしていたことを, ジェイは指摘している.
"Introduction to a Festschrift for Leo Löwenthal on His Eightieth Birthday," in
Permanent Exiles: Essays on the Intellectual Migration from Germany to America
(New York: Columbia University Press, 1986), p. 101〔今村仁司・竹村喜一郎・藤沢賢
一郎・笹田直人訳『永遠の亡命者たち　知識人の移住と思想の運命』新曜社, 1989年, p.
180〕.

40) Theodor W. Adorno, "Freudian Theory and the Pattern of Fascist Propaganda
(1951)," in *Essential Frankfurt School Reader*, eds. Andrew Arato and Eike Gebhardt
(New York: Continuum Books, 1987), p. 135.

41) Adorno, "Freudian Theory," p. 134.

42) Adorno, "Freudian Theory," p. 134. 傍点筆者.

43) Adorno, "Freudian Theory," p. 135.

44) Adorno, "Freudian Theory," p. 135. 傍点筆者.

45)　Adorno, "Freudian Theory," pp. 136-137.

46)　Adorno, "Freudian Theory," p. 125.

47)　Adorno, "Freudian Theory," p. 127.

48)　Adorno, "Freudian Theory," 127.

49)　Adorno, "Freudian Theory," p. 135; Peter E. Gordon, *Adorno and Existence* (Cambridge, MA: Harvard University Press, 2016).

50)　Adorno, "Remarks," p. 11.

51)　Michael Rogin, *Ronald Reagan, the Movie and Other Episodes in Political Demonology* (Berkeley: University of California Press, 1988).

52)　Dennis W. Johnson and Brian C. Tringali, eds., "Message-Testing in the Twenty-First Century," in *Routledge Handbook of Political Management*, Routledge International Handbooks (New York: Routledge, 2010), pp. 113-125.

53)　Tim Carman, "Trump Steaks Are So Rare, We Can't Even Find One," *Washington Post*, March 23, 2016 〈https://www.washingtonpost.com/lifestyle/food/hey-trump-wheres-the-beef-trump-steaks-are-so-rare-we-cant-even-find-one/2016/03/22/175b682a-ebc3-11e5-bc08-3e03a5b41910_story.html〉.

54)　Adorno and Horkheimer, *Dialectic of Enlightenment: Philosophical Fragments*, p. 135〔前掲『啓蒙の弁証法』pp. 335-336〕.

55)　Max Horkheimer, introduction to Leo Löwenthal and Norbert Guterman, *Prophets of Deceit: A Study of the Techniques of the American Agitator* (New York: Harper & Brothers, 1949), p. xi〔辻村明訳『煽動の技術　欺瞞の予言者』岩波書店，1959年，p. XVIII〕.

56)　個人の心を政治的な出来事の存在論的に優位な根拠とすることで満足するのを拒否することは，アドルノやフーコーを含む，広範な社会理論家に共有されたテーマである.

57)　こうした現象の関連する診断に関しては，スラヴォイ・ジジェクについてのジョン・グレイ（John Gray）の所見を考えるかもしれない．すなわち「ジジェクが表明するグローバル知識人の役割は，現代における資本主義膨張のモデルに不可欠なメディア装置と有名人文化に沿って生じている」. Gray, "The Violent Visions of Slavoj Žižek," *New York Review of Books*, July 12, 2012 〈http://www.nybooks.com/articles/2012/07/12/violent-visions-slavoj-zizek/〉.

58)　Theodor W. Adorno, *Minima Moralia: Reflections from Damaged Life*, trans F. F. N. Jephcott (New York: Verso, 2005), p. 49〔三光長治訳『ミニマ・モラリア――傷ついた生活裡の省察――』法政大学出版局，1979年，p. 58〕.

59)　『ニューヨーク・タイムズ』で早くに暴かれたスキャンダルを参照〈https://www.nytimes.com/2018/03/17/us/politics/cambridge-analytica-trump-campaign.html〉（accessed March 30, 2018）.

60)　Theodor W. Adorno, *The Stars Come Down to Earth*, and *Other Essays on the Irrational in Culture*, ed. Stephen Crook (New York: Routledge, 1994).

61)　Ian Hacking, "The Looping Effects of Human Kinds," in *Causal Cognition: A*

Multidisciplinary Debate, eds. Dan Sperber, David Premack, and Ann James Premack（Oxford: Oxford University Press, 1996）.

訳注

〔1〕 河原理・太寿堂真・高安啓介・細見和之訳『社会学講義』作品社，2001年，pp. 196-197.

〔2〕 反復される映像抜粋．しばしば主旨を誤りうる．

〔3〕 広告前に広告効果を測定する手法の一つ．ターゲットとなる市場から，対象人員を必要数選び，グループ討論形式で意見を聞く．その結果を広告内容の改善に役立てる．

〔4〕 インターネット上の議論が長引けば長引くほど，ヒトラーやナチスが引き合いに出される確率が1に近づくこと．

〔5〕 人間を分類する概念や方法と，その概念や方法によって分類される人間との相互作用のこと．

第6章
ラディカルな批判と
遅れてきた認識論
——トクヴィル,アドルノ,権威主義——　　マックス・ペンスキー

市井吉興・藤本ヨシタカ 訳

　政治的に粗悪な時代は,当然のことながら,政治理論家に自らが大切に育ててきた概念,方法,仮説の見直しを迫る.権威主義,外国人嫌悪,民主主義的な政治文化への敵意は,過去10年の間に非常に多くの国々を苦しめてきたが,それらが再燃している現在は,たしかに,政治的に粗悪な時代と見なされるものであり,しかも,見たところ終わりがない.これらの権威主義的な傾向を理解可能なものにしようと取り組み,また,この傾向を逆転させるか,少なくとも遅らせようと努力している政治理論家にとって,私たちの実践を再検討し,また必要に応じて変革するという作業は,専門家としての責務であり,また,政治的な責務でもある.世界中で民主主義的なガバナンスが新たに危機にさらされる時代の到来は,多くの政治学者にとっても,彼らの基本的な想定にとっても,予測されていなかったショックをもたらしている.民主主義の後退,逆行,解体(deconsolidation),断絶といった表現は,民主主義システムの性 能^{パフォーマンス}の不安定さに対する社会科学的な関心や,権威主義的な政治への移行に伴うリスクを評価するプロジェクト以上のことを表している[1].これらの表現は,物事がバラバラになっていくような,固形物が空気中に溶け出していくような,ある種のパニック状態にある感覚を呼び起こす.
　民主主義をめぐるこのようなシステム上の病因を根本から理解するには,様々なアプローチによる幅広いスペクトルが求められるだろう.制度的なレベルでいうと,民主主義の衰退をめぐる理論は,議会の手続きから憲法の本質,法の支配に至るまで耐久性があると考えられていた政治制度が,現在,権威主義という圧力,外国人嫌悪という圧力,そしてポピュリズムによる圧力に耐えることができないくらいの,いかに巨大な圧力を受けているかを説明する必要があるだろう.また同じくらい重要なことに,主観的な態度,価値観,コミットメントといったミクロ・レベルでいうと,民主主義の解体と権威主義的なリスクをめぐる理論は,これらの圧力がどこから来ているのか,また,解体を可

能にするだけでなく，それを非常に多くの人々に望ましいことと思わせるために，民主主義的な市民の心や精神に何が起こっているのかを明らかにしなければならないだろう．民主主義の解体を論じる標準的な社会科学理論は，通常，後者の疑問に対して質的な方法で回答を導き出そうとする．それは，主観的な態度や動機の変化を観察可能で測定可能なものにする質問を設計し，それに対する応答を引き出すという方法である．これらの方法は，民主主義的な市民の精神的・意欲的な生活の隠れた地層に埋もれている「深遠な」，「潜在的な」，または「根底を成す」権威主義的な態度，価値観，ないし影響力を前提としている．しかも，これらは，（犬笛の〔特定の人にのみわかる〕比喩によると）状況の変化とやる気満々な政治指導者によって「誘発」ないし「活性化」されうる態度である[2)]．これらの権威主義的精神の内容は，社会科学者がかろうじて導き出せるものであり，ひとたびそのデータ一式を適切に形にできれば，測定可能な態度の変化と政治システム上の他の変化との間の重要な相関関係を分析することができる．このようにして，民主主義的な市民社会の衰退，有権者の不信感，怒りや不満の高まり，あるいは反民主主義的な感情の広がりなどについて，示唆に富む仮説を立てることが可能になるのである．

　これは，少なくとも『権威主義的パーソナリティ』以来，権威主義に関する理論や民主主義の脆弱性に関する理論の中心的な野望であり続けた．しかし，このような理論には共通する弱点がある．彼らは，権威主義のモデル——すなわち，外的な反民主主義勢力によって活性化ないし誘発されるといった，根深く，あるいは潜在的な，隠された先入観——を，筋の通った，あるいは的確なものであると仮定しているが，実際には彼らはその仮定を立証することができていないのである．これらの標準的な質的方法は，合理性，働き[エイジェンシー]，説得性，およびそれら以外の一般的な認識論的要求に関する，次のような軽々しく支持された主張を暗にとっている．それは，前政治性に覆われた主観性の内側は，科学者らの世論調査，アンケート調査，またはフォーカス・グループへの回答を通じて外在化されることで識別・評価可能となる，という前提である．しかしながら，こうした仮定自体が疑問視されたらどうなるのだろうか．社会科学的な方法を用いた際，民主主義の他者として表現される権威主義が，深く閉ざされ，忌み嫌われ，タブー視された人格の内容を単にうわべだけしか表現したものでなかったとしたら，どうなるのだろうか．もし，リベラルで民主主義的な生活そのものの本質が，このうわべと奥深さというモデルがもはや適用され

ないような新しい形態の政治的主体性を生み出すとしたら，どうであろうか．権威主義が，民主主義の長く葬り去られた他者が神話的に復活したものではなく，リベラルな民主主義そのものの顔つき（physiognomy）の一部だとしたら，どうなるのだろうか．そして，いかなる社会科学的な方法がそのような可能性を提示するのだろうか．

　政治理論のより広範な分野に関わっている批判理論家は大いに不安ではあるが，明らかにこの点では，何の問題もないわけではないものの，多くの同業者よりも相対的に有利である．フランクフルト学派の批判理論という伝統に何か意味があるとするならば，それは以下のような重要なアイデアを持ったラディカルな社会批判を提供している点にあるだろう．そのアイデアとは，権威主義がリベラルな民主主義の暗黒で潜在的な他者である一方で，民主主義的な生活や民主主義的な主体性は社会的に具現化された理性の認識可能で安定的な形態を示している，というものである．新自由主義的な資本主義という条件下では，個々の合理的な行為者を相対的に安定しており説得力に富むとする前提は，ラディカルな批判を始める条件というよりも，それ自体がラディカルな批判の対象となる．民主主義とその他者——つまり，権威主義的な支配へとなだれ落ちていくことや，個々の政治的行為者による合理的な働きが消滅すること——とは，二つの独立して生じうる可能性ではなく，双子のようなものであり，同じ人間的条件下において相互に生成する様式なのである．『啓蒙の弁証法』において，アドルノとホルクハイマーは，この条件は人間の知性の出現にまでさかのぼり，また，文化産業の下での現代的生活の最も細部にまで浸透していると主張したが，それは，しきたり，感性，ジェスチャー，習慣，心理におけるミクロ・レベルの病理を含むものであるという．

　このグローバルな批判のわびしさも，均質的で遍在的な社会支配の形態に直面してもなお首尾一貫した政治的かつ実践的な対応は不可能であるという暗黙の主張も，しばしば，静寂主義（quietism）やエリート主義，さらには一貫性のなさや自己矛盾に対する非難を呼び起こしてきた．というのも，リベラルな民主主義は自らの権威主義的な他者と結びつく条件を生み出しているのではないか，と非難するラディカルでグローバルな批判は，自分自身の〔そうした〕批判から逃れられないからである．つまり，ラディカルな批判が何らかの仕方で，どんな方法論的な要請を是認しても，全体的な眩惑連関（totaler Verblendungszusammenhang），つまり，全体に広がっている〔とされる〕思い違いが，

全体には広がっていないという可能性を常に保っておく必要があるのである．

　これは，フランクフルト学派の伝統的な受容史における定番の特徴である．この学派はすべてにおいてよく知られているので，ルカーチがアドルノの著作を「グランド・ホテル深淵」（アビス3)）から出てきたものと切り捨てたときと同じくらいに，この特徴はいまでもなお説得力と切迫性を持っている．私たち自身が目の前の政治的に粗悪な時代に対し批判的な洞察力と説得力とで対応するためには，この議論を未完のものとして受け止める必要があるだろう．

　民主主義の衰退と権威主義的な態度の登場は，主として（かつて）民主主義的だった市民の認識論的な能力と動機づけの能力の内的な変容によって起こる──こうした主張は，フランクフルト学派の理論家に特有のものではなく，ましてアドルノに特有のものではないことは事実である．民主主義の解体をめぐる批判理論は，没落の物語（declensionist narratives）のかなり古い部類の一変種に過ぎず，そこではかつて強固だった民主主義的な市民社会が自らの内的な病理に屈していくとされた．しかし，1940年代から1950年代にかけてアドルノが提示した民主主義の衰退のバージョンで注目すべきことは，他の多くの批判理論家たちが無視してきた，あるいは全く書き留めてこなかった方法論上の忌々しい問題を，アドルノが豊かに取り上げていることである．

　アドルノは『権威主義的パーソナリティ』において，民主主義の衰退に関する最も影響力のある初期の質的研究に参加していたが，ピーター・ゴードンの分析（本書第5章）は，政治的主観性の変容を説明するために経験的な方法を用いようとする試みから生じる，限界とパラドクスに対するアドルノの気づきを鮮やかに再構築している．アドルノは，このような方法は本質的に自身の仕事には不十分ではないかという疑念を深めていたようである．

　これらの限界に対応すべく，アドルノは他に何を提案したのであろうか．おおむね1951年に出版された『ミニマ・モラリア』から15年後の『否定弁証法』までの期間のアドルノの作品には，経験的方法論の限界を超えたラディカルな社会批判の可能性を説明しようとする，ほぼ一貫した努力が見られる．これは，それまで植民地化されてこなかった主観性の領域にも社会的な支配のメカニズムが着実に拡大していくにつれて，政治的な経験と政治的な働き（エイジェンシー）に対する主体の能力が徐々に衰退していくことを記録し，描写する方法を探求するものであった．またそれは，「個人」というブルジョア近代が達成したきわめてアンビバレントな歴史的成果が，大衆文化の出現や，より新しくより効果的な社会

的支配の形態を生き残れるかどうかという問題を提起するものでもあった.

　私がこの章で論じたいのは, 権威主義の主観的な側面に対するラディカルな批判のためのオルタナティヴな方法を開発しようとしたアドルノの戦後の努力が, より早期のある試みと, かなりの程度, 類似するものであったという点にある. それは, リベラルな民主主義的政治文化の時代の終わりというよりは, むしろ始まりの時期に,〔アドルノと〕ちょうど同じことをしようとしていた試みである. 私はアドルノのプロジェクトを,『アメリカのデモクラシー』におけるアレクシ・ド・トクヴィルのプロジェクトと対比させたい. つまり, 19世紀半ばに起きた, 民主主義的な解体 (トクヴィルが渋々「民主主義的な専制 (democratic despotism)」と名付けたそれ) と最初の権威主義の到来による, まさに民主主義的主体の崩壊という彼の予測である.

　トクヴィルとアドルノは, ブルジョア的なリベラル民主主義の時代がそれぞれ終わりを迎える中で, 民主主義の衰退の細部を綿密に観察する現象学を発展させた. 彼らは民主主義的な生活の目に見える表面的な効果に注意を払うことによって, そのような現象学を展開したのである. つまり, 深層の構造を推論するのではなく, 目に見える影響, 身体的なジェスチャーや動作, 振舞いと身のこなし, 主体の身体的な構成 (somatic makeup) の要素を描写することで, より大きな, 体系的な, あるいはマクロ・レベルの病理を点描画家的な手法で照らし出すことができると考えた. アドルノの著作, 主に1951年の『ミニマ・モラリア』と, トクヴィルの『アメリカのデモクラシー (第1巻)』(1835年) および『アメリカのデモクラシー (第2巻)』(1840年) との間に, 生産的かつ意欲的な連続性を見つけることができるのは, このような共通のアプローチによるものである.

　私たちの目的からすると, 彼らのアメリカ滞在は, トクヴィルとアドルノを最も密接に結びつけるものではないか, あるいは少なくとも主たるものではないものの, その旅がどのようなものであったかは間違いなく重要なことである. トクヴィルとアドルノにとって, アメリカは民主主義的な文化の重要なモデルであり続けたが, その文化が衰退するという彼らの予測は, アメリカにおける政治的な生活という特殊なケースに限定されたものではなかった. 彼らは, 貴族的で明らかに不平等な文化の喪失を伴うヨーロッパの民主化と同じくらいに, そしていくつかの点でそれ以上に適用可能な, ポストナショナルな体系的病理を説明したのである.

　1830年代のトクヴィルの著作，ならびに1940年代のアドルノの著作は，どちらも，主観性と公的な政治的生活の諸制度との間——単位と構造との間——で作動する悪循環を描写しており，それは後者の機能不全と衰退，そして前者の病理的な歪みを伴う．両者とも，マクロ・レベルでの制度の機能不全は，それらの制度を占有している主体の観察可能なハビトゥスの変化を通じて予測および診断することができると提案している．また両者とも，このような主観的な変化は，一種の緊密な現象学を通じて接近可能であると提案しており，そこでは社会的な実在のわずかな物質的細部を通じて，主観的な影響と態度とを記録するという方法がとられている．

　このミクロロジー的（*micrological*）な現象学的アプローチとは，トクヴィルはもちろん知るよしもなくアドルノは当然ながら不信感を抱いていた，おなじみの質的な社会科学的方法とは異なるものである．つまり，この種の現象学的なアプローチとは，関連性がないように見える現象を綿密に観察し，記述し，細部に対して細心の注意を払い，些細なことも語り，特殊な事柄に対して敏感になることを必要としている．

　トクヴィルとアドルノは，アメリカを観察し，〔その成果を〕リベラルな民主主義における政治的主体性の運命に関するラディカルな批判へと翻したわけだが，それらの能力の根底にあるのは，高度な自己反省性を特徴とする認識論的なスタンスである．二人とも，民主主義の衰退という現象を記述するには，ある意味では，彼らが直面している新しい世界とは異なる認識論的なツールとアプローチが必要であることを承知していた．この疎外感は，知識人の超然とした態度としてよく見られるアピールや，経験的な社会科学者の中立的な観察者的視点とはまったく異なるものである．自己反省的な認知のスタンスとして，それは民主化された世界から消滅しつつある認識論的な適性や才能を慎重かつ批判的に再機能化させることであり，彼らの主たる関心であるきわめて社会的かつ政治的なプロセスを通じたものである．

　言い換えれば，トクヴィルもアドルノも自分たちの特殊な地位を認識論的に時代遅れのもの，つまり，遅れてきたもの（*late*）と意識的に捉えており，それは，ともすれば閉鎖されたままのポスト主観的な政治的領域の特質にアクセスできるようにするのと同じくらい遅れているのである．どちらの場合でも，この遅進性（lateness）というべき自己認識は，エリートとしての彼ら自身の地位と，その地位を可能にした世界の衰退との複雑な関わり合いを伴っている．

　トクヴィルもアドルノも，遅れてきたバージョンの認識論を展開している．トクヴィルの場合，この遅進性は，アメリカ人の生活を綿密に記述し，ポスト民主主義の未来へとその記述を取り入れることで，再構築することができる．もちろん，アドルノの場合，私が言うところの「認識論的な遅進性」という概念の背後には，否定弁証法という徹底された哲学的なビジョンがあり，それはここでは十分に要約することすらできないアプローチである．とはいえ，簡潔に述べるならば，トクヴィルもアドルノも自身のことを，彼ら自身の過ぎ去りゆくことが問題となっているまさにその現象の一部である文化的，歴史的，政治的な現実のなかで発展し，それらと結びついた概念や能力を用いて現象の場を解釈する観察者とみなしている．彼らの特徴的な思考様式は，高まる陳腐化と老化という意味で，彼らが記述したいと願っているプロセスと連動しているのである．

　トクヴィルの場合，この遅れてきた認識論は，彼が消滅しつつある貴族的な世界の名残と見なしている几帳面な才能としての鑑識眼を意識的に流用することを基礎においている．アドルノにとって，（ブルジョア的な）主観性の制度が衰退し，それが管理された意識のモードに置き換えられたことをミクロロジー的に記述することは，19世紀ヨーロッパの高度なブルジョア的政治文化から20世紀アメリカの大衆文化への移行の中で生じた，自己の喪失や経験する能力の衰退の経験をめぐる彼自身の自己反省性に大きく依拠している．

　トクヴィルのアメリカ訪問は，民主主義的な生活がもつシステム上の病理を理解しようとする試みのきっかけとなった．その生活とは，何らかの形で，民主主義的な主体の動機や習慣，あるいはしきたり（moeurs）や日々の規範的態度において表現されうるものである．もっとも，アドルノは亡命者や難民として10年以上アメリカに滞在し，何らかの形での社会統合を求めて（そしてときにそれに抵抗して）奮闘していたが，一方のトクヴィルによる短期間かつおおむね有意義だったアメリカ東部の旅は，表向きはアメリカの刑罰制度に関する調査研究であったとはいえ，民主主義の衰退という壮大な理論の根拠となるには不十分であったと思われる．しかし，たとえ木を見て森を見ずという能力によってかなりの程度補われる必要におそらく迫られていたとしても，二人の独特の観察力は共通していた．よく知られているように，アドルノのアメリカ時代は，文化観察にどっぷりと浸かっていた時期ではなかった．彼が観察したアメリカ大衆文化の大部分は，アッパー・ウエストサイドやパシフィック・パリセーズ

144

などの典型的な事例に限られており，アメリカのマス・メディアに対しても彼は慎重に吟味した．対照的に，トクヴィルは〔何でも吸収する〕文化的なスポンジとして悪名高く，13年間のアドルノよりも，彼の6ヶ月間の旅の方がはるかに広く，深いものであったことは間違いない．

　しかしながら，別のレベルでいうと，これらのアメリカ旅行が可能にした民主主義の衰退に関するそれぞれの理論は，最終的には，あるいはおそらく出発点においてさえ，アメリカの民主主義に関するものではなかった．地理的にも文化的にも距離がある中での疎外感——つまり，アメリカの政治的・文化的な生活の極端な奇妙さ——が一連の考察を可能にしたのである．つまり，トクヴィルとアドルノは，ヨーロッパというコンテクストに直接依拠していると理解していたのであり，二人とも部分的には外部者という立場から関わっていたのである．かつてのヨーロッパにおける民主化を，トクヴィルはいまにも起こりそうで不可避なものと考え，アドルノは老齢にさしかかった消えゆくものと考えていたが，クラウス・オッフェが適切に指摘したように，アメリカでの経験を，そうしたかつてのヨーロッパとの単純な地理的・時間的な対比を提供したものとみなすのは，大きな誤解であろう．ヨーロッパと比較した際，アメリカは彼らにとって，単に遠く離れた場所でもなければ，単に新しい場所でもなければ，まったく見知らぬ場所でもなければ，不思議なほど見慣れた場所でもなかった．二人がそれぞれのアメリカ訪問から得たことは，一時的な心の動揺——つまり，〔アメリカでの経験を〕意味づけることやそれを可能にする条件となりうる時間，物語，そして物語ることの可能性をめぐる心の旋回状態や混乱——であり，「新しい」アメリカの民主主義に対峙する「かつての」ヨーロッパという標準的な考え方は〔彼らからは〕十分に感じ取ることはできない．

＊　　　＊　　　＊

　トクヴィルの『アメリカのデモクラシー（第2巻）』は「民主主義的な専制」の予言で締めくくられたことで有名であるが，それは，かつての活気に満ちていた民主主義的な文化を結晶化したものである．この文化は，平等に構成された市民の間から政治的な働きの源泉を搾り出すことによって，ブルジョア民主主義の英雄時代に終わりを告げるものであった．トクヴィルにとって政治的な経験の真髄とは，一致団結して政治的な自由を行使する能力にある．つまり，民主主義的な政治空間でのみ可能な自己の拡張である．しかし，同じく形式的

かつ法的な平等に依拠した共和主義者の空間は，トクヴィルにとって，拡大された機 関が，形式的な平等の物質的な結果と主体が格闘することで生じる個人主義（個人主義とはトクヴィルが言うところの民主主義の衰退という病理である）に対応するために狭くなるため，必然的に閉じてしまうのである．

　『アメリカのデモクラシー』において，トクヴィルは早くからアメリカの民主主義的な文化の（彼からみて）顕著な「デカルト主義」について言及していた．それは，先天的な階級や社会的な身分差別といった伝統的な階層秩序から解放された民主的な政治文化は，自らを，デカルトの近代主義的な哲学がもつ合理的な根本原理によって組織する他ないことを示すものであり，その意味で，方法が結果に勝るような場面において，生活の評価と意味の割り当てという作業を合理的な運動として捉えるものである．ひとたびすべての伝統的な意味の源泉が空気中に溶け出してしまえば，伝統というものはそれ自体，たくさんある情報としてしか受け取られず，主観的な命令に従って割り当てられる価値としてしか受け取られない．すべての社会的な形態は，最終的には恣意的な基準にもとづきながら，個人の合理的な判断に等しく服すべきとなる．つまり，すべての習慣，価値，規範は，原則として，個々人の判断と計算の材料としてのみ理解可能となるのである．

　こうした合理的な価値評価をめぐる形式的な平等は，民主主義的な平等の功績である．しかし，（ニーチェとヴェーバーの両者が半世紀のうちに注意を向けるようになる）社会の近代化のダイナミクスに関するよく知られた話によると，人間は自分たちが価値を認めている規則，習慣，生活様式を評価する最善の方法に同一化するべく，自分自身のリソースへと投げ込まれる[7]．これらのリソースは，政治的な実在を生み出し維持するという仕事を保つには，あまりにも脆弱で不安定であることが明らかになっている．

　こうした欠点は，個人的な満足，物質的な快適さ，そして安全性との関係のなかで，集合的な政治的行為機関の価値を再生産する際にも現れる．トクヴィルは，この独特なアメリカ版デカルト主義（今日では新自由主義の様相として言及されうるもの）のために，相対的な個人の優位性，リスク管理，身体的な快適さ，および表現の豊かさといった物質的なインセンティヴが，精神的な居場所を締め出してしまうのではないかと疑っている．精神的な居場所とは，その魅力とインセンティヴがはるかに拡散され延長されている集団的な自治のプロジェクトのために必要とされるものである．

　形式的な法的平等と政治的平等は，民主主義的な主体を動機づける基盤に変化をもたらし，主体が個人化するためのインセンティヴを再調整することで，政治的な行為体（エイジェンシー）のための能力を無自覚に侵食していく．「個人主義」という言葉はトクヴィルが生み出した有名な言葉であり，彼はそれを，自発的に自己を孤立させ組織的な生活からひきこもろうといった傾向と強く結びつけ，さらにはアレントがのちに全体主義の核心である見捨てられた状態として理解した孤立とアトム化といった形態と強く結びつけたが[8]，形式的平等のための民主的条件は，そうした「個人主義」に向けた新たな責務として具体化している．重要なのは，トクヴィルが次のようなことをほのめかすことで，政治的概念としての個人主義を経済的概念としてのそれから区別したくないと考えていたことである．彼によると，絶えず要請される形式的な政治的平等の条件は，自らの内部から，人間にとっての原動力，すなわち，自分自身を個人化するだけでなく，その個人化を物質的な幸福の増大という際限のないプロセスとして理解する原動力を生み出しており，その個人化は，同じような境遇にある他者と比較しつつ相対的な幸福度合いを測るといった絶え間ない不安と結びついているという．

　トクヴィルが考える個人主義は，言ってしまえば単純なものであるが，民主主義的で平等主義的な政治秩序の構成員による，どうやら避けられない認識論上の誤りに基づいている．利己主義を本質とする前民主主義的な悪徳とは対照的に，個人主義は現代の民主主義的な生活に特有なものであり，また「心の悪徳と同様に知性の欠陥」(p. 482〔松本礼二訳『アメリカのデモクラシー：第2巻』(上)，岩波書店，2008年，p. 175〕) から生じるという．政治的な連帯が一般に失われていくにつれ，個人主義は，ある誤った判断から生起することとなる．それは，政治的な生活はあらゆる点で増大しつつある物質的な幸福と精神的な自己充足と両立する，というものである．この誤った判断は，ひとたび十分な数の市民によって引き起こされてしまうと，物理的および社会的な解体のプロセスを生み出すこととなり，連帯的でアソシエーショナルな政治的生活が衰退する限り自己充足的であり続けるサイクルもまた，集団的な政治行動から離れた親和性（トロピズム）の原因となり，もはやその結果ではなくなる．

　このことは，何よりも民主主義的で政治的な権威に対し主体がとる態度や動機を変容させる．パトリック・ディニーンが指摘したように，トクヴィルの理論的核心を特徴づける民主主義の衰退とは，次のような主張をさす．それは，

個人として自由な行為者（アクター）が厳格な平等を求める際のリベラルな要求は，自らの個人としての自律性を損なわないようにしたいという訴えと，不平等を感じている自らの憤りに応えてくれるような万能な国家が必要だという切望との相矛盾した期待を，主体の側に生み出す，というものである[9]．統治権者は，より高度でより広範囲に共有されたリスクを管理することと，予測可能な条件を提供する責任を前提としており，市民はその統治権者に向けて責任を移譲させようとする圧力に着実にさらされているが，しかし同時に市民は，いささか皮肉なことに，断続的な選挙——この行事は，国民主権の行使からマクロ・レベルでの機能不全の発生という事後症状へと，絶え間なく揺れ動いている（なおこれらはすべて，現在の権威主義的転回にとってあまりに身近な特徴でもある）——を通じて，政治的自己決定を要求し続けている．統治権力の実際の運用を非人格化しながら，市民は個人の自律性というダミーの概念を獲得し，政治権力の匿名化がたとえ目の前を通り抜けたとしても，行為体（エイジェンシー）の幻想をカリスマ的な指導者へとますます投影するようになる．

　もちろん，このことは，古いスタイルの暴力に基づく専制主義的な政治にとって，深刻なリスクを導くことになる．しかし，民主主義の失敗がもたらす伝統的な二つの帰結である独裁主義と無政府状態は，トクヴィルにとっては，より新たな見知らぬ可能性という点で影響力は優っており，彼が歴史的な前例のない事態とみなすものである．民主主義的に平等な生活は，常に実現されるとなると，特定の形式の政治的な経験，つまり，「政治的な生活そのもの」への能力を失う結果になるのである[10]．

　このことは私たちを遅れてきた認識論に導くことになる．民主主義的な男女の心理的な構造に対するトクヴィルの洞察——すなわち，平等な下での生活の「マナーとモラル」に対する彼の理解——は，彼の多くの読者が示しているように，消滅しつつあるフランス貴族階級の晩年の一員としての彼自身の境遇と深く結びついている．実際，トクヴィル自身は，たびたび自らのアンビバレントな貴族主義的名残を認識論的な観点から理解していた．民主主義的平等が個々の人間を，画一的な思考，態度，インセンティヴ，判断へと導く傾向がある場所では，貴族的な政治文化に適応した認識のレパートリーは，（良くも悪くも）卓越性，両義性，対照性，差異，特殊性の観点から考える能力を伴う．細部への注意力は，話し方，服装，あるいはジェスチャーなどのミクロ・レベルの変化からマクロ・レベルの社会形成を読み取るのに必要な能力である．新しいデ

カルト主義の到来を診断する能力は，かつてのモンテーニュ主義の再機能化に由来したものと言っても差し支えない．

　民主主義社会は「一般的な観念（general ideas）」を採用するよう人々に圧力をかけている，とトクヴィルは考えていた．彼は「一般的な観念」という重要な用語に，多様でありながら相互に互換性の一切ない諸定義を特徴的に与えたものの，最終的にそれは，新しく支配的な認知的実践，一種の認識論的な近道ないし侵入（ハック）を指すものとなり，ともすれば特異な現象を「ほど良い」（グッド・イナフ）認知的な適合状態といったお題目の下にまとめようとする省力化という行為のために，慎重な識別と判断の必要性が排除されてしまっている．一般的な観念とは，「思考の便宜のために類似した多くの対象を同じ形式に一括りにする」（p. 411〔松本礼二訳『アメリカのデモクラシー：第2巻』（上），岩波書店，2008年，p. 33〕）という実用的に不可欠なプロセスから導き出される（省力化という認識は，確かに，ヴェーバーからホルクハイマー，アドルノへと受け継がれた目的合理性（Zweckrationalität）の概念の過小評価されている側面でもあるが）．

　この意味で，一般的な観念は，衰退しつつある前民主主義的な環境に根ざし，思慮深く美的で，大部分が装飾的で，実践するにはコストがかかりすぎるものとなった遅れてきた認識論——ただしここでは，認識面での喪失のプロセスを教え伝えるべく民主主義のポテンシャルを（トクヴィルに特徴的な感嘆と警戒とが両義的に入り混じった態度とともに）記録する能力はおそらく除かれる——とは正反対のものである．このような一般的な観念は，かつては社会的に媒介された経験をより充実した形で実現することができたかもしれない，個々の民主的な「デカルト主義的」精神の中に居場所を示すのである．熟慮，区別，判断というコストのかかる作業を取り払うことで，この民主主義的な認知が現われる形態は，物質的な豊かさと法の下での平等を追求する際の熱狂的な条件に合わせて仕立てられる．この新たに登場した認識論（またはポスト認識論）は，個人を取り巻く新しい社会制度と内的に結びついたものであるが，一貫して成し遂げられるメンタリティの変容に貢献することとなる．そのメンタリティとは，快適さ，平和，そして富を自由と交換する暗黙の合意に基づいて，専門化され遠くから見守る後見人のような権威に対し民主主義的な権力の行使を好んで外部委託しようといったメンタリティである．トクヴィルにとって，このような協定は安定した状態にならず，将来的にも安定した状態を維持することはできないだろうと思われるが，それはまさにその通りである．

　この種の認識論的な省力化は，その大部分が，ある種のグローバルな商業的命令の絶え間ない要求を受けつつ，判断という重荷をより効率的にこなす方法となる．アメリカ人特有の忙しさ——絶え間ない喧騒，絶え間ない動き，無数のプロジェクト・目標・事業・企業——は，トクヴィルの目を見張るものであり，とりわけトクヴィルのアンビバレンス〔な関心〕の対象となった．このようなアメリカ人の頑張りは，突如現れ出た主体的振舞いの様式として見られたとき，民主主義的な自己統治の見事な側面としてトクヴィルの心を打った．と同時に，トクヴィルは，集合的な政治的取り組みの拡大された主体性から切り離された自己目的的な活動は，個々の原子による極度の疲労を伴う集合的な振動のような病理として，容易に理解されうるだろうと認識していた（年老いたカントは，次のような心配の中に何か非常に近いものを感じていたのかもしれない．すなわち，集団的な忙しさは，合理的な状態への進歩を導く目に見えない摂理の手から切り離されたものであり，それは単なる「愚かしさ（Abderitism）」であって，じっとしていられない不安や無意味な喧騒に満ちた愚かさではないのか，という心配である）[11)]．

　一般的な観念による省力化の作業は，物質的なインセンティヴに素早く反応するスタッカートのきいた敏捷な能力を促進するものであり，非常に素晴らしいことである．一部ではまた，一般的な観念の出現は，行政府を徐々に中央集権化した結果でもあり，統治権力を行使する際の均一性を行政府自身が要求した結果でもある[12)]．

　この意味で，トクヴィルの貴族的な遅れてきた認識論は，民主主義的な考え方を単に否定したものにすぎず，階級，階層秩序（ハイエラルキー），あるいは分類体系において不平等があることを否定したものにすぎない．と同時に，トクヴィルは，慣例，時代，伝統といったものへの貴族的な精神的嗜好とは対照的な，（彼にとっては）奇妙かつ独特な民主主義的思考の無時間性——概念を使用する際に一時的となったり慢性的となったりすることに対する率直な敵意——に衝撃を受けたままであった[13)]．トクヴィルは，これらを，民主主義的な生活が一掃していたと捉える思考様式として認識した．トクヴィルは，これらの喪失をほとんど嘆くこともなく，アソシエーショナルな生活の劇的な短縮化においてそれらがなくなってしまうことの意味合いをむしろ熟考するほどであった．トクヴィルはバークやル・メーストルを知っており，保守主義が民主主義的な新しさを旧来の暴徒支配と同じものとみなすだろうと理解していた．彼は保守主義を，民主主義的な制度が無政府状態ではなく安定状態を生み出すべく市民の「風習や習

慣」とどのように相互作用できるのかに関する説明としては，全く満足できないものであることを見出すとともに，民主主義社会が陥りやすいある種の専制主義の新しさを見極めるには保守主義では不向きだと考えたのである．

　その代わりに，トクヴィルは，自らの方法と思考を認識論的なアンシャン・レジームの再機能化，つまり，特定の対象や経験を特定のものとして保持し，一般的な概念の下に特殊なものを組み込もうとする性急な流れのなかでも滞留できる能力として位置づけた．すなわちそれは，微妙な変動や漸進的な変容過程，特に衰退のプロセスに対する敏感さであり，さもなければマージナルな表現やコミュニケーションが意図せざる形で表現されてしまうことに対する一種の解釈学的な感受性であり，さらには，カントのいう反省的判断の能力，すなわち，好みの問題から原理の問題へと引き継がれた能力である．遅れてきた認識論は，その社会的なコンテクストを失い，その意味で自らの死を生き延びることとなった．おそらくトクヴィルの最も辛辣な読者であるシェルドン・ウォリンは，以下のように述べている．

　　　旧来の貴族主義的な世界の敗北は，［トクヴィルの］特権を奪ったが，彼の歴史を奪うことはなかった．貴族社会が消滅し，政治的な現実性から切り離されることで，理論的に解放されたのである．というのも，形式上，彼は新しい世界から追放されていたが，実際には旧世界によって有利な立場を受けていたので，独特に距離を置くことが可能であったからである．トクヴィルは，新世界と同一化するにはあまりにもよそ者すぎたし，政治的な死者崇拝（necrolatry）にふけるには旧世界の終焉をあまりに意識しすぎていた．（中略）いまや貴族社会は，マナーから美徳，好みから無関心に至るまで，世界から消滅するもの，失われしものの隠喩となるだろう．貴族社会は，ファッションの変化と意味の喪失とを区別することができないほどに容赦のない変化によって徹底的に麻痺した世界のなかで，喪失を目撃するだろう．[14]

遅れてきた認識論とは「どことも言えないところからの視点」ではなく，どこかに行ってしまった，あるいはどこかに行ってしまいつつあるところからの視点である．それは，新しい民主主義的な精神のモデルとは不釣り合いのものである．しかし，だからこそ，遅れてきた認識論は民主主義では見えないものを見ることができる．すなわち，民主主義的な政治文化が自らの個人化のダイナミズムによって政治参加を動機づける源泉を弱体化させてしまったとき，そ

の政治文化はどのような形になりうるのか，ということを考えることができるのである．トクヴィルの「民主主義的な専制」の説明からすると，それは，彼が予測するある種の主観性の持つ深遠な両義性という形をとることとなる．

　この意味で遅れてきた認識論とは，無時間的なものを超えて，つまり神を超えて社会的な要請に対峙しつつ，通時的に考える能力でもある．時間的な継続性の感覚を保ち続けること（利子や投資収益率の計算といった形でのみ記録される副次的現象ではなく，社会的な現実として現われる世代間での「深遠な時間」の移動をめぐる感覚）に加えて，ここでいう貴族的思考とは，古いキリスト教的実践の世俗的な名残のようなものを意味している．[15] それは，道徳的な教義集という形で一般の世俗社会に広められた，束の間の人間の企てにあまりにも多くの価値を付与することの危険性に対する警告である．トクヴィルの場合，民主主義の時間超越性，あるいは物質的な消費が終わりなく続くという不気味な感覚は，批判的思考の「風習」（アーカイズム）とウォリンが表現するものによって事実上名付けられ，また対抗することができる．そしてそれは，永遠に続く現在との関係において，ベンヤミンの弁証法的イメージを彷彿とさせるほどの衝撃的な能力を有している．[16]

　民主主義的な個人は，形式面での法的平等という開かれた空間に投げ込まれることで，物質的な豊かさを，一方ではその永続的な価値を疑いながらも同時に切望する．彼は，社会的地位をきわめて重要なものとみなすと同時に，脇に置こうとする．彼は，これ以上解消できないほどの不安と，事実否定的で抑制不可能な楽観主義の両方を通じて，自らの経済的なチャンスを計算する．彼は，自らの経済的な運命の偶然性と不確実性を歓迎すると同時にそれらを嫌悪する．それは，構造的な経済的不利益に対する深い憤りを彼に感じやすくさせるのだが，反証材料がすべて揃っているにもかかわらず，彼はもっぱら対人関係という観点から理解すべきと主張する．このことが，彼の物質的な見通しをめぐる楽観主義を実にもろく不安定にし，怒りに転化しやすいものにしているのである．彼は様々な快楽や満足感に情熱的に執着するが，それは同時に，彼にとっては取るに足らないことであり，彼を堕落させるものであり，また長い目で見れば単調でつまらない作業の一形態として認識される．違いに直面した時の彼の不安は，社会的な世界での様々な人々との出会いに反比例して増大し，リスクを合理的に評価することを不可能にし，漠然とした不安定さを同じく漠然とした外的集団へと投影するよう彼を促す．平等を求める彼の情熱は，他者から逸脱しているのではないかという思い込みによって，辱めを受けると同時

152

にそれに支えられ強化される．彼は，有能な政治的リーダーシップが自らの公的責任のすべてを引き受けてくれるだろうという熱い期待を持って，自らの政治的な権利にしがみつくのである．

したがって，このような矛盾した態度と欲求の広がり，要するに権威主義的なパーソナリティとは，トクヴィルにとって，表面のみ形作られた新しい形態の個性ほどには，批判が剥き出しに横たわった反民主主義的な精神的生活の埋もれた基盤というわけではない．遅れてきた認識論という観点から見れば，それは一貫して追求されてきた新しい政治様式の予見可能な結果である．それは，他の何よりも深く民主主義的な精神を構造化しつつも，形式的な民主主義的平等そのものが生み出す解決不可能な両極性を反映している．つまり一方では，純粋に否定的な自由——放っておかれ，誰からも干渉されない自由——を好む傾向が強まりつつも，他方では，否定的な自由に伴う不安から解放されたいと切望し，民衆との協議を最小限に抑えて「静けさ」と公の秩序を確保しようとする後見的な権力の保護の腕に包まれて導かれたい，と切望している．この意味で支配は，トクヴィルにとっては，身体的暴力の行使というよりも，毛細血管のように張り巡らされた官僚的な現象といったほうが，もっともなように思われる[17]．

こうして柔和（マイルド）で官僚的な支配を概念化することが，後述するアドルノの議論，すなわち，文化産業が匿名の行政権力と息を合わせて機能している徹底された管理社会における毛細血管状の権力という議論をいかに先取りしたものであるか，さらに詳しく言うと，規律訓練的実践と生権力の誕生をめぐるフーコーの記述をいかに先取りしたものであるか，容易に理解できるだろう．

しかし，単にトクヴィル自身の時宜に左右されない先見性を称賛するだけで結論を終えてしまうと，〔重要な〕論点を見逃すことになる．19世紀初頭にトクヴィルが把握した事柄——それはまた，後述するアドルノの中心的な概念であるテクノロジーとはほぼ無関係の事柄——，それは，民主主義社会をかなり受動的で無気力で不安定なものへと変貌させていくプロセスは新しいものであり，それまでの政治的な失敗の歴史的事例とは明確に区別する必要があるということであった[18]．トクヴィルは自ら〔の関心〕を，政治的カテゴリーの小規模なまとまりへと限定したが，柔和（マイルド）ないし「民主主義的な専制」がいかに歴史的に新しく，また主体をいかに従順な身体へと変容させるかを説明するには，そうしたカテゴリーの外側から引き出されたさらなる条件（例えば，新しい技術の

爆発的な進歩や文化産業など）は必要ではなかった．このことは，後者〔技術革新〕が重要な補完物であることに変わりはないとはいえ，権威主義の源泉をリベラルな民主主義のポテンシャルのなかに見出すラディカルな批判は，大衆文化や技術革新の役割について考える余分な前提に依存するものではないということを示唆している．

　したがって，現代の個人主義という現象は一次的なものである．トクヴィルは個人主義を，粗雑にしか平等ではない条件下で予見される，継続的に現われる精神的な結果，もしくは矛盾した願望が両義的に統一したものと理解していたが，それは，主観性の新しい様式と，政治的・官僚的統制のための新しい基盤の両方を描写したものである．トクヴィルにとって個人主義は，一方ですべての主体に適合性と同質性を同時に強要しながら，個人化の成功に向けて材料を提供しているように見える限りにおいては，政治的な主体性を生産するための象徴的な新しい様式なのである．

　この点で，トクヴィルは個人主義をあらゆる個人的な態度や気質と慎重に区別している．それは，新しい社会的かつ認識論的な支配者であり，いわゆる覇権者である．アドルノと同様に，トクヴィルはこの近代的な意味での個人が，近代における社会的および政治的な制度の影響以外の何物でもないことを決して疑おうとしない．私たちは，民主主義的な平等という条件下では，すべて，個人である．つまり，個人主義とは，差異を通じて同質性を生産するための現象なのである．

　トクヴィルは個人主義を，以下のように定義する．

> 　ひとりひとりが仲間の集団から離れて，自分を描くことを余儀なくされる．家族や友人と離れて，自分の小さな輪を作った後に，彼は自分の小さな輪を作るために進んで社会全体を自分の手に委ねる．（中略）利己主義は，あらゆる美徳の芽を摘む．個人主義は，最初は公共生活の美徳を消耗するだけで，長期的には他のすべてのものを攻撃し，破壊して私利私欲に溺れている．利己主義は世界と共に古い悪徳である．個人主義は民主主義に由来するものであり，それは，他のものよりも一つの社会形態に属しており，条件の平等と同じ比率で発展する恐れがある（p. 482〔松本礼二訳『アメリカのデモクラシー：第2巻』（上），岩波書店，2008年，pp. 175-176〕）．

　その上で，社会的支配者としての個人主義は，ひとたび市民社会がその重要

性を失い，政治的自由の実践から切り離され，また政治的な権威が，トクヴィルがアメリカの居住区で見たような民衆の主権の顕著な行使から，後見的で匿名的な形態の国家権力へと移行してしまったときに，相反する感情と動機，絶え間ない不安，エネルギーの消費，そして相容れない願望のすべてを伴いながら，個人がいかに主体であり続けるかということを意味するものとなる．かつて市民社会のなかで中間組織を通じて生み出された政治的な連帯は，それらとともに衰退している[19]．折にふれて，トクヴィルは，このダイナミックさを偶発的かつ可逆的なものとみなし，別の機会では，遅らせることはできても止めることができない事実上自然なプロセスとみなしていたようである．いずれにしてもここでは，後見人のような政治権力による欲望とニーズの生産と供給が，最終的には，政治的結社の認識可能な形態を全く持たないポスト民主主義のなかで生活することを人々に義務づけるといった，ポスト政治的な状態が指摘されている．

　この意味で，トクヴィルが『アメリカのデモクラシー』の最後に提示している民主主義的な専制に関する記述は，単に弱体化した市民社会に対する大きくなりすぎた国家権力の押し付けではなく，市民社会が政治との関わりを次第にやめようとしている状況として理解すべきである．そこでは主体は，この重要なつながりが断絶されたことに気づくことさえできなくなっている．民主主義的な平等を兼ね備えた中央集権化は個人主義と同等の位置に立つが，個人主義は，自らの抑えられない地震のような動きのなかで，主体の表面上の孤立が諸人格としての現実的な解離に至るまで，じわじわと進行していく．重要なことに，トクヴィルはこのシナリオを，明らかな抑圧者のいない抑圧の一つ，あるいはまた，専制君主のいない行政的な専制主義の一形態とみなしているが，それは彼が名付けるのに苦労したポスト政治的なものの成れの果てなのである．

　19世紀初頭〔の段階で〕，トクヴィルは「専制主義」が陳腐で，あまりにも気楽な統治形態の分類法であることに気付いていた．彼が最終的に落ち着いた言葉に不満を抱いていたのももっともである．しかし，彼が感じていた世界の切迫感をぴったりと表す他の言葉はなく，未だ〔それを〕明確に示すことはできていない[20]．

　中央集権化された国家権力が，抵抗だけでなく，その動機を生み出す可能性のある心理的基盤をも吸収してしまって以来，あらゆる種類の契約に取りつかれた時代にもかかわらず，こうした個々人の相互無関心を永続的に維持するの

に，実質的にも暗黙裡にも契約はいまのところ必要とはされていない．

　　この［個人の］うえには一つの巨大な後見的権力がそびえ立ち，それだけが
　彼らの享楽を保障し，生活の面倒を見る任に当たる．その権力は絶対的で事細
　かく，几帳面で用意周到，そして柔和(マイルド)である．人々に成年に達する準備をさせ
　ることが目的であったならば，それは父親に似ていたであろう．だが，それは
　逆に人を決定的に子供のままにとどめることしか求めない．市民が楽しむこと
　しか考えない限り，人が娯楽に興ずることは権力にとって望ましい．権力は市
　民の幸福のために喜んで働くが，その唯一の代理人，単独の裁定者であらんと
　する．市民に安全を提供し，その必要を先取りして，これを確保し，娯楽を後
　押しし，主要な業務を管理し，産業を指導し，相続を規制し，遺産を分割する．
　市民から考える煩わしさと生きる苦労をすっかり取り払うことができないはず
　があるまい（p. 663〔松本礼二訳『アメリカのデモクラシー：第2巻』（下），岩波書店，
　2008年，pp. 256-257]).

　全知全能で（比較的）柔和(マイルド)な政治的支配は，支配された者がもはやそのよう
なものと認識しないような支配であるが，それは怒り，恨み，恐怖，迷信，被
害妄想などの情動的な広がりと――当の政治的支配がそれらを促し生み出すな
かで――両立する（し，それらを必要とすることさえある）．トクヴィルが私たちに
促すのは，近代的な支配の柔和さ(マイルドネス)が，ともすれば，相容れない主観的な諸情動，
つまり，多忙さと目的喪失，怒りと自己満足，恐怖と希望などの統一一体を生み
出すことができると考えることである．主体こそが自分自身の情動的な生活の
保管場所であり行為体(エージェント)であると考える，精神的な深みに関する推定は，ちょう
どトクヴィルの概念である個人主義が見逃したものである（この点でも，トクヴィ
ルは，1世紀後にアドルノが道具的合理性の毛細血管的効果として見るであろうものに非常
に近い[21]．アドルノがフロイトのカテゴリーを借用したことを考えると，「個人主義」の特徴
としてのこうした情動的な広がりは，『権威主義的パーソナリティ』においてアドルノが作
り上げた「自我の脆弱性［Ich-schwäche］」〔という概念〕の使用に対応している）．ポスト
民主主義の世界の特徴として，個人主義の「成熟した冷静な」社会構成体は，
以下の二つの情動がごちゃ混ぜに混合した状態と共存するようなものであり，
またそれを求めさえするものでもある．その二つの情動とは，外国人嫌悪のポ
ピュリズム（それ自体は一般的な観念に完全に依存した集団的な効果である）に特徴づ
けられる情動と，ポスト民主主義的な個人が，政治的自由の実践様式を探し求

める際にたよりがちなものとして特徴づけられる情動である.

　ここでトクヴィルのトレードマークである両義性が,また別の矛盾した主張を促すこととなる.それは,政治的支配を特徴づける柔和^{マイルドネス}と冷静さは,支配されている側の情動の極端さと両立するという主張である.こうした情動もまた,分別や区別をするための主観的な能力やそうしたいと思う性向と同じように,事実上,孤立した個人の情緒的な生活を遠隔的に増強したり減少させたりすることができる権威に外部委託されているのだが,孤立した彼らは,自らが思考や感情のいずれにおいても自発性の源ではないことをもはや示すことはない.民主主義的な専制の一般的な効果とは,気力の喪失,ある種の社会的な停滞をもたらすこと,つまり,政治的な生活の強度をトーンダウンさせることにあるが,そうした効果は感情的な極致(憤り,怒り,恐怖)の生産を,自らの運用計画の一部として必要とすることさえあるかもしれない²²⁾.

　トクヴィルは繰り返し何度もこの異質性と奇妙さを強調し,後にフーコーが述べるように,主体と身体を拘束したり抑圧したりするのではなく,むしろそれらを構成する新しい権力様式の出現を強調する.それは,欲望を単に満たすだけでなく創造し,反抗的なオルタナティヴの構想を抑圧するのではなく消去する権力であり,近代的な個人をめぐる社会制度を通じて,対象者の「内的生活」を植民地化するのではなく解体する権力である.新しい権力の様式は,単に心理的にも制度的にも効果的なだけではない.重要なことにそれは,グローバルかつ内密に作用し,「複雑詳細で画一的な法規の 網^{ネットワーク}」(p. 663〔松本礼二訳『アメリカのデモクラシー:第2巻』(下),岩波書店,2008年,p. 257〕)によって社会の表面を覆っている.そして,

> この 網^{ネットワーク}を突き破って衆に抜きんでることは,もっとも独創的な精神,この上なく強靭な魂の持ち主にもできそうにない.それは人間の意志を挫きはしないが,これを軟弱,従順にし,これを指導する.行動を強いることは稀だが,絶えず人の行動を妨げる.暴虐ではないが邪魔であり,人を圧迫して苛立たせ,意気阻喪させ,茫然自失の状態に追い込む.そしてついには,どんな国民も小心で勤勉な動物の群れに過ぎなくされ,政府がその牧人となる(p. 663〔松本礼二訳『アメリカのデモクラシー:第2巻』(下),岩波書店,2008年,p. 258〕).

　このような政治的な近代性に対する派手な糾弾によって,大衆社会を批判する堅実な超保守主義者としてのトクヴィルのシュトラウス主義的な見方は長く

支えられてきた. [だが] 真相はもっと複雑である. 粉砕された知的伝統に由来する言語によってまったく新しい社会的現実を記述するという課題に直面したとき, トクヴィルが, おそらく不器用ながらも多大な想起力を持って, 次のような男性と女性のイメージを思い起こしたのも不思議ではない. それは, ある国家権力によってなだめられた男女の姿であり, その国家権力は, 初期の民主的な生活様式——その痕跡は点在しており, 現在も孤立して生き延びている——がちょうどブルジョア革命に値するものと識別したであろう力に対し, おぼろげながらある種の承認を与えることで, なだめようとしているのである.

　これはラディカルな規範的政治理論であり, 旅行記でも素人のエスノグラフィーでもない. しかし, それは画一性や差異に対する無関心に向かう親和性への抵抗を提供する旧来の認識論よりも, 社会的に具現化された完全無欠な理性の概念のうちに, 自らが予言するところの民主主義的な専制政治の特徴である規範性を見出す. このことは, トクヴィルの認識論的な遅進性を, 良くも悪くも, 一種の二次的なエリート主義たらしめている. つまり, その遅進性は, 歴史的消失の瞬間に燃え上がる社会的な全体性を通して特殊なものを考えるという形式の持続的な遂行(パフォーマンス)によって, 社会的プロセスをきちんと認識していない人々にそれを目に見える形にし, そのプロセスから自分自身を免責しようとする.

＊　　　　　　＊　　　　　　＊

　　愚行とは自然なものではなく, 社会的に生み出され, 助長されたものである (p.
　　106 [テオドール・W・アドルノ『ミニマ・モラリア』三光長治訳, 法政大学出版局,
　　1979年, p. 151]).

　第二次世界大戦後の数年間, テオドール・アドルノは, 前置きもなく, トクヴィルが1世紀前に予測していた民主主義的な生活基盤の消滅について述べた. トクヴィルと同様に, アドルノは, その世界的な広がりと毛細血管効果が最も熱心な社会批評家をも圧倒しかねない現象を説明するべく, 適切な方法論を見つけようと奮闘した. そうした試行錯誤は, ある程度は学問上の必須課題, すなわち, アドルノが哲学的な解釈や社会学的な研究から受け継いだものであり, 彼はそれらの限界やイデオロギー的な難点を活用すると同時に可視化しようとした. 作家 (Schriftsteller) としては, アドルノは過度に人を選ぶような独

特で悪名高い難解な省察と表現方法を発展させ，おそらく思弁的な哲学にも社会学的な研究にも不向きであったと思われるが，（彼の観察力とその対象がうまくマッチしたときには）強力な批判力を発揮することができた．

　そうした文章を解説するには，一つの方法として，認識論的な様式と感情的な様式の両方を包含するような遅進性または失望という感覚を継続的に実践することが挙げられる．トクヴィルと同様に，アドルノもまた，自らの認識論的な遅進性——この場合は，世界最後のブルジョアとしての地位にふさわしい弁証法的な思考という様式——を，社会的支配の到来の中でともすれば気づかれずにいた瞬間に焦点を当てるレンズとして使用している．

　この章では，アドルノの『ミニマ・モラリア』の数節を，トクヴィルの『アメリカのデモクラシー（第2巻）』の対応作品として読み解いてみたい．どちらの著作も，民主主義の国アメリカにおいて遅れてきたヨーロッパの理論家が経験を記録したものであるが，彼らはより深い目的も共有している．彼らは，遅れてきた認識論を動員して，民主主義の解体とその高まる代替策を，ポスト民主主義的で権威主義的なハ̇ビ̇ト̇ゥ̇ス̇——アソシエーショナルな政治的生活に必要な主観性の形態が弱体化したもの——によって説明しようと試みる．そしてそのプロセスは，その「柔和（マイルド）」ないし毛細血管的な性質によって，そこで活動する者がもはや認識論的にアクセスできないものである．

　アドルノにとって，「完全に管理された社会」が段階的に実現することは，道具的理性の勝利を意味するものであり，あらゆる社会的な実践に浸透しており，ブルジョア的主観性の歴史的な慣習の内部から一掃されつつあるものであった．トクヴィルをかなり補完していうと，このような社会的権力は，かつての主観的な行為体（エージェント）の精神構造に行政的かつ経済的な命令を挿入することで，主観的かつ集団的な政治的自律性の空間を奪ってしまう．道具的な命令は，まさにトクヴィルが警鐘の対象とした個人を捕獲して再利用し，その場所に，ある種の剥製化され腹話術のように操られたポスト個人性（インディヴィジュアリティ）を，つまり，大衆文化や大衆社会に機能的に適応したポスト個人性（インディヴィジュアリティ）というものを打ち立てることで，社会統制のレジームを維持する際にあからさまな暴力に頼る必要性を減らすのである．

　繁栄期アメリカにおける文化産業のメカニズムに関するアドルノの洞察は，次のような疑念に基づいていた．それは，全体的な管理社会の形態があまねく実現したとき，ヨーロッパのファシズムとは異なり，効率的で狡猾で，いつも

平和な状態ではないにせよ大部分が昇華された社会形態が現れ，制度と人格構造のレベルで同時に支配力を発揮するのではないかという疑念であった．非暴力的な支配が一般的に現れるという記述には，重要な含意があった．トクヴィルの場合，奴隷制とアメリカ先住民の絶滅が議論の中心となった．〔一方で〕権威主義的または反ユダヤ的なパーソナリティの場合，そのような診断は権威主義的な支配の成功に必要な精神形態に限定されるものではなかった．なぜなら，社会研究所の理論家たちは，ファシズムを現代の大衆社会という領域の比較的不安定な一端を占めるものと理解していたからであり，〔一方で〕より安定した中心部に関しては，彼らはそれを，戦後のアメリカ特有の行政形態の勝利に具現化されたものと考えていたからである．アドルノが，非常に複雑で適度に効率的な官僚機構の顔つきをしたもの（physiognomy）にも焦点を当てたのはこのためであり，この官僚機構的なものは，市民の私的な精神的生活の増え続ける割合を管理し，消費ベースの市場経済，すなわち，社会科学的な方法を通じて，新たな欲求が果てしなく創り出されることに対する消費者らの絶え間ない不安と空想を創り出すことを学んだ，消費ベースの市場経済とは対の関係にある．

　このことは，レオ・ローウェンタールが「反転した精神分析（psychoanalysis in reverse)」と呼んで有名となった，大衆の気晴らしを提供するためにデザインされた文化産業という形で結晶化され，市民社会における自発的な組織の領域の空洞化という形で結晶化された．後者は，かつて政治的な争点であったものを技術的な問題として滑らかに管理することに取って代わられ，かつて共同体的な行動，政治的組織，社会的な連帯によって維持されていた自我構造内のギャップを埋めるための代理満足の生産に取って代わられている．

　戦後，アメリカにおいて中産階級の勝利主義が続いた半世紀の間，アドルノは，自らの青春時代にはすでに衰退の一途をたどっていたヨーロッパの上流ブルジョア文化の残党としての地位をはっきりと自覚していた．このような自己理解は伝記的であるとともに，伝記を超えたものでもある．つまり，衰退しつつある世界の使者ならびに世話人という外部者的な地位〔が自覚されていたの〕である．トクヴィルにとっての貴族階級がそうであったように，アドルノにとっての上流ブルジョアジー時代という名の遅進性は，不釣り合いな認識論的観点からの思考，感情，判断の様式を伴うものであり，そして同時に，世界の喪失経験を，それに代わるより小さく無色な世界に対する甘くも苦い洞察として再表現するものであった．『ミニマ・モラリア』は，ヨーロッパのブルジョアジー

とそれが築き上げた世界の高度な文化の末路を，アメリカの商業主義とドイツ・ファシストの変種における大衆文化の台頭を同時に観察するような遅れてきた視点から，記録している．点描画家的なスタイルのもとで，この著作の項目は，詳細に観察された自叙伝と，ヨーロッパのブルジョアジーがファシズムへと転落することで生じる個々人の恐怖の瞬間と，文学ならびに詩の断片や抜粋との間を行ったり来たりしている．

　『ミニマ・モラリア』の意図的なジャンルの合成には，消滅しつつある19世紀ヨーロッパの談話室，応接室，コンサートホール，ギャラリーといった，ブルジョワ的な空間における適切なマナーや振舞いへの紳士的な案内をパロディー的に再現したところがある．トクヴィルは，貴族的な優雅さと礼儀正しさ（そこには思考の優雅さも含まれていたが）という消えゆく伝統をまだ利用することができたが，『ミニマ・モラリア』は，実直で道徳的な生活，すなわち19世紀のヨーロッパ中流階級の偉大な発明の一つである道徳性という存在となる可能性の喪失だけでなく，礼儀正しく上品な生活，すなわち中産階級の文化的な生活の可能性の喪失をも広く反映したものと読むことができる．『ミニマ・モラリア』においても他の著作においても，アドルノは自分自身をヨーロッパのブルジョアジーの死を乗り越えた亡霊とみなす選択をしているのである．[25]

　このような理由から，『ミニマ・モラリア』〔の執筆〕は，恩着せがましさと俗物根性に支えられた仕事でもあった．[26] 最後に残ったブルジョアの視点から見ると，新しい大衆という名の人間存在は，単に新しい支配の様式に苦しんでいるだけではない．その支配はまた，予想をはるかに超えるほどいらいらさせるものでもある．ポスト・ブルジョア的な人間性は落ち着きがない——つまり，音楽の演奏中，もはや辛抱強く，そして注意深く座っていることができない．ドアを静かに開け閉めする能力を失ってしまった．旅行をしたり，人を訪ねたり，お客をもてなす能力を失ってしまったのである（「冷たい宿」p. 116〔pp. 172-173〕；「競売」p. 119〔pp. 175-176〕）．アメリカ人の気が狂いそうな忙しさにトクヴィルが驚愕したのとまさに共鳴するような反応を見せつつ，アドルノは，「大都市の出現以来の慌ただしさ，神経質さ，落ち着きのなさが，かつてペストやコレラが流行したように，いまや伝染病のように広がっている．いつの間にか，ちょこちょこと動き回る通行人や19世紀では思いもよらなかった力が解き放たれようとしている．誰もが常に何らかのプロジェクトに参加しなければならなくなった．レジャーからは最大限のことが引き出されねばならなくなった」（p.

139〔p. 207〕）と訴えている．自動車のような強力な装置の利用は，穏やかなレ
ジャーが機械的な暴力という不変的な潜在性と融け合うところで，独特の身体
的な振舞いを生み出しているという.[27)]

　親密さと疎遠さのすべてを混ぜ合わせたものに対する「礼節（tact）」という，
ヨーロッパのブルジョアジーの卓越した美徳であり，平等主義的な寛容さを何
か高貴なものに変える能力があるものでさえも，ブルジョア的な個人とともに
世界から消えてしまう．後者は，トクヴィルが述べたように，人格と身体の相
互作用を規制する従来のルールである「階層秩序的な尊重の形態」（p. 36〔p.
36〕）を一掃してしまったのである．民主主義的な個人は，ポスト伝統的な社
会的平等の風景の中に投げ込まれ，大多数の自らの仲間たちから単なる経済的
な優位性という理由だけで分断されたため，純粋な政治的美徳以上のものを必
要としていた．礼節は，孤立した「デカルト主義的な」個人が，伝統的な社会
的区別に基づいた明確な慣習的ルールなしで，相互に順応し合うことを可能に
していた．またそれは，トクヴィルのいう個人が政治的公共圏をあきらめ，必
死で避難しようとしたところの特殊なブルジョワ的私生活を可能にするもので
あった．しかしいまでは，アドルノいわく，それさえも失われてしまっている．
現代の主体の愚かさ（cluelessness），すなわち，無関心とおせっかいを交互に繰
り返すことや，他者に謝意を表す際の暗黙のルールについて論じあわねばなら
ないといった不幸さ（haplessness）は，特定のもの，とりわけ特定の他者につ
いて思慮深い判断を下す能力が衰えていることを示す，実に些細な証拠である．
礼節は，矛盾を抱えながらも，ブルジョアジーの歴史的時間に特有の慈悲深さ
（humaneness）という形式を必要としていた．ある種の独特のアメリカ的な，雇
われることでそこにいるよう義務づけられた企業人的な陽気さは，それに取っ
て代わりつつあったのである．礼節は「差異による差別」（p. 37〔p. 37〕）を必
要とし，大衆文化は清算プロセスの中にあった．それは単なる駆け引きに変わ
りつつあったのである.[28)]

　トクヴィルは，ブルジョア的な個人の出現が，政治的な自由を行使するうえ
でのアソシエーショナルな生活形態や心の習慣の形態と究極的には相容れない
と診断したが，そうしたブルジョア的な個人は，それ自体が成り行き任せであ
り，ファシズムに多大な重要性を見出そうとする新たな破壊的技術を通じた破
滅へのプロセスのなかにあり，さらには，大衆文化，企業支配，そして匿名の
権力の「柔和な」侵害による新たな破壊的技術を通じた破滅へのプロセスのな

かにあった．これらの下で，ブルジョア的な個性のあり方は，空洞な形式として，それ自体の亡霊として生き続ける．トクヴィルが失われたアンシャン・レジームの甘美さを切望できたほどには，アドルノはその〔ブルジョア的な個性の〕衰退を熱狂的に嘆くことはできない．とはいえ，トクヴィルと同様に，アドルノは喪失のプロセス——そこには彼自身の主観性の社会的な基盤の喪失も含まれる——を，何がそれに取って代わるのかという問題に対し，少なくともある程度の明確さを提供するものとみなしていた．つまり，個性の居場所を占めているものは，アドルノからすると，ファシズムとポスト民主主義のアメリカが大半を占めている新しい愚かさの様式，つまり，持続的に思考し続けることへの不合理さ・能力のなさ・嫌気と，情緒不安定さと，そして政治的なドグマへの感受性の高さといったものが独特に混ざり合ったものであった．[29)]

　言い換えれば，ブルジョア的な美徳の喪失と，支配的な条件に適合しようと生きる新しい愚かさの様式の出現との間には，たとえ相矛盾する部分があるとしても，直接的なつながりがあるということである．『ミニマ・モラリア』の意識過剰なエリート主義が，アドルノの遅れてきた認識論の中心的な要素として真価を発揮するのは，ここにおいてである．この認識論は，自らのことを決して必要とはしておらず，実際にはあらゆる方法で自らを敵視するようになってしまった経済的な世界と相対するなかで，政治的・社会的世界からの侵略的な消滅への気づきという観点から，経験された真理に思いをめぐらす．完全か，あるいは歪んでいない体験の形式に対する主観的な能力と同様に，概念的な接続または総合を介して真理を推論する認識能力——すなわち，判断力——は，一種の否定的な空間や喪失への気づきとしてぼんやりと生き続けながらも，いかなる社会的な役割からも追放されてきた．ポスト真実の出現は，構造と単位の両方における現象であり，主観的な識別能力の衰退，および「客観的に決定づけられた，論理的な証拠そのものの衰退」の現象である．真理を語る際のまさしく社会的な基盤の崩壊とポスト真実の世界の到来は，70年前のアドルノには危機の要素として受け止められたようだが，それは，アドルノが逃げることも良心的に支持することもできなかったある種の認識論的なエリート主義である遅れてきた認識論を，再び肯定するという前提があってはじめて可視化することができたのである．

　アドルノいわく，「物事が起こってしまった」ところでは，

　　嘘が真らしく響き,真実が絵空事めいた外観を呈するようになったのだ.発言,
　報道,思想といったものが,ことごとく文化産業の中枢部の鋳型から作り出さ
　れている.そうした鋳型の刻印をとどめているものだけが一般的になじみがあ
　り,そうでないものは始めから信憑性を欠いているというのが実情で,こうし
　た傾向は,世論を作り出す諸機関が八方に触手を拡げて収集した事実や証拠で
　その産物たる世論を裏付ける力を持っているだけにいっそう拍車をかけられて
　いる.だからこれに反対する真理の側は見た目にももっともらしさを欠いてい
　るだけでなく,相手方の高度に集中した宣伝機構と張り合うにしてはあまりに
　も貧しいということになってくるのだ (p. 108〔p. 155〕).

　文化産業が生産的である真っただ中で真理を求めることは,十分な力を発揮
できないが無駄ではない.なぜなら,それは少なくとも,その生産物の疑似自
然風の外観をはぎ取り,それが何であるかを可視化するのに役立つからである.
真理というカテゴリーを放棄しようとしている文化において,嘘をつくことは,
考えることの喜びであったかもしれないものと比較すれば取るに足りない仕事
である.そして,このポスト真実の世界には,資本主義と新自由主義的な民主
主義的大衆社会との結合をめぐるアドルノの中心的な診断カテゴリーであるポ
スト個人が踏み込んでいるが,私たちがここでそれを記録できるのは,アソシ
エーショナルな生活の喪失に対するトクヴィルの遅れてきた共和主義者として
の嘆きと,コンタクトを持つ瞬間においてのみである.
　アドルノによる遅れてきた近代人としての嘆きの核心にあるのは,経験と思
考を可能とする主観的形態の残存物の管理運営を外部委託したもの (つまり,「巨
大かつ後見人の働きをする権力」) として,ポスト個人性が台頭してきたこと
である.制度化された経験と思考こそが,ブルジョアジーの模範的な成果,す
なわち文化としてアドルノが執着したものであった.アメリカに滞在していた
彼は,大衆民主主義の形態に嫌々ながらも感嘆するほどであったが,見たとこ
ろ文化をほとんど持たない国の受容力は,ホームレスのディレッタントにとっ
て不愉快なだけではなかった.それは〔また〕,ある精神的な圧力に対し,主観
性が内的な抵抗力を失っていく広大なプロセスの一部であった.その圧力とは,
政治的自由という移ろいやすい形態から,平板な権威主義的な未来へと導こう
とする精神的な圧力であり,その中では,ブルジョア個人という中身のない偶
像が「柔和な」専制主義という風景の中をよろめきながら歩いていた.

アドルノは，近代的で遅れてきたポスト民主主義的な個人を，この種のポスト主体のようなものとして記述している．ブルジョア近代性の模範的な制度として，個人は独自性を約束したが，しかしまたそれは，他者への回帰，同一性と反復への回帰，そして神話への回帰をもたらした．大衆文化における個人の流動化は，個人という制度を空洞化するが，完全にそれを一掃することはない．つまり，ポスト個人は，非個人と同じわけではない．統治する側は，この空洞化された形式を賢く利用する．つまり，アドルノが述べるように，「惨事とは，以前に存在したものを根本的に排除するという形をとっているのではない．むしろ，歴史が非難してきたものは，恥ずべき底荷として死者，無力者，不能者の間を引きずられる」（p. 133〔p. 201〕）のである．このゾンビのような個人の形態が現在まで存続していなければ，そして，特定の人間の生活が常に差し出され続けることの異常性を予測しなければ，大衆社会は人々に対し，その無限の要求に見合ったレベルで生産ならびに消費するべく，このような巨大な圧力をかけることに成功できなかっただろう．[30)]

このような予言をすることに何らかの実践的な目的，つまり，民主主義的な政治的生活の形式の衰退を阻止または未然に防ぐ，あるいは少なくとも遅らせるといった目的があるとすれば，皮肉なことにそれは，エリート主義の再利用に完全に依拠したラディカルな批判という形で正当化されることとなろう．つまり，批評家の洞察力がかつて支配的だった社会集団に関連した能力から生じるということを，私が暗黙裡にか，あるいは別の方法で，シンプルに主張することによって正当化されることとなろう．

おそらくアドルノが最も密接に関わっているのはエリート主義であろうが，私は，ここでの遅れてきた認識論をめぐる記述が，その標準的な批判を多少なりとも複雑にすることを期待したい．テレビやジャズといった大衆文化的な商品の精神的な働きに関するアドルノの分析は，ひょっとするとトクヴィル主義的な意味においても把握することができるだろう．すなわち，ある広範な計画の中の小さな戦略として把握可能ではないかということだが，その計画というのは，ある特定の主観的な支えとなるような形式を，民主主義的な市民社会が民主主義的な民衆的主権の行使と接点を持とうとする常に狭まりつつある空間へと挿入しようという試みである．この点は，それが有効であるかどうかは別として，社会批評家としてのアドルノの著作の不可解な側面について答えを導くのに役立つかもしれない．その不可解な側面とは，1940年代にはアメリカ型

管理社会に対し絶望の限りを尽くした診断を提示した一方で，1950年代に西ド
イツに戻ったときには，マス・メディアを通じて新しい形式の民主主義的な教
育学を促進することに熱意を持って参加したという事実である[31]．

　ドイツに帰国したアドルノは，衰えてはいるが現存している市民社会のなか
にある中間的な組織が，全体的な管理を阻み続けるかもしれないものの，条件
が整えば，ハーバーマスが言うように，民主的な公共圏から制度化された議会
のレベルへと，意見と意志の形成を伝え続けることができるだろうという可能
性に希望を見出した．アドルノは，トクヴィルとの多くの相違点の際立った一
つであるアンチ共和主義的な気質があるにもかかわらず，このように考えたの
である[32]．

　最後の貴族であり，アンビバレントな民主主義者であったトクヴィルは，短
期間の民主主義的な政治家としてはかなりお粗末であり，国政にも不運な形で
進出することとなった．もし政治的活動という概念を，アドルノが自身の義務
として取り組んでいると考えていた破局後の西ドイツにおける黎明期の政治的
公共文化への介入のようなものにまで拡張するならば（そうすべきだが），最後
のブルジョワジーでエリート主義者の俗物であり，文化人であり，現代の大衆
文化のあらゆる側面を冷酷に批判したアドルノは，多くの点で，むしろ優れた
政治家であったといえる．アドルノは，ドイツの民主化のプロセスを，多くの
人が予想し恐れていたよりも自己批判的で，古いスタイルのナショナリズム的
な汚物に寛容ではない方向へと導くことで，重要な成功を遂げたのである．

　もちろん，「成熟に向かう (nach Mündigkeit)[33]」公教育といった，壮大なカン
ト主義者の野心的な訴えのなかには，エリート主義と恩着せがましさの要素が
不可避的に含まれている．未熟で精神的に未発達な人々でさえ（あるいは特に），
同じ市民であるエリートの政治理論家が自分たちをこのように考えていること
に感謝することはないだろう．彼らは私たちの軽蔑にきちんと気づいているし，
それを腹立たしく思って当然である．しかし，アドルノは，ドイツの哲学的な
観念論のもつ壮大な文化的伝統が，権威主義に影響を受けやすい中等教育の子
どもたちを救う可能性を示唆していなかった．子どもたちに必要なことは，自
らの主体的な生活の責任を引き受けるべく，「後見的な権力」についてだんだ
んと考えたり感じたりできなくなり，それにますます依存するよう常に要求さ
れる順応と適応へと巻き込まれてしまう前に，より多くの精神 (Geist) よりも，
健全なある程度の懐疑主義と自己反省性の習慣を育てられるより多くの心理

的, 社会的な空間であるとアドルノは考えていた. アドルノにとっての「教育」
とは, 少なくとも, 自我の強さ (*Ich-stärke*) を身につけるための保護を意味し
ており, それによって, その後見的な権力に対する抵抗力をより効果的かつ持
続的に高め, 自らの社会的調停においてより実質的な役割を果たすことができ
るようになることを意味していた. このことは, 思考することが, 強い情緒的
な側面を持った生活様式である振舞よりも, 認知的な操作とはいえないこと
を示唆している. なぜなら, とりわけそれが, 一般的な社会規範や制度への適
応と統合のプロセスをより困難なものにすることが予想されるし, また実際そ
うなるであろうからである.

　「十分な自我の強さ」を喚起することには,「権威主義的なパーソナリティ」
の凍結されていた否定性を単に再生産するだけというリスクもある. しかし,
弁証法的な思考——そして, それが究極的には「遅れてきた認識論」が意味す
るものである——こそまさに, 思考する主体にとって最も好ましいポイントで
ダイナミックかつ変幻自在な概念を停止させたいという誘惑に対し, 抵抗する
ことの可能な主観的能力なのである. 遅れてきた認識論は, 少なくとも原理的
には改造可能なものであるため, 消えつつある文化的な官僚政治 (マンダリネイト) の威張り散ら
した軽蔑のようなものよりも, むしろ, 抵抗運動に関する概略的な教育学のよ
うなものに見える. 理論は, 新種の民主主義的な教育学を求めるなかで, その
実践の瞬間を待っている.「成熟」には, とりわけ, 全体を通して特殊なもの
を把握する能力が伴う. アドルノの主張は, この種の思考が事実上, 権威主義
に対する精神的な防波堤となるというものである. というのも, 新自由主義的
な資本主義的社会世界は, その主体に対し, 一連の認識論的な近道を社会的要
求として押し付けるが, この種の思考はそれに対抗するためのダムとして機能
するからである.

　アドルノにとって,「思考すること」それ自体が, 大衆社会のヘゲモニーと,
静寂と権威主義的な支配をもたらすその内的ダイナミズムに対する積極的な抵
抗の典型である.[34] ここではハイデガーとのより鋭い対比はできないが,「思考
すること」とは, 概念を用いて, 弁証法的に判断を下す能力である. このこと
はある程度の自己反省性が求められるということである. つまり, この自己反
省性とは, 自らの主観的な思考と, 利用可能な概念のような自らの主観が置か
れている社会全体との関係を継続的に振り返りながら考える能力のことであ
り, この能力はこれらを考える者の客観的な条件によって媒介される. この事

実は，弁証法に対し，社会的な希望との奇妙で，回りくどく，遠まわしなつながりを与える．というのも，弁証法の言い分によれば，なにか自然的で，確固とした，あるいは必然的なものとしてこれまで適任と考えられてきたポスト民主主義的な主観性の「タイプ」は，現実には存在する可能性がないからである．権威主義者は愚かだ．しかし，もし愚かさが本質的には社会的なものであり自然的なカテゴリーではないとすれば，まさにそれは，他のものと同じくらいに民主主義的な希望に対して順応性があり，付随的であり，敏感ということになろう．この社会的に構築されたものという意味での愚かさは，教育と両立するだけでなく，それを包含する．

　さて，このことが私たちにとって何だというのか．私たちは，これまでに前例がなく，またうんざりするほど身近ななかで反民主主義的な政治的変革の波に直面しているので，政治理論の生産者であり消費者でもある私たちは，とにかく理論形成を実践し続けている限り，いまや完全に遅れてきた認識論者であると言いたくなる．

　しかしながら，民衆の政治運動の起源とダイナミクスに関する私たちの標準的な仮定は，新自由主義的な資本主義における同様のダイナミクスが，次のような方法でグローバル化されたメディア・テクノロジー，文化的象徴，および公共空間をどの程度うまく活用してきたかを，決定的に過小評価しているのかもしれない．その方法とは，新自由主義的なグローバリゼーションに対する排外主義的（ネイティビスト）な反応さえも，人類史上前例のないやり方でグローバルな政治のペースと方向性を推進するようになった経済的な命令に――その一部とだけでも――適合させるというものである．おそらく，権威主義についてきわめて端的に説明するならば，ついに新自由主義的なグローバル資本主義が，民主主義的な自己支配を伴う長い歴史的コンテクストをもつ自由へと自らを揺り動かす，重大な一歩を踏み出す準備を整えたということになろう．もしそれが事実ならば，有権者らを権威主義――恨み，恐れ，怒り――に投票させようとけしかけるきわめて画一化（ユニフォーム）された感情のつながりとは，依頼人（クライアント）の極端な影響に対応するのではなく，自らの目的のために利用する，柔和（マイルド）なグローバルな経済的ガバナンスの創発システムによる機能的な命令と説明したほうが分かりやすいかもしれない．

　しかし，このことは，トクヴィルとアドルノがこの歴史的な時代のいわば両端において提示した遅れてきた批判が理論家仲間の市民らを動物（羊）や子供

168

のような地位に貶める傾向が彼らにあるにもかかわらず，不可欠な資源であり続けていることを示唆している．システムによる命令が着実に侵入してきている事実を，批判的で反省的な思考をもたらす生来の能力に代わる出来事として感知するのに，この追加のステップを踏む必要はない．つまり，まさにこれが，弁証法的思考の偉大な長所の一つである．それが矛盾なく遂行されれば，自らじっくりと関わることで思考する負担を軽減したいという誘惑を弱めてくれる．

　もし，このような困難な努力が社会的に企図された愚行の蔓延を少しでも止めるようならば，それはやる価値がある仕事である．そしてそれは，現在の社会科学では不可能と思われる方法で権威主義の主観的な次元を理解・解釈するよう設計され拡大された方法論的立場の構成要素として，政治理論を内部から動かす民主主義的な契機——差し迫った権威主義的な世界を解釈するだけでなく，変化させるのに役立ちうる契機——となりうるか，少なくともその契機の一つに数えられうるだろう．

謝辞

　ペンシルバニア州立大学，チェコ社会科学アカデミー，エセックス大学哲学科の聴衆の方々，特にエイミー・アレン，ティモ・ユッテン，ファビアン・フライヤーゲン，ジェームズ・イングラム，ライナー・フォルスト，ロビン・セリケイツ，ピーター・ゴードン，ビル・ショイアーマンには，役に立つ，有益なコメントや批評を賜り，非常に感謝の念に堪えない．さらに，シカゴ大学出版局の二人の匿名の査読者にも感謝の意を表したい．

注
1）　憲法の後退は，「民主主義の基本的な三つの要件——競争的な選挙，自由な言論と結社の権利，民主的な選択がうまくいくために必要な司法の裁きと行政のルール——をめぐる漸進的な（しかし最終的には実質的な）崩壊」と定義されている．この点については，以下の文献を参照．Aziz Z. Huq and Tom Ginzburg, "How to Lose a Constitutional Democracy," *UCLA Law Review* 65 (2018), p. 6.〔民主主義の〕断絶については，以下の文献を参照．Roberto Stefan Foa and Yascha Mounk, "The Democratic Disconnect," *Journal of Democracy* 27, no. 3 (July 2016), pp. 5-17.
2）　「潜在的な」権威主義を，主観的な態度と影響との一体物として理解している最近の成果については，以下の文献を参照．Karen Stenner, *The Authoritarian Dynamic* (Cambridge: Cambridge University Press, 2005).
3）　Georg Lukacs, *Theory of the Novel* (Cambridge: MIT Press, 1971), p. 22〔大久保健次郎訳「小説の理論」『ルカーチ著作集　第2巻』白水社，1968年，p. 23〕.

4 ）　アメリカ民主主義を観察したトクヴィルとアドルノの明快な再構築と比較について
　　は，以下の文献を参照．Claus Offe, *Reflections on America: Tocqueville, Weber and
　　Adorno in the United States* (Cambridge: Polity Press, 2005)〔野口雅弘訳『アメリカの
　　省察——トクヴィル・ウェーバー・アドルノ——』法政大学出版局，2009年〕．また，
　　アドルノのアメリカでの体験について英語で執筆された最も優れたものは，以下の文献
　　を参照．David Jenemann, *Adorno in America* (Minneapolis: University of Minnesota
　　Press, 2007). Thomas Wheatland, *The Frankfurt School in Exile* (Minneapolis:
　　University of Minnesota Press, 2009).

5 ）　改めて次を参照．Jenemann, *Adorno in America*.

6 ）　Offe, *Reflections on America*, pp. 4-6〔pp. 8-11〕．

7 ）　Alexis de Tocqueville, *Democracy in America*, ed. and trans. Harvey C. Mansfield
　　and Delba Winthrop (Chicago: University of Chicago Press, 2000)〔松本礼二訳『アメ
　　リカのデモクラシー（全4巻）』岩波書店，2005-08年〕．後続の参照は，括弧内のペー
　　ジ番号で示す．

8 ）　Hannah Arendt, *The Origins of Totalitarianism* (New York: Schocken, 2004)〔大久
　　保和郎他訳『全体主義の起源（全3巻）』，みすず書房，1972-74年，新版2017年〕．

9 ）　Patrick J. Dineen, *Why Liberalism Failed* (New Haven, CT: Yale University Press,
　　2018), p. 75ff.

10）　Melvin Richter, "Tocqueville on Threats to Liberty in Democracies," in *The
　　Cambridge Companion to Tocqueville*, ed. Cheryl B. Welch (Cambridge: Cambridge
　　University Press, 2006), pp. 245-275. を参照．

11）　Immanuel Kant, "The Contest of the Faculties: A Renewed Attempt to Answer the
　　Question: 'Is the Human Race Continually Improving?'," in Hans Reiss, editor, *Kant's
　　Political Writings* (Cambridge: Cambridge University Press,1970), p. 185〔角忍・竹山
　　重光・久保光志他訳「諸学部の争い」『カント全集18巻』岩波書店，2002年〕．

12）　Tocqueville, *Democracy in America*. (p. 411〔松本礼二訳『アメリカのデモクラシー
　　第2巻』（上），岩波書店，2008年，p. 33〕) 以降を参照．

13）　トクヴィルが言うように，「貴族制は人間精神を自然に過去の追想へと導き，過去に
　　縛りつける．デモクラシーは逆に，人々に古いものに対するある種の嫌悪感を植えつけ
　　る」(p. 382（訳注　ペンスキーの原文ママ）〔松本礼二訳『アメリカのデモクラシー
　　第2巻』（上），岩波書店，2008年，p. 130〕)．

14）　Sheldon Wolin, *Tocqueville between Two Worlds: The Making of a Political and
　　Theoretical Life* (Princeton, NJ: Princeton University Press, 2001), p. 88.

15）　民主主義的な（そして，アメリカ的な）時代に対する独特の嫌悪感について，トクヴィ
　　ルは以下のように述べている．「貴族的な国民にあっては，諸家族は何世紀にもわたっ
　　て同じ状態のままにあり，しばしば同じ土地に住み続ける．このことは，あらゆる世代
　　をいわば同世代にする．人はほとんどつねに祖先を知っており，祖先を尊敬している．
　　生まれてもいない曾孫を目に浮かべる思いで，これを愛する．先祖や子孫に対する義務
　　を進んで自分に課し，しばしば自分の楽しみを犠牲にして世を去った人々や生まれ来る

人々のために尽くす．（中略）民主的な国民にあっては，新たな家族が絶えず生まれ，別の家族は絶えず無に戻り，残ったものすべて姿を変える．時の流れは刻々断たれ，過ぎた世代の名残は消える．人は先立った人たちをすぐに忘れ，後に続く人々のことはなにも考えない．すぐ近くにいる人だけが関心の対象である．（中略）このように，デモクラシーは祖先を忘れさせるだけでなく，子孫の姿を見えなくし，一人一人を同時代の人々から引き離す．それは各人を絶えず自分だけのところに引き戻し，ついには自分ひとりの孤独な心に閉じこもらせてしまう恐れがある」（p. 466〔松本礼二訳『アメリカのデモクラシー　第2巻』（上），岩波書店，2008年，pp. 176-178〕）．

16) 　ウォリンが言うように，「理論的な戦略の要素として，擬古主義は現在を不安にさせ，現在を一時的な休止状態とし，現在が自らの自己理解を歴史化していると主張する．しかし，現在は本能的に歴史化に抵抗している．現在は，現在自体を，つまり，現在自体の概念とカテゴリーによって，現在自体を自己確認する物語によって解釈すること以外に何も望んでいない．押しつけは現在を，その自己完結した解釈学的な循環から押し出す．擬古主義は，現在とは異なって，自らの置かれたコンテクストからはぎとられてきたため，この効果を達成することができる．それは，時代時代で場所もなく追放された避難民のように現在に直面する．過去の死をアイデンティティとしている現在に対し，見棄てられた過去をそのまま表現することができないがために，古風なものは，死の匂いを漂わせ，変化は世界に新しいものをもたらすだけでなく他のものを停滞させたり消滅させたりするということを，現在の人々にいやいや思い出させようとする．古風なものは現代を自己疑念に陥らせ，全体化したいという衝動を鈍らせるのである」．Wolin, *Tocqueville between Two Worlds*, p. 566を参照．オッフェはベンヤミンの弁証法的なイメージとの比較を明確にしている（Offe, *Reflections on America*, pp. 9-10n13〔p. 16〕）．

17) 　メルヴィン・リヒターが指摘するように，トクヴィルが念頭に置いているのは，「意見を形成し表現する自由を否定するような不寛容な多数派によってではなく，有益な中央集権型国家装置によって行使される」支配の形態であり，その国家装置は，「自分たちの物質的な幸福だけに関心を持つようなアトム化された個人や家族として表現される臣民に対し，すべてのニーズを満足させる．彼らを統治する政権は絶対的であり，全知全能であり，手続きは規則的であり，その適用においては詳細であり，すべての臣民の欲望を先取りした父性的なものであり，非暴力的であり，温和でさえあるだろう」．Richter, "Tocqueville on Threats," p. 255を参照．

18) 　トクヴィルとテクノロジーについては，以下の文献を参照．Benjamin Storey, "Tocqueville on Technology," *New Atlantis*, no. 40（Fall 2013），pp. 48-71.

19) 　民主主義的な市民社会の仲介組織的な役割に対するトクヴィルの両義的な態度については，以下の文献を参照．Dana Villa, "Tocqueville and Civil Society," in *Cambridge Companion to Tocqueville*.

20) 　「私が見ているものは，数えきれないほど多くの似通って平等な人々が矮小で俗っぽい快楽を胸いっぱいに思い描き，これを得ようと休みなく動き回る光景である．誰もが自分にひきこもり，他のすべての人々の運命にほとんど関わりをもたない彼にとっては子どもたちと特別の友人だけが人類のすべてである．残りの同胞市民はというと，彼ら

はその側にいるが，彼らを見ることはない．人々と接触しても，その存在を感じない，自分自身のなかだけ，自分のためにのみ存在し，家族はまだあるとしても，祖国はもはやないといってよい」(p. 663〔松本礼二訳『アメリカのデモクラシー　第2巻』(下)，岩波書店，2008年，p. 256〕).

21)　この点に関する興味深い議論は以下の文献を参照．Jason Frank, *The Democratic Sublime: Aesthetics and Assembly in the Age of Revolution* (Oxford: Oxford University Press, 2018).

22)　ここでは説明できないが，マルクーゼが抑圧的な脱昇華のメカニズムとして描いているものと，明らかな関連性がある．以下の文献を参照．Herbert Marcuse, *One-Dimensional Man: Studies in the Ideology of Advanced Industrial Society* (Boston: Beacon Press, 1993), p. 78ff〔生松敬三・三沢謙一訳『一次元的人間』河出書房新社，1980年，p. 96以降〕.

23)　非常に有益な議論は，以下の文献を参照．Cheryl B. Welch, *De Tocqueville* (Oxford: Oxford University Press, 2001), p. 245ff.

24)　Theodor W. Adorno, *Minima Moralia. Reflections from Damaged Life* (London: Verso, 1974)〔三光長治訳『ミニマ・モラリア──傷ついた生活裡の省察──』法政大学出版局，1979年〕．なお，すべての参照箇所は，括弧内のページ数で示す．

25)　この魅力的なトピックの優れた方法については，以下の文献を参照．Asaf Angermann, "The Ghosts of Normativity: Temporality and Recurrence in Adorno's Ethics of Dissonance," *Germanic Review: Literature, Culture, Theory* 90, no. 4 (2015), pp. 260-272.

26)　アメリカ人との交流において，アドルノが抱くヨーロッパ的な文化的エリートとしての独特の感情については，特に以下の文献を参照．David E. Morrison, "Kultur and Culture: The Case of Theodor W. Adorno and Paul F. Lazarsfeld," *Social Research* 45, no. 2 (Summer 1978), pp. 331-355と Martin Jay, *Permanent Exiles: Essays on the Intellectual Migration from Germany to America* (New York: Columbia University Press, 1986), chap. 9, "Adorno in America."〔今村仁司・竹村喜一郎・藤沢賢一郎・笹田直人訳『永遠の亡命者たち』新曜社，1989年〕.

27)　「自分の運転する車の馬力にそそのかされ，街頭の虫けらのように見える通行人や児童や自転車乗りを思うさまひき殺してみたいという衝動にかられた経験は，自分で車を運転する人なら誰しも身に覚えがあるのではあるまいか．機械がそれを操作する人間に要求する動作のなかには，すでにファシストの行う虐待行為との類似点がほの見えているのだ」(p. 40〔pp. 43-44〕).

28)　このトピックの啓発的な方法については，以下の文献を参照．J. M. Bernstein, *Adorno: Disenchantment and Ethics* (Cambridge: Cambridge University Press, 2001), pp. 64-68.

29)　アドルノはアメリカを嫌々ながらも褒めていたが，それは，「文化を外部から見つめる」ことをアメリカで過ごした年月が初めて許してくれたという思いがけない好意によるものであった．この点については，以下の文献を参照．Theodar W. Adorno, "Scientific

172

Experiences of a European Scholar in America," in *Critical Models: Interventions and Catchwords* (New York: Columbia University Press, 1998), p. 239.

30) ダナ・ヴィラは，アドルノが診断するこのダミーまたは疑似的な個性を，「私たちが行うことのほとんどすべてが，あるレベルで，私たちが以前に広告やマス・メディアで遭遇していた外見や態度，行動のタイプの模倣である状態」と述べる．「そのような世界，つまり，蔓延していて，自由奔放で，しばしば無意識的な模倣の世界では，自己の特異性（つまり，私たちが『本物の』個性の指標としているもの）は，実際には，『社会的に条件付けられた本質的に誤った独占商品』であることが判明している」．Villa, *Public Freedom* (Princeton, NJ: Princeton University Press, 2008), p. 149を参照．さらにヴィラは，この件については，アドルノとトクヴィルとの間に関連性があると見ている．それは，物質的な渇望のもつ平準化作用に基づいた，アメリカ人特有のポスト個人性的な形態に関する診断の関連性である（p. 156ff）．

31) アドルノによる戦後の政治的な見解と，完全に管理された社会へのラディカルな批評との関係については，以下のような文献がある．包括的な議論については以下の文献を参照．Alex Demirovic, *Der nonkonformistische Intellektuelle. Die Entwicklung der Kritischen Theorie zur Frankfurter Schule* (Frankfurt: Suhrkamp, 1999)〔出口剛司訳，仲正昌樹監訳『非順応的知識人』御茶の水書房，2009年〕．批判的な議論については以下の文献を参照．Max Pensky, "Beyond the Message in a Bottle: The Other Critical Theory," *Constellations* 10, no. 1 (March 2003), pp. 135-144. 最近の優れた議論については以下の文献を参照．Fabian Freyenhagen, "Adorno's Politics: Theory and Praxis in Germany's 1960s," *Philosophy and Social Criticism* 40, no. 9 (2014), pp. 867-893. さらに次も参照．Shannon Mariotti, *Adorno and Democracy: The American Years* (Lexington: University of Kentucky Press, 2016).

32) このことを気づかせてくれたビル・ショイアーマンに感謝する．

33) Theodor W. Adorno and Hellmut Becker, "Education for Maturity and Responsibility," *History of the Human Sciences* 12, no. 3 (1999), pp. 21-34.

34) アドルノの『批判的モデル集』の「服従」（p. 293）を参照．

第7章
アドルノの社会的抒情詩と今日の文学批評
——詩学，美学，近代性（モダニティ）——

ロバート・カウフマン

青柳雅文 訳

　テオドール・アドルノは，1957年に出された彼の著名なエッセー「抒情詩と社会[1]」がどう扱われているのかを目撃すれば，身震いするであろう——と思うが，もしかしたらしないかもしれない．実際のところ，そのエッセーに関する近年の諸々の解釈によって彼が震撼するかどうか問うよりも，この問いに関連して，それらの解釈の分析結果をアドルノ自身の理論が予想しえたかどうかという問いのほうが興味深いかもしれない．すなわち，問題となっている理解の仕方は，それらの分析結果に明らかな左派志向があるにもかかわらず，あるいはそれを理由にしたとしても，アドルノが否定弁証法の冷酷なまでに予測どおりで道具的な否定だとみなしたであろうものから生じているかもしれないのである．この否定とは，言い換えるならば，彼と同類のマルクス主義的批評家たちがおこなった巧みな弁証法的総合と完結をまさに困難にさせようと，彼は哲学的美学を展開させてきたのだが，それを計画どおりの肯定によって転倒させて廃棄することなのである．

　「抒情詩と社会」に関連する諸々の解釈は，たいていは18世紀後半から20世紀までの（ときに適用範囲はルネサンス期の抒情詩にまで遡る）詩に関する英米系の学術論文の中から生じている．それらは近年の文学批評において，アドルノのエッセーを，「美的イデオロギー批判」として知られる有力な理論や議論と多かれ少なかれ融合させている．そしてときにこの批判は，一般に言われるマルクス主義的批判あるいはマルクス主義に影響された批判とほぼ同じ意味を持つものであるように見られていた．美的イデオロギー批判は，——18世紀のブルジョワ社会政治的勢力の進歩の上に築かれた——高度ロマン主義的詩学とカント美学が文化的価値の本質主義的あるいは超越論的理論を打ち立てたのだ，という考えを持っている．これは一つのイデオロギー的理論だと言われ，その役割は，実際には文学的／美学的な経験と形式をつうじて成立するのだが，注意や関心やエネルギーを社会政治的領域から芸術文化の領域へと経路変更するこ

とによってブルジョワ的ヘゲモニーに従事することである．このブルジョワ理論の反対にあたるものは，ロマン主義からモダニズムをつうじて首尾一貫して，物質的なもの，社会政治的なもの，歴史的なものだということになるであろう．美的イデオロギー批判は，それらすべてが芸術哲学的形式に従属させられたものか，あるいは消去されたもの——イデオロギー的に脱形式化されたもの——だと理解する．この批判がおこなった（文学的，芸術的，文化的な価値の正統な諸概念と比較した，高度ロマン主義とそれに次ぐモダニズムが持つ性格と基礎づけに関する）包括的な分析は，もちろんしばしばマルクス主義的方法論あるいはマルクス主義に影響された方法論の語彙や統語論において明確にされてきた．それゆえ，その批判による分析結果が，その重要な部分についてはフランクフルト学派の批判理論に依拠しようとしていること，とりわけヴァルター・ベンヤミンの仕事に，そしてこのところ増えつつあるが，アドルノの仕事に主要な力点をおこうとしていることは，驚くことではない．[2]

　ところが，社会歴史的なものについての関心が共有されているのにもかかわらず，フランクフルト学派の理論——とりわけアドルノの理論，その中でも彼によるベンヤミンの作品に関する長年にわたる省察——は，ロマン主義以来の詩学と美学についての美的イデオロギー批判の諸観点とは明らかに食い違っている．おそらくこの相違は，詩の場合にもっともはっきりとするであろう．「抒情詩形式主義」は，美的イデオロギー批判からすれば，社会的なものからの逃避，唯物論の基軸を避けた致命的なまでに閉鎖的でエリート主義的な自己没入のように見えるのだが，アドルノからすれば，それとは異なったものに見えている．彼からすれば，それは近代芸術の実験主義のるつぼに見えるのである．つまりそれは，マルクス主義的弁証法や他の批評の進歩的方法論のために欠かすことのできないものであり，言うまでもなく，新しいものを調べて理解したり，新しいものをまず知覚できるようにしたりするフランクフルト学派の批判理論に固有のプロジェクトにも欠かすことができないのである．（フランクフルト学派からすれば「新しいもの」とは，究極的には，創作のモードについての，そして事実上は社会的なものの中から出現してくるすべてについての，まだとらえきれていない諸特徴との関連で理解される．）ところが近年のイデオロギー批判が「抒情詩と社会」を詳しく論じる際に強調するのは——もっともなことだが——，イデオロギーや虚偽意識や階級対立に関するこのエッセーへの諸論評である．これらの論評はきまってアドルノのエッセーを，詩的言語を脱神秘化せよと命じ，それによっ

て詩に隠された社会的土台についての批判的知識を明るみに出そうとするものとして示す。それはまるで，アドルノが反形式主義者であり，彼の主な指針が，アウラ的抒情詩形式の「美学主義的」要求を論証すること，つまり社会政治的内容をあいまいにし，虚偽意識を蔓延させようとする，その反動的とも思われる傾向を論証することであったかのように示すのである。[3] このときアドルノの名において強調されるのは，たいていの場合，形式的詩学への注意がただちに扱われるということである。というのも，ロマン主義化されずあるいは美学主義化されずに済むためのよりよい戦略は，詩の文脈についての申し分ない社会学を作り上げるのに集中すること，そしてさらに議論を進めて，詩が社会政治的なものへと参加することについての申し分ない社会学を作り上げるのに集中することだからである。[4]

　たしかにアドルノのエッセーに含まれる言葉は，イデオロギー批判と一致しているようにも，そしてその批判と対をなすことの多いユートピア的な対抗(カウンター)ジェスチャーへの衝動と一致しているようにも思われるかもしれない。例えばアドルノは次のように述べている。近代抒情詩の「詩的主観性はそれ自体で特権の恩恵をこうむっている」(NL, 45/88〔p. 62〕)，その著しく高尚あるいは崇高なアイロニーは「つねにブルジョワ的であった」(NL, 42/82〔p. 58〕)，詩人という主観の側にどれほど〔社会の側とは〕反対の信念があるとしても，その「自己没入，その社会の表層からの分離は，社会的に動機づけられている」(NL, 43/84-85〔p. 60〕)が，その一方でこうした信念の解放的な面において近代抒情詩は「たがいの間で障壁をおかれた人間の声」(NL, 54/104〔p. 74〕)になっている，等々。しかし最終的にアドルノの議論は，このように抒情詩が，現存する社会や支配的なイデオロギーやユートピア的衝動と切り離しがたく結びついていることに関する重要な記録から予測されるであろう方向とは，異なる別の方向を歩んでいる。その別の動きをテクストに沿って突き止めてゆく前に，ここでいったん立ち留まって，英米でのエッセーの受容史におけるパラテクスト[1]および文脈上もっとも注目すべき注釈に光を当てるのは，意義深いことであろう。

　シェリー・ウェーバー・ニコルセンによる『文学ノート』の英訳 (1991-1992) はなくてはならないが，それに先立って，もっとも引用されたエッセーの英語版は，ブルース・マヨが『テロス』1974年号でおこなった翻訳であった。そしてマヨが『テロス』の紹介文で慎重を期して説明しているように，アドルノのエッセーは，あらゆる詩やそれらが適用される時代と同様に歴史化を引き起こ

している[5].実際に,アドルノのことをよく理解し,彼に共感している批評家の何人かは——エッセーがそれに反目するプロジェクトのために時代錯誤あるいは無批判に利用されていることへの懸念とともに——,抒情詩と社会的なものについての,アドルノによる他の省察と関連づけて,このエッセーの立場にも疑問を感じる理由があると考えていた.こうした主題についてのより深い探求が,「抒情詩と社会」のある程度計画されていた性格が許容する範囲を超えて,アドルノが特定の詩人たちに従事したテクストにおいて(彼が歴史的美学や哲学的美学に従事したテクストと同様に)より恒久的なやり方で生じるかもしれないことは示唆されていた[6].それでもやはり,このエッセーは数十年間,少なくとも近代の詩や詩学,美学,批判の路線上にアドルノの主要な立場を描き出したものとして正しく認定されており,そしてそのエッセーが接しやすく簡潔であることから,おそらく相当数の読者層を確保し続けることになるであろう.

　それでは,「抒情詩と社会」がいくつかの点で形式的なものよりも社会学的なものを強調しているように見えるのはなぜであろうか.その答えは,アドルノが実際に自ら設定している,複雑な二重の課題を理解しておく必要がある.その課題とは,一つには(美的な問題をきわめて陳腐なイデオロギー的指針で埋め尽くそうとする,少し前にあった国民社会主義的政策への反動となることが多いが)美的な関心事を社会政治的な関心事から分離するよう事実上もとめているドイツの支配的な形式主義に異を唱えること,そしてもう一つには,芸術的幻想を儀礼的に脱神秘化し,芸術作品が社会歴史的に決定されたと勝ち誇って明らかにすることに存在理由を見出そうとする,左派の還元主義的なイデオロギー批判に反対することである.エッセーの功績は,この二重の課題がそれに——批判に——のみ属するのでないのだと示唆することにある.アドルノは,近代抒情詩そのものの起源がそのような立体的な任務あるいは使命のうち,最初に登場したものを批判的に引き受けるところにあると暗示するだけではない.それゆえアドルノは「抒情詩と社会」を,手の込んでいて皮肉めいた嘆願で始めている.それは,明らかにはかなく繊細なもの,孤独あるいは独我的なもの,つまり抒情詩において作られた洗練され壊れやすい音楽のような現象に関して何か社会学的なものを話すことについて,まさに考える権利をもとめる嘆願である(NL, 37-38/73-74〔pp. 52-53〕).

　話すことは効力のある言葉である.社会学的な表題が与えられたこのエッセーは,ドイツ連邦共和国でのラジオ講演として1950年代半ばに誕生した.注

釈者たちが適切に強調しているように，アドルノは巧妙にも，形式的なものか
ら社会的なものへとなってゆくことによって，ドイツの最初の聴取者が持って
いる事実上「新しい批判的な」想定を揺るがそうとしていた（それは，社会学と
は詩の形式的諸要素を反射的に中傷し，あるいはなかったことにしようとさえするのだと，
聴取者によくある思い込みとは反対のものである[7]）．しかしこれは譲歩ではない．アド
ルノの著作（そして一般にフランクフルト学派の理論）をつねに性格づけている内在
的分析は，形式の中に浸ること，つまりそのテクスチャーや統語論やリズムや
トナリティ〔＝調性〕を十分に経験し関与することに従事しているのである．
形式にたいする新しい批判的な（あるいはこれとは別の仕方で方法論的に形式主義的
な）注意深さは，捨て去られるのでなく，むしろ社会的なものへと拡張されて
おり，そしてそれが，詩や芸術作品が受容されるという条件のもとで，独立し
た対象としてではなく，ベンヤミンに倣って言えば，作品と社会的なものの間
の一連の複雑な関係をつうじて獲得される星座的配置（constellation）あるいは
力の場［Kraftfeld］の一部として回帰してくるのである（それは社会的なものが，
少なくともミクロコスモス的に，作品の内部にもつねにあると理解されているということで
ある）．こうして，アドルノは自分のエッセーを抒情詩の社会学に貢献するも
のとして提示する一方で，それでもやはり本質的な逆説のあることを明らかに
している——すなわち，社会的なものにまで一度でも到達したのだとわかるた
めに形式的なものが事実上無視されなければ，形式的なものはただただ消え
去ってしまうという逆説である．この逆説は，美学が唯物史観の社会学なしに
知りえないのだとすれば，芸術社会学を過剰なまでにラディカルに目指すこと
は，その根拠を経験の外に，つまり唯物論の言うカント - ロマン主義の相関物
である美的形式の基礎となり必須となるものの中に見出さなければならない，
ということである．

　　社会的概念［Gesellschaftliche Begriffe］は，外部から［芸術的］形象に適用さ
　　れるべきではなく，形象そのものの正確な直観から汲み取られるべきである．
　　……芸術作品のみならず美学理論そのものにおいても，作品固有の形態〔＝形式〕
　　の内部に存在しないものは，何一つとして，作品の内実，すなわち詩作された
　　ものそのものが社会的に何を表しているかについての決定を正当化する
　　［legitimiert die Entscheidung］ことはないのである．それを決定するためには
　　［Das zu bestimmen］，当然ながら，芸術作品内部についての知と外部の社会に

178

ついての両方の知が要求される．しかしこうした知が拘束力を持つのは，純粋
に物事に身を委ねたものの中に，知が自らを再発見する場合のみである．今日
耐え難いまでに拡大されたイデオロギー概念にたいしては，とりわけ油断して
はならない．（NL. 39/76-77〔pp. 54-55〕）

　この一節が意義を持つのは，「耐え難いまでに拡大された」イデオロギー批
判について警戒するためだけではないし，その引用の直後にある「イデオロギー
が隠蔽するものを語らせる」（NL. 39/77〔p. 55〕）ことによって，芸術作品がたい
ていの場合イデオロギーに本質的に抵抗するものだと主張するためでもない．
というのも，〔エッセーの中で〕「イデオロギー」という言葉が登場するはるか以
前に，アドルノは——社会的なものがたんに詩の形式的構築物に資するように
打ち捨てられるのでないことを示す一方で——まさに芸術作品の社会的決定と
いう考えが，美的で批判的な内在的経験をつうじておのずと「再発見される」
ときにはじめて，理論的‐方法論的に機能すると示唆しているからである．社
会的なものがどれだけ究極的に決定的であるかもしれないとしても，そのよう
な社会的な意味は，あらかじめ決定されたやり方で知的分析から外面的あるい
は機械的に押しつけられれば失われてしまう．前述の一節の中盤で（「それを決
定するためには……」）アドルノがその点を強調するのは，その一節の冒頭におい
た客観的で社会学的だと思われる道具——社会的概念——を，当該の文章の主
語あるいは行為者にすることによってではない．というのも，社会的概念によっ
ても，それらの指示対象である社会によっても，私たちは抒情詩における本当
に社会的であるものにたどり着かないからである．それゆえ，社会的概念や，
それが詩をどのように決定するかの定式化を，重要な文章に表立って詰め込む
のでなく，たいていの場合アドルノはひそかに，主観による詩の社会的基礎の
決定から始めているのである（それを決定するためには，当然ながら，……両方の知が
要求される）．
　とはいえアドルノの見解は，社会的な内容あるいは社会的な意味があえて決
定されていて，その決定も現実に（いわば「客観的に」）社会や歴史に属している
のだと，恣意的に宣言することによって，好きなように動き回る陽気な主観性
が社会的現実の力を気まぐれに奪い取るべきなのだ，ということではない．む
しろ抒情詩は，美的経験においては，各人の見たところ自由な美的遊戯が特別
な種類の労働だと，つまり芸術作品やその美的経験が徹頭徹尾客観的に社会的

であるという「拘束力のある知」へと正確に導いてゆく一種の労働だと——社会的なもののまだあいまいな領域を発見するという，芸術作品に固有の過程としてアドルノが表現しようとするものを事実上再構成しつつ——主観がどのようにわかるのかを示す，とくに効果的な実例であるということになる.（こうした社会的労働を模倣した個別的な美的遊戯の意義は，アドルノが「集合」，「客観性」，「普遍」という言葉の用法を，とりわけ社会的全体性と集団的労働力の可能性とを指し示すものとして概して転じたことで，このエッセーの至るところで暗示されている.[8]）鍵となるのは，社会の重要な面が発見されていること，そしてそのような発見が，社会に固有の現存する諸概念を自己理解のために使うことでは生じてきそうにないという考えである. 前述の一節で語られる順序さえも，この主張が目指す過程を形作っている. つまり，〔まず〕社会的なもののこれまであいまいだった面についての意識は，客観的な（物質的な，社会政治的な，歴史的な）決定の語彙と機能を主観へと割り当てることによって獲得される. 次に主観は，「決定」という言葉（とそのはたらき）を取り上げる——その次に，そしてそのときになってはじめて，客観的な社会的決定そのものの現実を捉えることになる.[9] こうして，アドルノがエッセーの最終楽章において，エドゥアルト・メーリケやシュテファン・ゲオルゲの作品を分析するために，音調やリズムや押韻や言い回しにおける詩の実験，そして社会的に配置された様式の水準へと注意を向けるとき，アドルノが強調するのは，これらの形式的な現象によって，唯物史観において詩が記録し利用可能にする様々な緊張関係が持つ意味，つまり現実性を，読者が作り始められるということである.

　このエッセーが詩と社会との相互浸透に首尾一貫して焦点を当ててきたのだ，ということがこのようにいくつも示されると，アドルノが詩学よりも社会学とイデオロギー批判の両方またはいずれか一方を方法論的に支持している，という事例がこれまで作られてきたのは奇妙に見えるであろう. アドルノがすでに批判してきたような1950年代の二つのドイツにおける「耐え難いまでに拡大された」イデオロギー批判（*Ideologiekritik*）と比べて，ここ数十年の英米での批評におけるイデオロギーの問題が拡大しなかったとしても——あるいはよりいっそう拡大したとしても——，エッセーはそれ自体として価値を持つであろう. 非常に多くの批評家が，イデオロギー批判に関するエッセーによる非難を実質的に無視あるいは反転させてきたという事実から，フランクフルトのマルクス主義が今日の文学研究や文化研究へとどのように翻訳〔＝転換〕された

のかについての歴史的評価が，少なくとも要求されている．しかし正直なところ，そのような取り違えの少なくない部分は，「抒情詩と社会」そのものと，それに隣接するアドルノのテクストのせいで引き起こされているかもしれない．このエッセーが嬉々として伝えるブルジョワ社会・文化にたいする辛辣な言葉は，ボードレールの実験主義のラディカルな伝統を避けてゆく近代抒情詩の主流が持つ静態的な（もちろんイデオロギー的な）性格についての，エッセーがおこなった要約的だが痛烈なまでにベンヤミン的な査定とともに，多くの読者にからすれば，正統なる文化の「宮殿」が——その壮大な外見にもかかわらず——「犬の糞からできて」いるという，アドルノが熱狂的に認めたことで知られているブレヒトの査定と一致しているのである[10]．

　いずれにしても，エッセーの現実の方向についての諸問題を提起するのは，イデオロギー批判に賛同して政治的あるいは社会経済的なものを強調する干渉主義的左派の批評家に限ったことではない．ジェフェリー・ハートマンが，キーツと近代詩学に関する重要なエッセーを書いたときに，自分の省察とアドルノの「抒情詩と社会」との魅力的な緊張関係を描いていたということは，ほとんど忘れられてしまっている．一方で「非真理，虚偽意識」としてのイデオロギーに関するアドルノの考えは，古典的にマルクス主義的なものとしてただちに描かれ，その力を奪われていた．他方でハートマンは，「抒情詩と社会」のもっとも重要な特徴だと多くの人に思われている星座的配置を，好意的だが公然と盗用していた．この「抒情詩と社会」では，イデオロギーとしての詩の諸構想にたいする独特なオルタナティヴとして，アドルノは「そもそもその限界内で歴史的時機の鐘の音をとらえている［ものとしての］抒情詩」に接近し，「歴史の時間を告げる哲学的な日時計〔ドイツ語：歴史哲学的な日時計〕としての詩を」見ている[hält eigentlich das lyrische Gedicht in seinen Grenzen den geschichtlichen Stundenschlag fest; das Gedicht als geschichtsphilosophische Sonnenuhr]．これ以外にも，ハートマンが（キーツにおける実験主義という偉業の現象から始めながら）喜んで提言しているように見えたのは，アドルノの哲学的美学を成立させた，まさに近代詩学の歴史であった[11]．

　様々な特色を持った批評家たちからすれば，アドルノのエッセーの中には，歴史や社会政治的なものと比べて，形式的な詩学の地位について，いくつかの明らかな取り違えがあったが，それにもかかわらず「抒情詩と社会」の内部には，問題を明らかにするのに役立つ証拠の源泉がある．これは，アドルノがこ

のエッセーにおいてはっきり述べてはいないが，その概念や歴史がエッセーの至るところに現れているような言葉に関連している．その言葉とは「実験」であり，『美学理論』にまでずっと維持されて登場した芸術的努力に関するより多くの分析において，アドルノはこの用語を明白に述べて前面に押し出すつもりでいた（彼が示すように，その用語の近代史は，事実上ロマン主義的抒情詩とポストロマン主義的抒情詩から始まっている[12]）．「抒情詩と社会」においてアドルノは，実験の観念を，これときわめて関連深い自発性［Spontaneität あるいは Unwillkürlichkeit］の概念を介して追求している．このエッセーが繰り返し述べているように，（芸術家，芸術作品，観衆によって着手される）自発的探求の過程において，社会的なもののこれまで塞がれていた諸局面が利用できるようになるのである．

　この過程にかかわることによって，アドルノは自分が「抒情詩を社会から演繹しようとしているのではない」のであって，抒情詩の「社会的内実は，正確にはその中で自発的なものであり，そのつどの現存する状況から帰結するのではないもの［である］」(NL, 43/84〔p. 59〕) という闘志あふれる主張をおこなうことになる．このことから帰結するのは，「抒情詩がもっとも深く社会の中に基礎づけられて現れるのは，社会に調子を合わせないときであり」（文字どおりに言えば，抒情詩が社会の「口」の後をついて話すこともなければそれをおうむ返しすることもないところ［wo sie nicht der Gesellschaft nach Munde redet]），抒情詩が「何も伝達しない」（すなわち，そこで抒情詩は「伝達的言説」という発展した資本主義の様相が持つ抽象化されていて功利主義的で交換価値的な「物象化」に抵抗している）(NL. 43-44/85-6〔pp. 60-61〕) ところだ，ということである．そしてアドルノにとってもベンヤミンにとっても，その際に歴史的に帰結するきわめて重要な詩人——抒情詩を近代化した芸術家——はボードレールだということである．つまりボードレールは，「近代そのもの」を主題として選んだ人物であり，すでに知られていた社会言語学的な言葉を軽蔑して捨て去った人物であり，したがって彼の「抒情詩は中庸主義 (juste milieu) にたいしてだけでなく，あらゆるブルジョワ的な社会的共感にたいしても痛烈な非難となる」が，だがそれにもかかわらず，進歩的技術を備えた彼の抒情詩の「悲劇的で高慢な仮面」は——もちろん結果として——因習的な「貧民詩」よりも「大衆にたいしてより真実」である．というのも，詩学の場合には，あの〔現存する〕社会的状況であるものあるいはそうであったものに支配的な因習的諸概念によって決定されるために，歴史的現実を利用することはできないが，彼の抒情詩の実験主義は，その歴史的現実を

美的経験へともたらすからである．そして「社会的内実は，正確にはその中で自発的なものであり，そのつどの現存する状況から帰結するのではない」というその議論の支柱と軌跡を明確にしながら，アドルノのエッセーは，近代抒情詩におけるこうしたボードレールの実験主義の系譜を，最終的にブレヒトやガルシア・ロルカという形式的にも政治的にも重要な名前にまでたどっている（NL. 44-46/87-90〔pp. 61-63〕）．

　より理論的な言い方をすれば，抒情詩は社会的なものをどのように私たちに与えるのであろうか．「現存する状況」あるいはその状況の先在的把握「から帰結するのではない」——それによって決定されるのでない——社会的なものについての理解を与えると，どうして言えるのであろうか．これらの問いを，アドルノは『美学理論』でさらに継続的に扱うつもりでいたが，だがすでに「抒情詩と社会」において，アドルノは（ベンヤミンに従いながら）カント美学をマルクス主義的に翻訳したものについて実際に書いている——あるいはそれを書かせるものとしてポストロマン主義的抒情詩を示している．アドルノのカント解釈の基礎をなしているのは，美学が持つ擬似概念的な，したがって擬似社会的な性質である．美学は，概念的に客観的で，「有用」で，内容によって決定された思想あるいは活動であるように見える一方で，まったく正確に言えばそのように見えるに過ぎないのであり，形式の水準でそれを模倣しているに過ぎない．美学思想と美的経験は，概念的に客観的な，内容や有用性を目指す思想よりも，いくつかの点で優位にある．前述の意味で美学が形式的なのは，概念的な思想あるいは認識によって決定されているよりもむしろ，その思想や認識にたいする形式を与えるからである．美学の思想と美的経験は，概念的思想を管理するために想定された先在的規則からは（より適切に言えば概念的思想と比べて）免れたままである．カントの語彙の中では，これによって美学は規定的判断力よりもむしろ反省的判断力に位置づけられる．その際に美学は，概念的思想の構成のための（カントが言うように「認識一般」のための）鋳型あるいは枠組みとして役立つのである．

　美学は，（あらかじめ存在しないがゆえに）新しく実験的な諸概念にたいする形式的で想像的な動力源（エンジン）としても役立つ．擬似概念的で擬似社会的な性格を持った美学は，新しい（かならずしもユートピア的でない）諸概念の素材を展開させるための形式的手段を自発的に提供することによって，批判的思想に必須のものを与えることができる．新しい諸概念の構成のための素材をそのように提出す

ることによって，実質的な社会的現実のこれまであいまいだった面（社会そのものに固有の概念的観点によってまだ決定されていない社会の面）を一瞥できるようになる．社会によって——社会そのものに固有の概念（現状では，社会に支配的な概念）によって——決定された思想が社会の満足できる姿を決して与えることができないということは，きわめて重要な指摘である．最終的にこのことが，アドルノの美学の基本となる系譜へと分かれてゆく．そしてそれは次のように表現されうる．つまり美学の実験は，新しいものに接近するための知的‐感情的な装置を構成し利用するのに役立ち，その限りで新しいものの社会的な素材を利用できるようにするのに役立つ．繰り返しになるが，この構成主義的理論と実践は，美学の領域における実験——実験としての美学——が近代(モデルネ)の新しい領域を知覚するためにまず適切に利用できるようにするのに役立つと理解しているのである[13)]．

　しかし芸術や美的経験のこうした理論や観点において，何によって抒情詩がそのような特別な事例になっているのであろうか．アドルノやベンヤミンが関与している詩学の伝統からすれば，近代抒情詩は文学芸術において一つの，言い換えれば唯一のリスクの高い事業，「すべてを賭けた勝負」[va-banque Spiel]を象徴的に表している．抒情的な詩は，人間が客観的な諸概念をはっきりと述べるために使う媒体——言語——の中で，そしてそれとともに，首尾一貫してはたらかなければならない．それはたとえ抒情詩というのがもっとも主観的で非概念的でつかの間の現象を追求するものだとしても．この理論的あるいは哲学的な困難——客観性と主観性をどのように同時に考えるか——もまた，実際のところ形式による構成という抒情詩の大きな問題として生じている．つまり歌という主観的であるのと同時にはかないものから，芸術の堅固で説得力のある構造を——媒体としての言語だけで——どのように形成するのか（NL, 44/85〔p. 61〕）．おまけに資本主義的な近代性(モダニティ)が持つ見事なまでに流動的な内容をどのようにして言葉で描写すなわち客観化するのか（NL, 43/85〔p. 60〕）．自発的だが厳格なやり方で，どのようにして思想に歌わせ，どのようにして歌に思考させるのか．要するに，抒情詩は，概念的思想を適切に拡張するために近代美学の擬似概念性がおこなうより一般的な試みを，特別な強度を持って劇的に表現するのである．この特別な強度は，音楽上では，「客観的な」概念的思想のまさに媒体である言語を拡張するために——それをあらゆる面で情動や歌へと拡張するために——，抒情詩による構成の必要から生じているのであるが，ただし

184

それによって，あらゆる厳格な概念的悟性を断念することはないのである．

　　抒情的形象に特有な逆説，つまり客観性へと転化する主観性であるが，それは
　　抒情詩における言語形態〔＝言語形式〕の優位に結びついており，（散文形式に至
　　るまで）文学一般における言語の優越権は，この優位に由来している．というの
　　も，言語はそれ自体で二重性を持つものだからである．言葉はその配置によって，
　　主観的感動に自らを完全に刻印するのである．ほとんど，言語が最初に感動を
　　もたらすのだと考えられかねないほどである．しかし同時に言語は，概念の媒
　　体であり，普遍と社会にたいする避けがたい関係を作り出すものなのである．
　　（NL, 43/85〔p. 60〕）

　抒情詩がつねにこの特有な二重の性格を持っていたが，その一方で，近代の
アウラの危機によって（そして近代性におけるアウラの見かけ上の喪失をもたらした物
象化および物象化された伝達的言説から自らをラディカルに区別しようとする，抒情詩の首
尾一貫した要求によって），抒情詩に本質的な賭けが引き起こされている．すでに
指摘したように，アドルノのエッセーはボードレールを，こうした展開におけ
る分水嶺として扱っている．そしてもちろん「抒情詩と社会」においてボード
レールに言及したことの背景としてあるのは，フランス詩に関して絶大な影響
力のあるベンヤミンの著作であり，その大部分の著作が暗示するのは，ボード
レールにおいて抒情詩のアウラが獲得されるとすれば，それ自身の最終段階を
知らせるという歴史的対価を払った時点においてである．それゆえベンヤミン
が断続的に提言しているが（そしてその後ベンヤミン主義者らもふつうに要求している
が），近代後期あるいはポストモダンの期間における「批判的な」詩学なるも
のは，反抒情詩的で反美学的であるべきで，もっぱらラディカルな異化と社会
政治的関与の更新とを引き起こすために，複製技術と巧みに結びついた詩学の
方法に関与すべきだとされる．しかしアドルノは，「抒情詩と社会」，『美学理論』，
そして関連するテクストにおいて，詩の批判的な力が——少なくともボード
レール以降——まさに抒情詩自体を批判的にするという形式の能力に依拠して
いるのだと主張することで，ベンヤミンの掲げるテーマに慎重に変化を持たせ
ている（それはアウラ的抒情詩の主観性と近代美学の自律性とを廃棄あるいは克服するこ
とについてのベンヤミンの断続的な関心とはまったく異なる）．ボードレールが抒情詩
の使命を，抒情詩自身の歴史的前提条件——ボードレールの詩が宣言している
と思われるが，ラディカルに商品化された高速度で高度資本主義的な近代性に

おいてもはや不可能に見えるような時間的に反省的なアウラ的経験——の表向きの破壊にどれほど見事に直面させたのかについて，ベンヤミンの偉大な洞察を保持するにもかかわらず，アドルノは，抒情的な詩を実践し続けてゆくことを実質的に擁護している．抒情的な詩は，歌の不可能性を歌うことによって始まり，しかもそれによってかんたんに (tout court) アウラを拒否することが批判を拒否することになるからである．要するにアドルノは，ベンヤミンの「ボードレールのいくつかのモティーフについて」に記述されている分析を続けており，そこで抒情詩のアウラの力は，まさにアウラがさらに消散し，今日では不可能に見えるような瞬間にこそ，厄介にも発見されるのである．[15]

　こうして——詩においても批評においても——何に努力が向け続けられてきたかと言えば，アドルノが近代の現象として，そしてその近代の新しい各領域を適切に知覚させることとして理論化したものである．形式的詩学のことや抒情詩のアウラの問題を廃棄する傾向にある（社会歴史的な決定の探索を好む）左派的な詩と批評は，アドルノ的な観点からすれば，物象化された現象を認識し異議を唱え機能を取り戻させるよりも，それを拭い去り承認するのに意図せず役立っている．これがうまくゆくのは，アウラとその形式的構成要素を意図的に廃棄すると，アウラの喪失（あるいは少なくともその見かけ上の喪失）という近代の重要な現象を——アウラを創造しよう，あるいはそれに接近しようと悩ましくも試みることによって——否定的にすら記録できないことになるからであろう．その際アウラの意図的な廃棄によって生まれるのは，物象化過程の批判的に客観化されたもの（アウラの反対のもの）ではない．その際生じるのは，労働が消去されあらゆる人とものが商品化されているという事態を明るみにすることではない．むしろ帰結してくるのは，首尾一貫して異議の唱えられることのない物象化を，文化が率直で断定的に反復しているということである．[16]

　このことはすべて，アドルノのエッセーについてイデオロギー批判がおこなった読解には彼がおそらく身震いしなかったであろう理由を指し示している．というのも，身震いあるいは震撼 (Schauer, frisson あるいはきわめて劇的に言えば Erschütterung) は，『美学理論』が「抒情詩と社会」に引き続いて，急激に高まった否定を介した (via-negativa) アウラが持つ批判的な能力を伝えようと，ボードレール的な近代抒情詩の様式として扱っているものだからである．アウラの見かけ上の喪失を否定的に記録しようと努力するのは，まさに近代性において，アウラに向けて身振りで示してそれを再発明しようとせざるをえないこ

とを象徴的に表しており，この近代性こそは，あまりに頻繁にアウラを除去してきたように見えるし，芸術における擬似物理的，擬似認識的，擬似経験的な他者性，つまり——繰り返しになるが——アドルノからすれば社会的なものおよびそれが持つ現実性，とりわけ労働の現実性と宿命的に結びついた他者性の意味をすべて消し去ってきたように見えるのである．さらにこの社会的なものと労働の現実性は，アウラと「第二の反省」と震撼（Erschütterung）とを同時に理論化した『美学理論』の本来の，そして究極的な対象であろう．『美学理論』における震撼（Erschütterung）は，次のようなものとして考えられている．つまり，緊張感のある距離を保ったアウラが動因となって，硬化した主観性を分解することができるようなものである．言い換えれば，この震撼によって「自らの主観性において主観の硬直状態」を分解することができ，それゆえその主観が，「それ［「自我」］自身がまさにそうであるあの監獄の向こうをほんのわずかでも一瞥」することができ，したがって「自我」は一度「震撼」されることによってそれ自身の「制限性と有限性」を知覚し，こうして思考の他者性が持つ批判的可能性を経験することができるようなものである．言い換えれば，他者性——社会的なものそのものである他者性も含む——を知ることになる震撼の過程は，「抒情詩において声を発する」（NL, 41/80〔p. 57〕）「自我」に批判的な価値を与えることである．震撼は「抒情的形象に特有の逆説，つまり客観性へと転化する主観性」（NL, 43/85〔p. 60〕）を活気づけるものである．

　それでもアドルノの観点からすれば，批判的抒情詩の実践は，実質的に，つまり「客観的に」利用可能になるのに役立つ新しい社会的な素材と原型概念を上回る価値を持っている．このことを伝えるための方法の一つは，アウラの危機がベンヤミンの（そしてベンヤミンの影響をつうじたアドルノの）中心的な理論および実践である星座的配置と力の場〔Kraftfeld〕にとってどれほど重要になっているか，思い出すことであろう．後者は（歴史的，社会経済的，文化的）諸要素を非決定論的に位置づけ力動的に結びつける知的な試みとして適切に理解されることも多く，それは合理的なものとして最初に与えられるのでなく，活気づけられて（星座的に配置されて）結合（conjunction）されてゆくときに，有意味な力の場となって創造あるいは露呈されてくる．その限りで力の場は，より広大な社会的現実を明らかにしており，そのような社会的現実の諸要素は構成主義的な力の場そのものを可視化する（誤って統合された実証主義的な全体化においてではなく）親和性と緊張関係においてともにもたらされてくる．カントに由来し，

ベンヤミンとアドルノによって（そして彼ら以前にも，ニーチェやエマーソンを含む
他の人々によって）展開され，いまでも使われている慣れ親しまれた観念は，思
想の道具的ではないが精密で首尾一貫していて独断的でない様式——美学——
の存在するところにある．この美学は概念的知識へと形式的に寄与しそれを想
像的にふたたび活気づける一方で，それ自体が実体的概念性や，議論と言説の
様式や論理になることを禁じている．要するに，美学は，客観的で概念的な知
識（あるいはそのような知識が対応する客観的な世界）と，批判的な行為者としての
主観的な人間の能力との橋渡しをするのである．この行為者というのは，現存
する現実についての客観的な知識と比べれば独断以上のものであろう．（ここで
私が主張できるのはただ，それ以外のところで十分に詳述するに値するものだけである．つ
まり現代のマルクス主義理論やマルクス主義に影響された理論が美的経験や美的判断にたい
して非常に多くの「反美学的」敵意を向けたのとは正反対に，マルクス自身は，まさに彼の
『フォイエルバッハに関するテーゼ』において言われた「実践の理論」のために，カントの
反省的な美的判断の構造を決して麻痺させずに，アポリア的なものを意図的に整理してい
る．）[20]

　これらすべてのことは，星座的配置と力の場が持つ別の意味について，解明
する手がかりを与えてくれる．たしかにベンヤミンは，星座的配置と力の場を，
アウラの見かけ上の喪失の危機（とりわけ，あるいは究極的には，芸術や美学や詩学
の歴史における既存の抒情詩の枢要な位置と，ベンヤミン自身の思想におけるその位置に驚
かされることがないという，抒情詩のアウラの危機）を捉えるために用いている．し
かしいくつかの点では，ベンヤミン的な星座的配置と力の場は，抒情詩のアウ
ラから切り離せないものとして適切に理解されるようになっている．別の言い
方をすれば，ボードレール - ベンヤミン的な抒情詩のアウラの危機（資本主義
的近代性において，あらたな概念的・客観的知識を構成するための道具的ではないが独断的
でもない，解放に役立つ潜在的な能力を，自分の順番になって可能にする一種の反省的経験
の有用性の危機）は，実際のところ，批判的な思想と行為者がまだ可能かどうか，
そしてどのようにして可能なのか，という危機の問題なのである．ベンヤミン
とアドルノからすれば，批判的な抒情詩は，芸術や美学（とりわけ詩）の言葉に
おいては，主観的に独断的な思想以上であるにもかかわらず，現存する諸概念
の規則やそれらの概念に適切な議論とは結びつけられていないようなものにた
いする可能性の条件の「すべてを賭けた」言明である．ベンヤミンとアドルノ
の観点に即して言えば，彼らが従事している批評はこの過程をたどることにな

188

り，その概念の詳述をもとめることになる．これは正確に言えば，ベンヤミン——そして彼に従ったアドルノ——が星座的配置と力の場を表明する際に問題になっていることである．「歴史哲学テーゼ」の有名な表現（とりわけマルクスが『フォイエルバッハに関するテーゼ』において左派唯物論的な決定論を美学的に理論化して拒否したのを，ベンヤミンが更新したもの）で言えば，星座的配置のはたらきは歴史の連続体から，つまり支配的な諸概念によって現在に現れたように見える連続体から *Jetztzeit*（現在時，現在，社会の現時点で支配的な諸概念によって提供される事態を超え出てくること）を破壊して取り出すのである[21]．

　それでもまだ抒情詩や，フランクフルト学派の批判理論による星座的配置と力の場が，たがいに平行関係にあるに過ぎないと思われないように，ベンヤミンとアドルノは，星座的配置と力の場それ自体が根本的に，美学理論や美的実践とともにあると繰り返し指摘している．この美学の深遠な次元は，批評において星座的形象を必要とするのは何か，批評が力の場を創造し視野に入れたのはどうしてか，こうした問いについてベンヤミンとアドルノがしばしば詳述したことを考慮すればかんたんにわかる．つまり，現在の星座的な批判思想を探求する著作において，それぞれの文章は，それらをずっと放射してきたつねに動き続けている中心へと——形式的にも実質的にも——戻ってゆくように努めるべきである．それは決して小さくはない課題である．そしてもし想像力や精密さや形式主義的なトルク〔＝回転力〕を構造的に融合しようと進行中の著作が目指している理想が，何か不可能なことを要求しているように見えるとするならば，それはおそらくベンヤミンが概念や実践を展開したのが，主として手ごわい芸術家たちによるボードレール的抒情詩の反伝統にたいする手ごわい関与をつうじてだからであろう．

　（さらにベンヤミン－アドルノ的な使命によって要求されるのは，批評家が批評を美学化しないこと，各人が批評をまるで抒情詩であるかのように書かないこと，まるでこれらのモードの間の様々な結びつきによってそれらのモードが同一的でたがいに交換可能だと絶対命令的に宣言できるかのように書かないことである．したがって，抒情詩の星座的形式にたいする批評の関係性は，唯美主義的にではなく美学的にとらえられるのがいちばんよい．この密接な関係は，批評も芸術もミメーシスを，つまり最初に概念性や論争を経由しておこなうのでなく類似性と差異の経験をつうじておこなう思想表現を保持しているという，重なりあいながらも距離のある関係から生じる．ただし批評は，最終的にはミメーシスの言葉でなく概念性の言葉の中で，芸術が，つまりミメーシスが論証的でない仕方で提示する概念性のほう

に寄与すると表明するように努めなければならない.)

　そのような分析によって，ベンヤミンの星座的配置と力の場がどちらもともに，(とりわけ諸部分と全体のロマン主義的表現法を再上演するという当然モダニズム的な*パラタクシス*〔＝併置〕によって) あの古くから慣れ親しんだ抒情詩的－美的な友人を，偉大なモダニズムと構成主義によって再想像され，それゆえ根本的に再発明されたものの一つ,すなわち有機的形象として象徴的に表しているのだと，私たちはあらためて理解できるようになる．アドルノの音楽的な定式化において，そのような有機的形象の構成主義的な再想像あるいは正真正銘の繰り越しは，進歩的近代性〔モダニティ〕においては，不協和音的な創作物が持つ解離的であると同時に構成的な原理であるように見える．この観点に即して言えば，星座的形象は率直に言って，批判的・進歩的で自己意識的な近代芸術作品の理論と実践としてある．初期ロマン主義時代においては有機的形象が，抒情詩の危険性を明らかに含むことによって，批判的なダイナミズムを具現しようとするが，構成主義的な形象のきわめて偉大な挑戦，つまり後期近代性〔モダニティ〕においておこなった，すべてを賭けた勝負のほうは，星座的に配置する努力と，抒情詩のアウラに——どれだけ隠されていても暗示的でも，どれだけ表現を斜めに歪めても，表向き非抒情詩的あるいは反抒情詩的な素材や方法をどれだけ内包していても——接近する努力を含んでいるのである[22]．

　「抒情詩と社会」と，より明晰に理論化された『美学理論』がおこなった省察を特徴づけているこの指摘は，批判的な抒情詩が，それに従事した批評とともに，まさにあらゆるものを歴史的で反省的に主張する可能性へと転じているということである．批判的な抒情詩のアウラは，まったく道具的な手法およびまったく独断的な手法を超えて進む悟性作用の可能性を意味しており，あるいはその可能性のほうに適合している.つまりそれは少なくとも,批判的な行為者〔エージェンシー〕がもとめる最小限の要求を満たすことへと方向づけられた手法に進んでいる．そのことが，抒情詩のアウラの見かけ上の喪失が実際にはアドルノとベンヤミンからすればそのような危機であることの理由である．彼らは首尾一貫して，抒情詩のアウラの再想像あるいは再創作を，星座的に配置する可能性，つまり星座的形象を構成する可能性に継続的に関与することだとみなしていた．

　「抒情詩と社会」において，およびベンヤミンの「ボードレールのいくつかのモティーフについて」に関する他の多くの労作において，アドルノが主張するように，近代において抒情的な音楽を——抒情詩の明らかにモダニズム的－

構成主義的な不協和音だけでなく，後者の内部あるいは周辺にあるような，抒情詩の持つ旋律性と甘美性の残滓も含めて——聴くことができないことは，批判へと展開される芸術を聴くことができないことである．焼き直されて安直に計画された超越論主義を拒否することが抒情詩のアウラを本質的に放棄することに帰結するとき——抒情詩のアウラそのものに汚名を着せようと，支配的な解釈基準によって，抒情詩における断然非経験的で非表現主義的な「自我」（この「自我」は実際のところ，必然的な虚構を経由して否定的に，主観に自らの経験的経験（empirical experiences）を暫定的に超越し他の主観や客観を考慮させるようにするという，アウラに向けた構成として理解されるのがもっともよい）のほとんど現実化されることのない創造あるいは読解がそもそも採用されるとき——，そのときこの帰結は，たいていの場合，批判的行為者（エージェンシー）を刺激できる芸術の能力を，事実上放棄することである[23]．批判的行為者（エージェンシー）のない近代性（モダニティ）は，たいていはいつも，特別に起きた災害のための処方箋であった．そしてアドルノの眼には，詩と批評がそうした結果に至らないようにするにはいちばん役立たないようなものだとしても，そのことは抒情詩を放棄することにもならなければ，社会を放棄することにもならないのである．

謝辞

　本論考の旧版への反響に関して，チャールズ・アルティエ，ラッセル・A・バーマン，アダム・カスディン，ジェームズ・チャンドラー，ノーマ・コール，リディア・ゴーアー，ロバート・ハス，トム・フーン，ロバート・ウロット・ケントル，マーティン・ジェイ，シーリー・ニコルセン，マイケル・パーマー，アーサー・ストラムの各氏に感謝したい．

注

1) Theodor Adorno, "On Lyric Poetry and Society," in *Notes to Literature*, vol. 1, trans. Shierry Weber Nicholsen, ed. Rolf Tiedemann (New York: Columbia University Press, 1991), pp. 37-54〔前田良三訳「抒情詩と社会」，みすず書房（『アドルノ　文学ノート1』），2009年，pp. 52-74〕を参照．原書は "Rede über Lyrik und Gesellschaft," in *Noten zur Literatur*, vol. 1 (Frankfurt: Suhrkamp, 1958), pp. 73-104として出版されている．以下，NL と略記の上引用する．英訳の頁数の後に，ドイツ語原書の頁数を併記する．〔さらに〔　〕とともに邦訳の頁数も併記する．〕

2) 美的イデオロギーが用いる前提にたいする批判について，広範にわたる歴史理論的議論に関しては，Robert Kaufman, "Red Kant, or the Persistence of the Third *Critique* in Adorno and Jameson," *Critical Inquiry* 26 (summer 2000), pp. 682-724を参照．とくに19世紀と20世紀の詩，美学，批評において鍵となる結びつきについての（美的イデオロ

ギー解釈の批判と比較した）論述に関しては，Kaufman, "Negatively Capable Dialectics: Keats, Vendler, Adorno, and the Theory of the Avant-Garde," *Critical Inquiry* 27 (winter 2001), pp. 354-384を参照.

3 ）　フランクフルト〔学派〕とアドルノによる美学と美学化との間の（一般にイデオロギー批評の批評において無視されている）区別についての労作に関しては，Robert Kaufman, "Aura, Still," *October* 99（winter 2002），pp. 45-80を参照．また同様に Kaufman, "Red Kant" も参照.

4 ）　現代のマルクス主義的批評の相互に絡み合うことの多い（例えばフレドリック・ジェイムソンの "Conclusion: The Dialectic of Utopia and Ideology," in *The Political Unconscious: Narrative as a Socially Symbolic Act*［Ithaca: Cornell University Press, 1981］, pp. 281-299〔大橋洋一・木村茂雄・太田耕一訳『政治的無意識――社会的象徴行為としての物語――』平凡社〔平凡社ライブラリー〕，2010年，pp. 513-549〕において影響力を持って強力に描かれている）イデオロギーとユートピアについての理論化と適合させるやり方で，アドルノの批判的な主張と応用されたもののいくつかもまた，同時にあるいは別々に強調される「抒情詩と社会」のユートピア的系譜を持っている．そしてある意味では，「抒情詩と社会」はそれ自体で唯美主義的だと思われてきたし，それ自体で美的イデオロギーを宣伝していると思われてきた．

　　ここ数十年の英米における「抒情詩と社会」への取り組み（一般にイデオロギー－ユートピア的マトリックスのいくつかの中から機能する傾向のある，価値ある洞察を与えることの多い取り組み）の典型的な事例に関しては，例えば E. Warwick Slinn, "Poetry and Culture: Performativity and Critique," *New Literary History* 30, no. 1（1999），pp. 55-74, esp. p. 65; Terence Allan Hoagwood, "Keats and the Critical Tradition: The Topic of History," in *The Persistence of Poetry: Bicentennial Essays on Keats*, eds. Robert M. Ryan and Ronald A. Sharp（Amherst: University of Massachusetts Press, 1998）, pp. 153-164; Mark Jeffreys, "Ideologies of Lyric: A Problem of Genre in Contemporary Anglophone Poetics," *PMLA* 110, no. 2（1995）, pp. 199-200; Anne Shiferer, "Beleaguered Privacies," *Midwest Quarterly* 33, no. 3（1992）, pp. 325-326; Douglas Bruster, "'Come to the Tent Again': 'The Passionate Shepherd,' Dramatic Rape and Lyric Time," *Criticism* 33, no. 1（1991）, pp. 56-57, p. 71, n. p. 22; Joseph Chadwick, "Violence in Yeats's Later Politics and Poetry," *English Literary History* 55, no. 4（1988）, p. 887, pp. 889-890; Annabel Patterson, "Lyric and Society in Jonson's *Underwood*," in *Lyric Poetry: Beyond New Criticism*, ed. Chaviva Hosek and Patricia Parker（Ithaca and London: Cornell University Press, 1985）, pp. 150-152, pp. 162-163; John Brenkman, *Culture and Domination*（Ithaca and London: Cornell University Press, 1985）, pp. 108-121 および Margaret Homans, "'Syllables of Velvet': Dickinson, Rossetti, and the Rhetorics of Sexuality," *Feminist Studies* 11, no. 3（1985）, p. 570を参照.

　　現代の英米での批評において，もっとも支持されていて思慮深く，「抒情詩と社会」

と決定的に非イデオロギー批判的に遭遇しているものの一つに関しては，Paul Fry, *A Defense of Poetry: Reflections on the Occasion of Writing* (Stanford: Stanford University Press, 1995) の諸所を参照．フライはアドルノをたいていイギリスのロマン主義とその最近の受容史に関連づけて取り上げている．これに関しては，James Chandler, *England in* 1819: *The Politics of Literary Culture and the Case of Romantic Historicism* (Chicago: University of Chicago Press, 1998), pp. 529–554の結論部分における，「抒情詩と社会」についての非常に短い議論だが見事なまでに切り出している応用例も参照．そして Forest Pyle, *The Ideology of Imagination: Subject and Society in the Discourse of Romanticism* (Stanford: Stanford University Press, 1995) の諸所，とくに pp. 120–125を参照．

　詩人 - 批評家によって次第に（おそらく偶然ではない）書かれるようになり，概して近現代の実験詩に焦点を当てた批評の中に，アドルノの抒情詩論にたいする興味深い関与は生じてもきている．この批評はいくつかの事例においてイデオロギー - ユートピアの軸を再生産し，他の事例においてはその軸を捨てるように巧みに動かしてきた．これらの事例は以下に含まれる．Rachel Blau DuPlessis, "Manifests," *Diacritics* 26, no. 3-4 (1996), pp. 36-37; R. K. Meiners, "Dialectics at a Standstill: Orwell, Benjamin, and the Difficulties of Poetry," *boundary 2* 20, no. 2 (1993), pp. 116-139, and "Mourning for Our Selves and for Poetry: The Lyric after Auschwitz," *Centennial Review* 35, no. 3 (1991), pp. 545-590; Michael Davidson, "From Margin to Mainstream: Postwar Poetry and the Politics of Containment," *American Literary History* 10, no. 2 (1988), pp. 286-287および Norman M. Finkelstein, "Jack Spicer's Ghosts and the Gnosis of History," *boundary 2* 9, no. 2 (1981), pp. 88-89.

　もちろん，アドルノの抒情詩の概念について有用な提言を提供するフランクフルト学派の批判理論それ自体について，および／あるいは英米の伝統を外れた近代詩については，多くの研究がある．数例に関しては，Russell A. Berman, "Lyrik und Öffentlichkeit: Das amerikanische Gedicht," in *Die andere Stimmme: Das Fremde in der Kultur der Moderne,* eds. Alexander Honold and Manuel Köppen (Cologne: Böhlau Verlag, 1999), pp. 231-242, and "Cultural Studies and the Cannon: Some Thoughts on Stefan George," *Profession* (MLA) (1999), pp. 168-179; Shierry Weber Nicholsen, *Exact Imagination, Late Work: Essays on Adorno's Aesthetics* (Cambridge, Mass.: MIT Press, 1997), passim and esp. pp. 59-102; Peter Uwe Hohendahl, *Prismatic Thought: Theodor W. Adorno* (Lincoln: University of Nebraska Press, 1995), passim and esp. pp. 81-103, pp. 105-117, pp. 151-154, pp. 235-237; Fredric Jameson, *Late Marxism: Adorno, or, The Persistence of the Dialectic* (London and New York: Verso, 1990), pp. 205-207〔加藤雅之・大河内昌・箭川修・齋藤靖訳『アドルノ　後期マルクス主義と弁証法』論創社，2013年，pp. 250-254, および Martin Jay, *Adorno* (Cambridge, Mass.: Harvard University Press, 1984), p. 145, p. 155〔木田元・村岡晋一訳『アドルノ』岩波書店〔岩波現代文庫〕，2007年，p. 241, pp. 259-260〕を参照．

5）　Bruce Mayo, "Introduction to Adorno's 'Lyric Poetry and Society,'" および Theodor W. Adorno, "Lyric Poetry and Society," *Telos*, no. 20（spring 1974）, pp. 52-55, pp. 56-71を参照.

6）　例えば Nicholsen, *Exact Imagination, Late Work*, p. 61, p. 96を参照. もうひとりの傑出したアドルノ翻訳者であり解釈者であるロバート・ウロット・ケントルは似たような意見を何度となく表明している.

7）　例えばマヨの "Introduction to Adorno's 'Lyric Poetry and Society'" および Hohendahl's *Prismatic Thought* における, このエッセーの初期の聴取者と, 西ドイツにおける新しい批判的な詩学の類比についての議論を参照.

8）　NL, 45-6/88-90〔pp. 62-64〕を参照. 美的経験が決定の問題にどのような洞察を提供しているかについての『美学理論』の論述において, アドルノは明白かつ繰り返して, 労働（*Arbeit*）をめぐる議論をおこなっている――そして彼はこの言葉を用いている. Theodor W. Adorno, *Aesthetic Theory*, edited, translated and with a translator's introduction by Robert Hullot-Kentor（Minneapolis: University of Minnesota Press, 1997）, e.g., pp. 167-168, p. 174〔大久保健治訳『美の理論』河出書房新社, 新装完全版2009年, pp. 283-287, p. 296〕を参照. ドイツ語の原書では *Ästhetische Theorie in Gesammelte Schriften*, vol. 7, ed. Rolf Tiedemann（Frankfurt: Suhrkamp, 1970）, pp. 249-251, p. 260 を参照. 『美学理論』が美的なアウラ――とくに抒情詩のアウラ――を近代性における労働と物象化の理解とどのように結びつけているのかについての豊富な議論に関しては, Kaufman, "Aura, Still" を参照.

9）　その結論が非常にヘーゲル的に見えるのだとしても, 別の箇所でアドルノは, 芸術作品の――そして美的経験の――擬似概念性や非概念性にたいする彼の関与が最終的にまったくカント的な批判的理論をもたらしていると指摘しようとしている. その理論がおこなう, ヘーゲル的な概念的同一性主義の意図的な破壊は, カントが美学に保証する場所を理論的に誇りに思っている点に由来する. Kaufman, "Red Kant" を参照.

　　　彼の作品の至るところでそうだったように（そしておそらく『美学理論』においてはもっとも頻繁に）, 「抒情詩と社会」におけるアドルノは, 社会的因果関係あるいは決定とその知的分析の両方について話すために, 規定する（*bestimmen*）と決定する（*determinieren*）を代わる代わる使っている（ドイツ語の *Determination* も『美学理論』において代わる代わる使われている）. アドルノはまた, 前述にあった「抒情詩と社会」の引用において, 決定［Entscheidung］の形成や正当化について, あるいは決定の諸要素および／あるいは秩序を演繹する［deduzieren］必要性について話そうとしている. いずれにしても, 因果関係（あるいは決定）およびそれを知的に捉える試みにたいするドイツ語の星座的配置は, 一般にアドルノの訳者たちによって英語で *determine* および *determination* として（あるいはそれらを密接に並べて）表現されてきている.

10）　Theodor W. Adorno, "Metaphysics and Culture," in *Negative Dialectics*, trans. E. B. Ashton（New York: Continuum, 1973）, p. 366（translation amended）〔木田元・徳永恂・渡辺祐邦・三島憲一・須田朗・宮武昭訳『否定弁証法』作品社, 1996年, p. 447〕を参照.

ドイツ語の原書は次の通り．"Metaphysik und Kultur" in *Negative Dialektik*, reprinted in *Gesammelte Schriften*, vol. 6, ed. Rolf Tiedemann（Frankfurt: Suhrkamp, 1973), p. 359 [*ihr Palast... gebaut ist aus Hundsscheisse*]．ブレヒト，ベンヤミン，アドルノによる，ときに区別されるがつねに重なり合っているという，ボードレール以来の抒情詩のアウラ，美的経験，詩の文化的価値についての理論については，Kaufman "Aura, Still"を参照．

11）　Geoffrey Hartman, "Poem and Ideology: A Study of Keats's 'To Autumn,'" in *The Fate of Reading*（Chicago: University of Chicago Press, 1975), とくに p. 125, p. 126, p. 324 n. 3を参照．機械的な決定論（determinism)に陥ることなく歴史的決定（determination)を理解しようとするためのアドルノの定式化をとらえつつ，ハートマンが述べているように「歴史的決定論を受容することなしに詩の歴史的時機の鐘の音（*geschichtlicher Stundenschlag*)（アドルノ）――それが歴史の時間をどのように告げるのか――を考察されるべきである」("Poem and Ideology," p. 126, "Rede über Lyrik und Gesellschaft," p. 91からの引用［"Rede über Lyrik und Gesellschaft" においてこの一節は，p. 92に続き，「歴史哲学的な日時計としての詩（*das Gedicht als geschichtsphilosophische Sonnenuhr*)」という言葉で終わっている]). 英語版の箇所に関しては，NL, 46〔p. 64〕を参照．ハートマンによるアドルノへの最近の関与に関しては，彼の *The Fateful Question of Culture*（New York: Columbia University Press, 1997) を参照．

12）　実際のところ，実験と関連する諸問題についての『美学理論』の議論は，「抒情詩と社会」からの箇所を頻繁に言い直す（そしてときには積極的に引用する）ことになる．例えば *Aesthetic Theory*, p. 55, p. 99, p. 133, pp. 122-124, pp. 167-168（*Ästhetische Theorie*, p. 88, pp. 152-153, pp. 201-202, pp. 185-188, pp. 249-252)〔アドルノ『美の理論』pp. 95-96, pp. 167-169, pp. 227-229, pp. 209-213, pp. 284-287〕を参照．

13）　さらなる論述に関しては，Kaufman, "Red Kant" を参照．

14）　Kaufman, "Aura, Still" を参照．そして例えば Walter Benjamin, "The Work of Art in the Age of Mechanical Reproduction"，そしてとくに "On Some Motifs in Baudelaire" in *Illuminations: Essays and Reflections*, ed. Hannah Arendt, trans. Harry Zohn（New York: Schocken, 1969), pp. 217-251, pp. 155-200〔久保哲司訳『複製技術時代の芸術作品』筑摩書房〔ちくま学芸文庫〕(『ベンヤミン・コレクション1　近代の意味』), 1995年, pp. 583-640，久保哲司訳「ボードレールにおけるいくつかのモティーフについて」筑摩書房〔ちくま学芸文庫〕(『パリ論／ボードレール論集成』), 2015年, pp. 249-325〕および "The Paris of the Second Empire in Baudelaire," in *Charles Baudelaire: A Lyric Poet in the Era of High Capitalism*, trans. Harry Zohn（London: New Left Books, 1973), pp. 9-106〔久保哲司訳「ボードレールにおける第二帝政期のパリ」,筑摩書房〔ちくま学芸文庫〕(『パリ論／ボードレール論集成』), 2015年, pp. 78-248〕を参照．ドイツ語の原書では "Das Kunstwerk im Zeitalter seiner technischen Reproduzierbarkeit," "Das Paris des Second Empire bei Baudelaire," および "Über einige Motive bei Baudelaire" in *Gesammelte Schriften*, vol. 1, ed. Rolf Tiedemann and Hermann Schweppenhauser

(Frankfurt: Suhrkamp, 1972), pp. 431-654を参照．これらのテクストのほとんどは，Benjamin, *Illuminationen: Ausgewählte Schriften* (Frankfurt: Suhrkamp, 1961)にあるのと同様である．Benjamin, *Charles Baudelaire: Ein Lyriker im Zeitalter des Hochkapitalismus: Zwei Fragmente*, edited and with an afterword by Rolf Tiedemann (Frankfurt: Suhrkamp, 1969)も参照．

　　Theodor W. Adorno and Walter Benjamin, *Briefwechsel* 1928-1940, ed. Henri Lonitz (Frankfurt: Suhrkamp, 1994), p. 138 ff., p. 364 ff., and p. 388 ff.; translated by Nicholas Walker under the title *The Complete Correspondence*, 1928-1940, ed. Henri Lonitz (Cambridge, Mass.: Harvard University Press, 1999), p. 104 ff., p. 280 ff., and p. 298 ff.〔野村修訳『ベンヤミン／アドルノ往復書簡　1928-1940』みすず書房，2013年，上巻 p. 160以下，下巻 p. 150以下，p. 179以下〕も参照．

15)　アドルノのエッセーにおけるメリケとゲオルゲについての最後の議論，そしてアウラにたいする手をつけないことや拒否や不協和音等々を経由した彼らの否定的なアプローチにアドルノが注目している箇所を参照．近代性におけるアウラの喪失についてのベンヤミンとアドルノの思想の背後にある，「経験の危機」理論の重要な再考に関しては，Martin Jay, "Is Experience Still in Crisis? Reflections on a Frankfurt School Lament." in *The Cambridge Companion to Adorno*, ed, Thom Huhn, Cambridge University Press, 2004, pp. 129-147を参照．

16)　物象化された伝達的言説と詩的言語との間の緊張関係が「抒情詩と社会」の議論において話題になるのにたいして，アウラ，物象化，労働に関するこの議論は『美学理論』において決定的に扱われている．この後者のテクストであれば，例えば p. 33, p. 79, pp. 167-168, pp. 173-174, p. 204, p. 209, p. 245 および p. 269 (*Ästhetische Theorie*, p. 57, pp. 122-124, pp. 249-242, pp. 258-260, pp. 303-304, p. 311, pp. 363-364 および p. 401)〔アドルノ『美の理論』p. 61, pp. 136-137, pp. 284-287, pp. 294-297, pp. 348-349, pp. 356-357, pp. 415-416, pp. 457-458〕を参照．

17)　強調されるべきなのは，アウラと労働他者性との結びつきが，フランクフルト学派の言い方であれば，根深い搾取と激しい不平等によっていまだに非難される世界を偽ってふたたび魅了し和解させようとする官製文化の軽率なあるいは（マルクーゼ的な意味で）「肯定的な」試みから，否定を介した (*via-negativa*) アウラを批判的に区別して意味づけられているという点である．

18)　Adorno, *Aesthetic* Theory, p. 269, p. 245 (*Ästhetische Theorie*, p. 401, p. 364)〔アドルノ『美の理論』pp. 457-458, p. 416〕．「第二の反省」については Kaufman, "Red Kant," pp. 718-719を参照．

19)　ベンヤミンとアドルノによる力の場と星座的配置についての有意義な説明に関しては，Martin Jay, *Force Fields: Between Intellectual History and Cultural Critique* (New York and London: Routledge, 1993), とくに pp. 1-3, pp. 8-9〔今井道夫・吉田徹也・佐々木啓・富松保文訳『力の場　思想史と文化批判のあいだ』法政大学出版局，1996年，pp. 1-4・pp. 12-13〕を参照．ジェイの *Adorno* (Cambridge, Mass.: Harvard University Press, 1984), とくに pp. 14-23〔ジェイ『アドルノ』pp. 7-24〕も参照．

196

20)　議論に関しては,例えばAnthony J. Cascardi, *Consequences of Enlightenment* (Cambridge: Cambridge University Press, 1999); Frances Ferguson, *Solitude and the Sublime: Romanticism and the Aesthetics of Individuation* (New York: Routledge, 1992); Howard Caygill, *Art of Judgment* (Oxford: Blackwell, 1989) および Kaufman, "Red Kant" and "Negatively Capable Dialectics" を参照.

21)　Benjamin's "Theses on the Philosophy of History," *Illuminations*, 261; "Über den Begriff der Geschichte" (*Gesammelte Schriften*, vol. 1, p. 730)〔浅井健次郎訳「歴史の概念について」筑摩書房〔ちくま学芸文庫〕(『ベンヤミン・コレクション1　近代の意味』) 1995年, pp. 659-660〕の第14テーゼを参照. 星座的配置の形成にたいするこのテーゼの適用可能性に関しては, ベンヤミンの *Das Passagen-Werk* 1, *Gesammelte Schriften*, vol. 5, pp. 494-495 (*The Arcades Project*, pp. 391-392)〔今村仁司・大貫敦子・高橋順一・塚原史・三島憲一・村岡晋一・山本尤・横張誠・與謝野文子訳『パサージュ論　第3巻』, 岩波書店〔岩波現代文庫〕2003年, pp. 13-15〕における *Jetztzeit* と *Jetztsein* との魅力的な区別を比較せよ.

22)　星座の思想と批評における叙述の概念と形式について鍵となる論述に関しては, そして近代芸術の独断的でないが論争的でもない諸形式にたいする星座の関係に関しては, Robert Hullot-Kentor, "Foreword: Critique of the Organic," in Theodor W. Adorno, *Kierkegaard: Construction of the Aesthetic*, trans. Hullot-Kentor (Minneapolis: University of Minnesota Press, 1989), pp. x-xxiii を参照. どのようにミメーシスがアドルノの著作のモードとスタイルを特徴づけているかという関連の議論に関しては, Jameson, *Late Marxism*, e.g., p. 68〔ジェイムソン『アドルノ——後期マルクス主義と弁証法 ——』pp. 92-93〕および Martin Jay, "Mimesis and Mimetology: Adorno and Lacoue-Labarthe," in *The Semblance of Subjectivity: Essays in Adorno's Aesthetic Theory*, ed. Tom Huhn and Lambert Zuidervaart (Cambridge, Mass.: MIT Press, 1997), pp. 29-54, reprinted in Jay, *Cultural Semantics: Keywords of Our Time* (Amherst, Mass.: University of Massachusetts Press, 1998), pp. 120-137〔浅野敏夫訳『文化の意味論——現代のキーワード集——』法政大学出版局, 2010年, pp. 188-214〕を参照.

23)　NL, 38-42, 43-46, 53-54/75-83, 84-91, 103-104〔pp. 53-59, pp. 60-64, pp. 73-74〕を参照. そして *Aesthetic Theory*, p. 55, p. 99, p. 133, pp. 122-124, pp. 167-168 (*Ästhetische Theorie*, p. 88, pp. 152-153, pp. 201-202, pp. 185-188, pp. 249-252)〔アドルノ『美の理論』pp. 95-96, pp. 167-169, pp. 227-229, pp. 209-213, pp. 284-287〕を参照. モダニズムとポストモダニズムの様々な作曲家による (表現とアウラを事実上は無批判に置き去りにする) 純粋な物質性と構成を備えた芸術の創造の試みに関する並行する批判に関しては, Theodor W. Adorno, "Das Altern der neuen Musik," in *Gesammelte Schriften*, vol. 14, pp. 143-67; translated by Hullot-Kentor および Fredric Will under the title "The Aging of the New Music," Telos, no. 77 (Fall 1988), pp. 95-116を参照. そのような音楽的な問題がどのように文学芸術の問題へと転換しているかについて指し示しているものに関しては, アドルノによる「プロトコール命題」と因習との純粋に構成主義的な遊戯

(*Aesthetic Theory*, pp. 154-157, pp. 203-206; *Ästhetische Theorie*, pp. 231-236, pp. 302-307)〔アドルノ『美の理論』pp. 262-268, pp. 347-352〕を参照.

訳注
〔1〕　例えば挿絵，序文，タイトル，宣伝文，著者名，プロフィール，近刊案内文，推薦文のように，テクストの周辺にあり，テクスト理解の補助を担うものを指す．ジェラール・ジュネット『スイユ　テクストから書物へ』（和泉涼一訳，水声社，2001年）を参照.

解題　新自由主義から権威主義の批判へ

日　暮　雅　夫

　マーティン・E・ジェイは，カリフォルニア大学バークレー校歴史学部教授である．フランクフルト学派の批判理論を中心とした思想史研究，文化批評，ポストモダン思想研究で国際的に知られている．著書は，『弁証法的想像力』(荒川幾男訳，みすず書房，1975年)，『マルクス主義と全体性』(荒川幾男他訳，国文社，1993年)，『うつむく眼』(亀井大輔他訳，法政大学出版局，2017年)，『日蝕後の理性』(未邦訳，*Reason after Its Eclipse: On Late Critical Theory*, The University of Wisconsin Press, 2016) 等多数ある[1]．

　本書は，M・ジェイと日暮が共編したアンソロジーである．したがって本書自体がオリジナルであり，日本独自に編まれた著作である．その特徴を何点か指摘しておく．

　第1に，日本には，ジェイが独自に編集した批判理論の著作がすでに2点ある．竹内真澄監訳『ハーバーマスとアメリカ・フランクフルト学派』(青木書店，1997年) と永井務監訳『アメリカ批判理論の現在――ベンヤミン，アドルノ，フロムを超えて』(こうち書房，2000年) である．前者は主としてハーバーマスの理論を基軸に，それとアメリカ批判理論内の論争を扱っており，後者はフランクフルト学派第一世代のアドルノやフロム，美学を幅広く取り上げている．両者ともに，ジェイが，アメリカ批判理論の研究者の最先端の研究を集成したものである．本書はそれに次ぐ第三弾であり，ほぼ20年の月日を超えて，それらの方向性を継承しつつ，最新の研究を踏まえてヴァージョンアップを図ったものである．

　本書の第2の特徴としては，アメリカ批判理論からの新自由主義に対する批判的応答をテーマとしていることである．これは，日暮が基本的アイデアを出しジェイがそれに対応する諸論文をピックアップすることでなされた．21世紀に入り，2008年に経済恐慌もあり，1％以下の者に富が集中して貧富の格差が開き，トランプ政権 (2017～2020年) となり，移民を排斥せよというポピュリズムが先進諸国を席巻している中で，アメリカ批判理論はどのようにそれを分析し対応を模索しているのだろうか．それが，2018年秋学期にバークレーに研究員として滞在した日暮がジェイに示した問いであり，それに対する答えとして編

まれたのが本書である．本書を手に取られた読者にはすぐにお分かりになることだろうが，実は，新自由主義批判は，アメリカ批判理論のなかでは，経済的再分配の問題から始まりながら，「権威主義」というアメリカに深く巣食う政治・社会文化の問題として展開されるに至っている．そのとき，フランクフルト学派第一世代のアドルノ，マルクーゼ，フロム等の思想的布置連関も新たな生命を吹き込まれるのである．

　本書の第3の特徴は，2020年現在のアメリカ批判理論の研究者の論文を広く取り上げていることである．そこでは，ジェイやN・フレイザーのように主としてハーバーマスの影響下に思考した者と，W・ブラウン，P・ゴードン，M・ペンスキーのように，フーコーやフランスポストモダン思想やアドルノの影響下に思考した者との両方の潮流が含まれている．この両潮流は，アメリカ批判理論をそれぞれ代表するものであり，アメリカ批判理論の歴史はこの両潮流の論争のなかで形成された，と言ってよかろう．本書は，その意味で，アメリカ批判理論の総決算を示すものである．

＊　　　　　＊　　　　　＊

　最初に，本書の理論展開の前提をなす概念を検討しておきたい．それは，1，新自由主義の理論的端緒，2，新自由主義の現実，3，ポピュリズムと権威主義の興隆，の3点からなる．

1　新自由主義の理論的端緒

　オックスフォード・プレスのハンドブックで"neoliberalisms"[2]と複数形で表記されているように，「新自由主義」は多様性を持っており，その概念を明確に定義づけすることは難しい．ここでは当面の定義として，「競争的市場秩序の構築とその担い手である大企業の利益のために，国家の権力をどのように利用するかについての理論と思想」[3]と実践，としよう．つまり，新自由主義とは，単に競争主義的な市場原理主義であるだけではなく，国家がそのためにどのように介入するべきかについての理論と実践なのである．

　ここでは，新自由主義の理論的端緒を20世紀前半に遡及していこう．

　ジェイの「序文」に見られるように，第一次大戦後から世界大恐慌後に登場した世界の社会体制には，F・ポロックが言う「国家資本主義」的特徴が見ら

れた．つまり，国家が資本主義的市場経済に強権的に介入する社会体制である．アメリカのケインズ主義は，強大な政府が新しい仕事の創造と消費向上を呼びかけた．ドイツにおけるナチズムとイタリアのファシズムは，民主主義を侵害する権威主義的国家の形態でそれを行った．ソビエト連邦の政治体制も，にわかに国家資本主義と呼ぶことには留保が必要であるとしても，中央集権国家が行政管理を行うという点では一致していた．

　ブラウンが指摘するように，新自由主義的思考は，ヨーロッパのファシズムとソビエト全体主義の影から生まれた．その先駆けとなるのは，1938年にパリで開かれた「リップマン・シンポジウム」である．そこでは，自由主義の危機の原因の解明とその再生のために，多様な分野の研究者26名が集められた．そこで確認されたのは，国家が議会制民主主義のもとで福祉国家の発展と労働者の要求に応じた結果，市場経済の価格調整システムが損なわれ国家が特定の職業団体の利益を実現するに至ったこと，自由主義者が価格メカニズムと両立し得る国家の介入形態についての研究を怠ったこと等であった[4]．

　リップマン・シンポジウムの課題は，1947年スイス・ジュネーブ郊外で開かれた「モンペルラン会議」に継承された．同会議は，F・ハイエクの呼びかけによって開催されたものであり，そこで招聘された39人のなかには，シカゴ学派のM・フリードマン，ドイツのオルド－自由主義者すなわちフライブルク学派のW・オイケン，同W・レプケ，同A・リュストウのほか，M・ポランニー，K・ポッパーなども含まれていた．この会議は，「新自由主義の最初の体系的形式化[5]」と言われるべきものであり，ここで創設されたモンペルラン協会は，その後新自由主義のためのシンクタンクとなる．ハイエクはその基調報告の中で，市場の競争的秩序は国家の法的介入を通じて創出されると主張し，そのための形式的ルールとしての法を確立すべしと新自由主義の思考を定式化したのである[6]．

　モンペルラン協会では，1960年代にフリードマンが主催するシカゴ学派が中心となっていく．そこでは，ハイエクやオルド－自由主義者からフリードマンへ至る際の強調点の変化が見られる．それを端的に示しているのは，前者が主張していた私的独占に対する規制が撤廃されるに至ることである．そこでは，競争の規制緩和，国家の領域の民営化がより強く見られる．フリードマンは，1962年に刊行された主著『資本主義と自由』のなかで，新自由主義的理念の具体化として，「① 競争秩序を妨げる規制や規則の撤廃，② 国家が所有する企

業や施設の民営化（民間への売却），③ 社会保障支出の大幅削減[7]」という提言を行っている．ここで見られるのは，巨大企業に，今まで国家が担当していた領域（例えば教育や福祉）を市場として提供する戦略である．フリードマンが目指すのは，「政治領域の縮小による自由の拡大[8]」である．今まで国家の領域とされていたものが，市場において，競争する個人や企業に委ねられるだけではない．フリードマンは，市場における強制によらず合意を導く方法を，自立した個人が合意によって集団的意志形成を行うという民主主義の方法に置き換えようとしたのである．それによって，後に露見するように，新自由主義のもとでは，民主主義の後退が顕著に現れることになる．

2　新自由主義の現実化

　このような新自由主義の理論は，1970年代に大学・ジャーナリズム・シンクタンク・国際機関等で展開され受容されることで主導的な影響を与えていくことになる．1970年代以降に新自由主義は，先進諸国を悩ますスタグフレーション（不況・失業等の経済停滞と物価上昇の同時進行）に対する対応策として，現実化された．アメリカのD・レーガン政権，イギリスのM・サッチャー政権，ドイツのH・コール政権がその推進者である．ジェイは「序文」でその頃から現在に至る新自由主義による経済的変化として，市場原理主義の浸透，労働・金融等におけるさまざまな規制緩和，国営企業の民営化，社会保障費支出の削減，貧富の差の拡大，金融資本のグローバルな成長，ヘッジ-ファンドやデリバティブ商品の登場等をあげている．

　1989年には新自由主義的原則が，世界銀行とIMFによって不況・バブル崩壊・経済危機の対応策として，「ワシントン合意」の名で定式化され，各国の政策として世界的に拡散していくことになった．ワシントン合意は，フリードマンの『資本主義と自由』の理論を，金利の自由化，貿易自由化，国営企業の民営化，規制緩和等の新自由主義的政策として具体化したものである．この年の11月にはベルリンの壁が倒壊し，1991年にソ連・東欧圏における現存社会主義が崩壊し，中国の改革と並んで市場志向的改革が加速化するに至り，1990年代は新自由主義モデルが全世界的に席巻することになる．1993年に始まるアメリカのB・クリントン政権，1997年からのイギリスのT・ブレア政権はそれらの政策を積極的に推進していた．

このような経済的変化は，同時に政治的変化として，民主主義の後退をもたらした．それは端的には，各国における投票率の低下に表れている[9]．ジェイは，新自由主義が民主主義を後退させた要因として，国際的エリートの伸長，サイバネティックス的過程による民主主義的意志形成の変化をあげている．前者においては，政治が，政府と企業利益を代表するエリートとの交渉に依存すること，グローバリゼーションの進行によって政策決定が国民国家から超国家的な機関（EU, IMF, 世界銀行, WTO など）に移管されたことがあろう[10]．民主主義とは，人々が討議・熟議をつうじて反省と論拠のみによって意志形成を行い自己統治しようとする試みである．新自由主義の重大な問題は，脱政治化を進行させ，民主主義を市場に代替させることによって空洞化させることである．

新自由主義は，国家の法的介入によって，社会を，諸個人・企業による競争によって再構成しようと試みる．そのなかで個人は，新自由主義的主体へと変容していくことを余儀なくされる．そこでは，主体は，市場における競争を内面化した「企業家」として自分を把握することになる．この側面を，新自由主義的統治として注目したのは，M・フーコーの1978年のコレージュ・ド・フランス講義『生政治の誕生』である[11]．同書において，フーコーは，オルド‐自由主義からシカゴ学派に至る展開を分析している．そこでフーコーは古典的自由主義とオルド‐自由主義とを対置して，前者が市場を「交換」として把握するのに対して，後者は市場を「競争」として把握するとする[12]．その際，オルド自由主義は市場を自然発生的なものではなく，国家によって社会のあらゆる局面に競争メカニズムを導入するものとする．

新自由主義の浸透の中で，主体は，自分を投資の対象として徹底的に管理する「自分自身の企業家」，「市場原理を内面化したセルフ・マネージメントの主体」となる[13]．このような主体は，フォード式生産様式におけるトップダウン型の活動ではなく，インセンテイブを強調するネットワーク化されたチームベースの活動を志向する[14]．この主体は新自由主義的統治においては，経済的ルールにおける競争に集中し，政治的次元で「怒りの反応」[15]をもたらすことはもはやないのである．

3　ポピュリズムと権威主義の興隆

ブラウンが言うように，新自由主義の実態は，国家の機能を縮小させ個人の

自由を最大限に実現するという，彼らの夢の実現ではなかった．つまり，彼らの言うユートピアは結果として，中流階級の没落，貧富の格差を生み出し，分断を前景化するディストピアに転化した．これは，2007年サブプライム（低所得者向け）住宅ローン関連証券市場の大きな値下げをきっかけに，2008年リーマン・ブラザーズ破綻に始まる経済危機で顕著となり，その結果，右派ポピュリズムの伸長，2016年の英国のEUからの離脱決定，同年のアメリカ大統領選でのトランプ勝利へと至った．この一連の流れは，新自由主義の実現が社会格差・社会分断を生み出し，その結果それに対する反応として，ポピュリズム的権威主義を呼び起こしたものと捉えられるだろう．

　ジェイが「序文」で示したように，フランクフルト学派の理論は「新自由主義の危機と，それから生じたと思われる新しいポピュリズム的権威主義とを理解しようとする試み」の中で再生を経験することになった．本書の諸論考は，その試みを解明しようとするものである．その中でも基本線を与えるのは，ゴードンが分析しようとする，アドルノ等の1950年に刊行された『権威主義的パーソナリティ』における考察である．ゴードンは，トランプ支持者を測る指標として「権威主義」をあげ，その特徴を，「強い指導者を支持して集まり，それに従うこと．特に脅威を感じるとき，よそ者に対して攻撃的に反応すること」とする．たしかに，これは反移民的なポピュリズムそのものである．アドルノとアメリカの心理学者たちは，権威主義的性格を探求するために，Fスケールというアンケート調査を行いその分析を行う．

　しかし，ゴードンが注目するのは，心理学者たちとアドルノ自身の思索のずれである．アドルノからすれば，個々のパーソナリティ分析が行われること自体，自由な主体が摩滅し類型化していることを前提とする．肝心なことは，権威主義がその背後にある現代社会の差し迫った全般的特徴を示していることである．したがって，トランプ主義も，個々人のパーソナリティではなく，アメリカの政治文化に全般的に見られる病理の実例なのである．ゴードンは，アメリカの政治文化の病理を解明する補助線として，J・ハーバーマスの「公共圏の再封建化」論，アドルノらの「文化産業」論を示し，その現代的実例をあげている．またブラウンは，そのために，ニーチェのニヒリズムとルサンチマン論，H・マルクーゼの「抑圧的脱昇華」という消費文化論を参照している．

　ポピュリズムは，日本では「大衆迎合主義」を意味するものとして使われることが多いが，本書のフレイザーのように積極的に捉える例もある．ここでは，

ポピュリズムを，大衆迎合主義であり，自分たちが正しい人民であるという排外的主張を持ち，カリスマ的なリーダーが指導する政治運動と定義する．一口にポピュリズムと言っても多様な特徴が挙げられている．ざっと列挙してみても，カリスマ的リーダーの存在，大衆の能動性・自発性を感情的に引き出すこと，街頭における集団行動，SNS などのメディアによってフェイクニュースを拡散すること，ポスト真実，反エリート・親人民の主張，移民排斥主義，多元主義の否定，反 EU の主張，代議制民主主義批判，善悪二元論による道徳的主張，等々がある．

　ヨーロッパの右派ポピュリズム運動を見てみよう．フランスで2007年マリーヌ・ルペンが，移民排斥を掲げるフランス国民戦線新党首となり，同年の大統領選決選投票に残った．ドイツでは，「ドイツのための選択（AfD）」がユーロ解体，自国通貨再導入，反移民・難民の主張を掲げ各州議会で伸長している．イギリスでは，2015年総選挙で EU からの英国離脱を主張するイギリス独立党が第三党となり，2016年 6 月に離脱が国民投票で決まった．

　右派ポピュリズムをもっとも代表するのは，アメリカのトランプ元大統領だろう．2016年 7 月に共和党の大統領候補となり，移民攻撃，メキシコとの国境の壁建設，アメリカ第一主義，北米自由貿易協定（NAFTA）・間太平洋経済連携協定（TPP）を批判する保護貿易を主張し，11月に予想外に民主党候補ヒラリー・クリントンを下し勝利した．

　その勝因は本書においても多様に分析されているが，新自由主義がもたらした貧富の格差，白人中間層の没落，そのルサンチマンが大きな原因であろう．ラストベルトと呼ばれるアメリカ中西部から北東部に広がる旧工業地帯が空洞化し，没落した白人労働者層をトランプは「置き去りにされた人々」と呼び，「わが国の忘れられた人々は，もう忘れられることはない」と約束した．トランプの勝利は，白人を主とする中間層と下層の人々が，レーガン以来進行した新自由主義，すなわち一部の富裕層への富の集中が引き起こした不満を，財界と経済エリート層，移民や少数者に振り向ける主張に感情的に巻き込まれた結果であろう．（イギリスの EU 離脱も同一構造であろう．）[16] その後，トランプ政権は，フレイザーが指摘するように富裕層を優遇する減税を行い，ジェンダー，エスニック・マイノリティとの国民各層の分断を進行させ，それに対してウィメンズ・マーチ，ブラック・ライヴズ・マター等の対抗運動が全米的に生じるに至った．これは，新自由主義的主体からの変容を意味していよう．さらに，2020年に生

じた新型コロナ・ウィルス禍において，トランプ大統領の経済優先の政策によって29万人を越えるアメリカ人の生命が犠牲になり，ことにそこでは黒人層・貧困層の負担が大きかった．そうした結果を受けて，2020年11月3日の大統領選で，民主党 J・バイデン候補が次期大統領に選出されたのである．

バイデンは，約8100万票という，アメリカ大統領選最大の得票で勝利を確実にした．新自由主義による極端な社会の分断が，民主主義の活性化をもたらしたと言えよう．それは，フレイザーの言うように，「進歩的ポピュリズム」の現れ，つまり平等を求める再分配の政治と，多様性を求める承認の政治が結合した結果の勝利のようにも見える．しかし実際には，エリート的な進歩的新自由主義と，若者に支持される左派路線との妥協の上に成り立っており，今後どのように展開されるかは予断を許さないだろう．しかしトランプが約7400万票を獲得したことも衝撃的な事実であった[17]．トランプ自身の今後の政治的生命は別としても，トランプ主義は，アメリカを初めとする現代社会に巣くう権威主義として今後も暗澹たる影響を与え続けるだろう．

＊　　　　＊　　　　＊

以下，本書各章の内容を紹介し，短評を試みる．

第1章　チャールズ・プリュシック「新自由主義──自然史としての批判理論──」

プリュシックは，ビラノーバ大学の哲学部教授であり，社会哲学・政治哲学を専門とし，『アドルノと新自由主義』の著作がある．彼は本書の論文で，アドルノの「自然史」批判を用いて，例えばハイエクなどの新自由主義の理論を批判しようとする．そこでは，マルクスからルカーチにいたる物神性批判が用いられている．

プリュシックによれば，新自由主義とは，「自己調整的な市場」が社会調整のための最も合理的な主体である，と考える政治的プロジェクトである．しかし批判理論の観点からすれば，新自由主義とは，社会から抽象化された市場関係の物神化された形態を最も合理的な主体とするものなのである．

プリュシックは，アドルノの初期のフランクフルトにおける講演「自然史の理念」から『否定的弁証法』にいたる物神性批判を取り上げる．同講演においてアドルノは，自然と歴史とを対比する．アドルノにとって自然とは，「神話」すなわち，無時間的な秩序や循環的な不変性や運命を持ったコスモロジーとい

う意味において理解される．それに対して，歴史とは，自然によって媒介された実践を通じて新たな社会形態を構成する人間の能力を意味している．人間によって形成された歴史を自然として理解することが，物神化なのである．

　アドルノは，ルカーチの『小説の理論』における「第二の自然」概念を援用する．ルカーチの「第二の自然」とは，資本主義社会の疎外された形態が「因習」という無意味な領域に結晶化することとされる．しかしアドルノはルカーチとは異なって，第二の自然を，疎外された社会関係をその転倒した形態において表現する「仮象」の一形態として扱う．つまり，第二の自然とは，資本主義社会において商品において社会関係が価値として表現されることを意味している．アドルノのマルクス講義も，マルクスの理論に従った商品の物神性についての同様の考察を示している．商品経済においては，ある商品の交換において，その背後にある人間の社会的関係は消失し，あたかも物そのもののうちに自然的な性質として価値が備わっているという外観をとるのである．

　プリュシックは，経済学の歴史を，古典派経済学から新古典派経済学へと簡単に辿り，新古典派経済学の特徴を示す．そこでは，市場競争の条件のもとで諸主体が合理的な選考を有し，各自の効用選好を最大化すること，その際諸主体が価格に関するすべての利用可能な情報を有していると仮定している．しかしここから枝分かれした新自由主義の経済学は，諸主体がすべての情報を有していることに反対し，市場のみがそのような情報の伝達を行いうると考える．

　新自由主義の代表的思想家の一人，ハイエクは，「社会主義計画論争」のなかで，市場を「情報処理のための装置」として定義した．市場は，社会の誰にとっても完全な形では与えられていない知識をいかに利用するのか，という問題に答えるものであり，市場だけが資源の効率的な配分方法を発見できるとする．それぞれの行為者は無知なのであり（つまり社会全体を見通すことができず価格だけを通じて情報を得て行為を決定するのであり），市場だけが断片的な知識を識別して組織することができる「思考する主体」として現れうるのである．

　さらにハイエクは，『法・立法・自由』において，市場を，知識を伝達する媒体，「自生的秩序」と定義する．「自生的秩序」は，人為的秩序と自然的秩序との中間に位置している．それは，人間によるあらゆるアプリオリな設計や計画を欠いたものだが，人間の相互作用の産物であり人工的で安定的で進歩的な秩序である．この自生的秩序は，その発展のために私有財産制度や適切な制度的・法的文脈を必要とするとされる．

　新自由主義は，自由市場社会のビジョンを，市場調整を特徴づける自然的客観性の明白な形態，自然史として正当化しようとする．それは，市場を「社会よりも多くのことを知っている自己秩序システム」として特徴づける．社会における諸個人は無知なのであり，社会における資源配分の最良の解は，市場における価格をつうじて決定されるとする．しかし，新自由主義は，市場を，歴史的に構成された「第二の自然」であるとは認めてない．市場における商品の価値を，特定の社会関係が客観化して固定したものとは認めていない．新自由主義の立場からすれば，環境問題のようなものであろうと，市場の自己決定に任せておけば市場はやがて外部の危機に対する解決策を発見することになる．しかし，批判理論は，自然的秩序とされる市場を，諸主体による社会的産物であると考え，諸主体自らが民主主義的手段によって決定しうるものによって制限されうると考えるのである．

第2章　ナンシー・フレイザー「進歩的新自由主義からトランプへ──そしてそれを超えて──」

　フレイザーは，ニューヨークのニュー・スクール・フォア・ソーシャル・リサーチ大学の政治学教授である．極めて左派的なフェミニストとして知られている．フレイザーは，2000年前後にアクセル・ホネットと再分配と承認との関係をめぐる論争を行った．本書所収のこの論文においても，再分配 - 承認の両方のパラダイムから社会問題を分析している．ことにこの財の再分配，平等の政治に注目していることは本書においてもフレイザーの特徴となっているだろう．それは，西海岸におけるポストモダンの影響を受けた理論とは一線を画するものであり，極めてストレートな印象を与える．この論文で，フレイザーは，アメリカの2000年以降の政治的状況を分析し，今後の左派の戦略を再検討している．そこで導きの糸となるのは，「進歩的ポピュリズム」である．

　この論文の冒頭で，フレイザーは，アメリカの現在を危機として捉え，それをトランプをめぐる論争的状況とし，グラムシの「ヘゲモニー」を用いて解明しようとする．ヘゲモニーとは，支配階級がその前提する世界観を社会全体のコモンセンスとして導入してその支配を明白なものとするプロセスである．フレイザーは，このヘゲモニー的陣営の解明を，分配と承認の二つの視点から行っていく．分配とは，財とりわけ所得を社会がいかに分配するかに関わる．承認とは，メンバーシップと所属の道徳的特徴である尊敬と評価を社会はいかに割

り当てるべきかに関わる.

　フレイザーによれば, トランプに先立ってアメリカを牛耳ってきたヘゲモニー的陣営は「進歩的新自由主義」であった. それは, フェミニズム, 反人種差別主義, 多文化主義, 環境保護主義, LGBTQ に代表される性的マイノリティの権利擁護などの新しい社会運動における主流のリベラルな諸動向と, 他方, ウォールストリート, シリコンバレー, ハリウッドといった, もっともダイナミックで「象徴的に」洗練されたアメリカ経済界における主要部門との連合体である. それは, 金権主義的な経済計画 (分配の政治) とリベラルで実力主義的な承認の政治との結合によって成り立っている. ここでは詳述は避けるが, フレイザーは,「進歩的新自由主義」がいかにヘゲモニーを形成してい行ったかを, レーガン, クリントンの歴史をフォローし,「新しい民主党」における「資本主義の新たな精神」の生成として描いている. これが犠牲にしたのが, 衰退しつつある製造業, 特にいわゆるラストベルトの白人労働者である. 2007年以降に登場したオバマも, この進歩的新自由主義の現状維持の範囲内にいた. 民衆の不満がついに爆発するのは, 2016年の政治危機においてであった.

　民衆の不満は二つの形で表れた. 一つは, トランプがその象徴となった「反動的ポピュリズム」であり, それは反動的な承認の政治とポピュリズム的な分配の政治が結びつくことで出現した. つまり, 一部のエリートが富を独占することへの民衆の批判と, 反移民的で保守的な白人労働者層の意識とを組み合わせたものだった. 他方で, 民主党の B・サンダースが代表したのは「進歩的ポピュリズム」であり, それは包摂的な承認の政治と労働者向けの分配の政治とを結びつけたものだった. つまり, 経済的には平等主義的であり, 承認の面では多様なマイノリティを包摂するものだった. これらの間で, サンダースがどのようにクリントンに敗北し, トランプが勝利したかは詳述を避けるが, トランプはその政権獲得後, フレイザーによればおとり商法, 縁故資本主義, 自己取引が明確になっているという. その結果, フレイザーによれば, トランプは悪質な反動的な承認の政治を選ぶにいたり, 結果として「超反動的新自由主義」に転化したのである. この間の状況は, トランプの反移民政策, 人種差別政策として喧伝されているとおりであり, ブラック・ライヴズ・マターの大規模な抗議デモを呼び起こした.

　これに対して対案となりうる唯一の解決策は, フレイザーによれば,「進歩的ポピュリズム」である. それは, アメリカの労働者階級と中流階級の主張な

210

セクターを含み，包摂的な承認の政治によって，女性，移民，有色人種，セクシュアル・マイノリティの人々の利害も代表し，ヘゲモニー陣営を形成しうる．それらは，かつてのトランプとサンダースの支持者双方に訴え得る．「進歩的ポピュリズム」は，金融資本主義における階級的・地位的な不正を是正しようとする．現在の金融資本主義は，その非経済的な背景となる諸条件——親密圏における社会的再生産，公権力における法整備，エコロジー——において危機を生み出している．フレイザーによれば，「進歩的ポピュリズム」のみが，このような危機に対して抜本的な解決案を示しうるものである．

　フレイザーのこの論文の特徴は，フレイザーのかねてからの分配と承認の観点を結合させたオルタナティヴとなる政治を，「進歩的ポピュリズム」と明確に呼んでいることである．左派ポピュリズムについてはその一定の積極性を評価しながらも（例えば感情的側面を取り入れたこと，民衆の多様な層に訴えようとしていること等），より安定したフォーマルな政治的意志形成と結合することが必要なのではないだろうか．

第3章　マーティン・ジェイ「新自由主的想像力と理性の空間」

　ジェイは，論文冒頭で，新自由主義を，政府の規制，過度な課題，公的な福祉支出等を公然と批判する攻撃的な市場原理主義と規定する．ジェイは，伝統的な保守主義が，伝統，権威，習慣，信条，実践知，感情，経験を重視するのに比して，新自由主義を合理性に立脚するものとして特徴づける．新自由主義の合理性がどんなものであるのか分析するのが，当論文の課題である．ジェイは，新自由主義が含んでいる合理性を三つに分ける．

　第1は，M・ヴェーバーが「道具的」と呼んだ手段−目的合理性である．新自由主義的理性は，個的主体が自分自身の信念体系から任意に選ばれた目的を実現するために効率的に手段を選ぶものである．ここでは，合理性は手段の選択だけに関わっていて，その信念は合理的基準によって判断されず，実は各人の信念に任されている．主体は，孤立した自律的なものと考えられ，欲望しうる目的を獲得できる可能性を最大化する手段を計算できる行為者である．このような主体を想定した社会理論が，「合理的選択理論」がある．

　第2は，機能主義的な合理性である．上の合理的選択理論が軍事的意志決定をルーツとしているように，主体を効率を最大化する手段を選択する者としてとらえることは，規則によって動くシステムそれ自体に注目しいかに素早くそ

れを稼働させるかという観点を持つ機能主義に至る．これは，規則化されるシステムのレベルに焦点を合わせて，システム維持や均衡の論理を目的としている．ここでは自動操縦システムや，素早く動くシステムが取り上げられる．ジェイは，このような新自由主義的合理性として，コンピュータ技術によってなされる資本と情報のグローバルな流れの加速が，人間の能力よりも早く作用する市場を作り出したとする．それは，昨今の株式市場に容易に見出せるだろう．

　第3は，統治性の合理性である．フーコーは，『78年講義』で「統治性」の概念を示したのであり，それは政治的権威が，警察国家などの権威主義的な統制を通じてではなくむしろ，人々の振舞い・態度への微妙な影響を通じてコントロールする方法を意味する．これは，人々をある一定のし方で振舞うように訓練する標準化の技術と実践を動員する．フーコーはこの新自由主義的理性を，ドイツの「オルド‐自由主義」まで辿っていく．このオルド‐自由主義は，自由で公正な市場は，自然の出来事ではなく，それ自体が計画的に作られ用心深く維持されねばならないという確信を持っていた．これは主体に関して言えば，「ホモ・エコノミクス」が意識的に育てられねばならないことを意味している．人間のこのあり方には，常に自分のスキルアップとキャリアアップを心掛ける起業家精神を見ることができるだろう．

　ジェイによれば，新自由主義的合理性は以上の三つによって成り立っている．それらは状況によって，他のものを排除したり相争っている．それに対してジェイが対置するのは，ハーバーマスに由来する「コミュニケーション的合理性」である．それは，道具的合理性が独話的であるのに対して対話的で間主体的であり，機能主義的合理性が，誰のコントロールでもない規則に従った意図せざる結果をもたらすのに対して，参加者の意図された発話のレベルにとどまるものである．（ジェイ自身は述べていないが補ってみるならば，）統治的合理性が市場での成功を内面化した主体を形成しようとするものならば，コミュニケーション的合理性は主体がそれに向かって自己形成すべき価値を自分自身で定立することだろう．コミュニケーション的合理性は，一般的合意の無限の探求において理由を挙げる命法を意味している．ジェイの試みは，ハーバーマスのコミュニケーション的合理性を新自由主義の時代に合わせてそれを克服する形で展開したものである．この合理性を具現化した政治的熟議が民主主義の根底であることからすれば，ジェイの試みは政治の再活性化，民主主義の再生の課題を持つものと言えるだろう．

　最後にジェイは,「時間性」の問題を提起する. それは特に機能主義的合理性との関係で問題となったものであり, そこでは合理性は考えることなく, 規則に従って最速で決断を下す. ジェイが言うように, このような合理性は, 市場においてしばしば機能停止に陥るものである. それに対して, ジェイは, コミュニケーション的合理性が熟慮する, 急がない, 心のこもったものであるとし, このような合理性の未来への可能性を私たちに問いかけて本論文を閉じている.

　このようなジェイの論考に対して, 3点ほど指摘したい.

　第1に, この論考ではジェイは, 新自由主義をもっぱら合理性の観点から取り上げている. しかし, ルサンチマンに見られる攻撃的感情なども今日の状況を分析するには重要な構成要素である. 本書では, ブラウン論文がこの側面を特に取り上げている.[18] 新自由主義は, 合理性の観点とともに感情の観点からも解明されるべきものだろう.

　第2に, ジェイの時間性の観点の指摘は重要である. 機能主義的観点によって, すべてが最速を要求され, 思考・熟慮が行われなくなっているのは大きな問題である. したがって, ジェイの言うように, コミュニケーション的合理性の観点にまずは立って, それが活動できる制度や空間を確保することが大切であろう.[19] その上で, 技術的に最速化できる問題に関しては, コンピュータ・テクノロジーやAIを取り入れればいいのだろう. デジタル・コミュニケーションは, 熟考するコミュニケーション的合理性に取って代わることはできないが, それを補足し可能性を広げることはできるだろう.

　第3に, ジェイはコミュニケーション的合理性の観点を打ち出しているが, 実は今日「コミュニケーション」の用語を用いる人々の中にも, 他者を手段として扱おうとする戦略的行為の観点に立つ者も多い. システム論からコミュニケーションを論じるのはそのような者である.[20] 実は社会全体がコミュニケーションを重視するなかで, 逆にコミュニケーションの道具的理解も浸透しているのである.「コミュニケーション能力」という言葉の用いられ方はそれを示している. それに対しては, 人々が対話によってゆっくりと粘り強く合意を目指していくコミュニケーションのあり方を育成する方法や場を考察する必要があろう.

第4章　ウェンディ・ブラウン「新自由主義のフランケンシュタイン──21世紀「民主主義」における権威主義的自由──」

　ブラウンはカリフォルニア大学バークレー校政治学部教授であり，フェミニズム，ポストモダニズムの立場から批判理論を構築しようとしている．ブラウンは，前著『いかにして民主主義は失われていくのか』において，フーコーの1978年の講義録をもとに新自由主義的理性を批判した．それに続くこの論文は，新自由主義的理性がその後，「21世紀の権威主義」へと展開する様を記述している．より具体的に言えば，この論文は，新自由主義が格差社会を生み，ポピュリズムが進行し，フェイクニュース等のポスト真実（トゥルース）と言われる状況が現れ，トランプ大統領が登場し，その排外主義・自国第一主義が具体化されていった全状況を分析している．ブラウンはその際，ハイエク，ニーチェ，マルクーゼを参照し，新自由主義的理性の末路を描き出す．それは，ハイエクの新自由主義的理論，ニーチェのルサンチマンとニヒリズム，マルクーゼの抑圧的脱昇華を複合することによって生まれた人造人間「フランケンシュタイン」の誕生だとされる．これは一見度肝を抜く比喩であるが，ブラウンの筆致は堅牢で精緻を極めており説得力を感じさせる．

　第1に，ハイエクの新自由主義的理性について．ブラウンの筆致は，ハイエクが目指したものとその帰結との違いを明確に描いている．（例えばD・ハーヴェイは，新自由主義が富裕層の利害を代表しているとするが，それとは明確に異なっている．）ハイエクが目指したのは，人々が，わずかな法の支配の中で，行為の道徳的規則に導かれ，市場の競争によって訓練された個人となることである．ハイエクは，正義を目指す社会契約に基づく社会モデルを，市場として組織された社会，市場へと方向づけられた国家へと置き換えようとした．ハイエクにとって自由とは，市場におけるものであり，私的目的の制約なき追求である．そこでは，「社会的なもの」と「政治的なもの」は，市場と道徳とによる自生的秩序を掘り崩すものとして批判されることになる．「個人的な，保護された領域」がいたるところで拡張される．そこでは国民は，市場の価値と要求を持つビジネスの顔と，危険な世界の中で安全を求める家族の顔とを持つことになる．ことに後者は，国家そのものにおける家族的価値や比喩の浸透をもたらす．その結果，民主主義的国家における諸価値，つまり包摂，複数主義，寛容，平等性が掘り崩され，極右による移民，宗教的・エスニック・マイノリティ，セクシュアル・マイノリティ，女性への攻撃が現れる．これが新自由主義の悪夢となった帰結

214

である.

　ニーチェのニヒリズムとルサンチマン論．上の新自由主義の夢とその悪夢となった帰結を結合させるのが，右派の感情的エネルギーである．1980年代以降の新自由主義的政策は，ヨーロッパ・アメリカにおける白人中流階級・労働者階級に大きな影響を与えた．彼らは，経済的に打撃を受けただけではなく，政治的・社会的に再生産されてきた白人至上主義を喪失することになった．これは，もともとナルシシズムというべきものであったが，彼らはそれを失って屈辱・怨恨・嫉妬等のネガティヴな感情を抱くに至った．それを説明するのが，ニーチェのルサンチマンから奴隷道徳に至る理論である．ルサンチマンを抱いた人間は，自分に屈辱の感情を与えた対象を攻撃することを正当化する奴隷道徳に至り，ひいてはそれが群衆主義・いじめ・外国人排斥に至っていく．ニーチェのニヒリズムは，個々の諸価値が消失することを意味するのではなく，最も高い価値が失われすべての諸価値が平面化することを意味している．そこでは，諸価値のブランド化・道具化・ご都合主義的利用が現れる．ここでは真理や理性もそのよりどころを失うことになる．この事態は，フェイクニュースが跋扈するポスト真実的状況を思い起こさせるだろう．その結果として，自由は，否定的な感情をエネルギー源として，好きなことを好きなだけ言い行う自由となり，政治的自己決定のすべてを喪失し，祝祭的ですらあるものとなる．その実例を私たちは右派ナショナリストの政治集会で見ることができる．

　ブラウンは，ハイエクの新自由主義的理性，ニーチェの感情的エネルギー論を，マルクーゼの発達した資本主義における一次元的文明の批判へと結びつける．ここで私たちは，新自由主義的理性が，ニーチェ的なルサンチマンの感情を経て，現在の発達した，文化産業が展開する大衆消費社会と結びつくのを見ることになる．マルクーゼの「抑圧的な脱昇華」は，テクノロジーによって欲望が，中産階級によって享受される商品文化と結びつくときに生じる．この秩序は多くの快楽，セクシュアリティによって特徴づけられるが，本来的な解放は含まない．ここでは，快楽は機械装置の一部となり資本の道具となり服従を生み出す．ブラウンは，このような意識を「幸福な意識」と呼び，フロイトやマルクス，ヘーゲルにおける「不幸な意識」と対比する．「不幸な意識」とは，近代における典型的な意識であり，超自我を内面化し良心によって道徳判断を行い悪を批判する．そこでは，抑圧があるが，その分欲望は昇華され，文化や道徳，芸術を生み出すのである．しかし，マルクーゼが言う脱昇華においては，

人々は欲望を快楽において満たし，理性，道徳や政治には無関心となり，理解力や自律をも減退させていく．脱昇華においては，エロス的エネルギーは圧縮や集中が行われ，攻撃性を増していく．こうして，右派ナショナリズムの集会に見られるような獰猛な攻撃的な諸個人が生まれるのである．マルクーゼは脱昇華において主に戦後の発達した資本主義国における消費文化が展開するなかの人間のあり方を考察しているが，ブラウンはそれを市場原理主義，すなわち新自由主義と結びつけて再解釈したのである．

　新自由主義的理性からニヒリズムを経て脱昇華における権威主義的個人を描くブラウンの筆致は，緻密でかつダイナミックである．おそらくここでは私たちは，ハイエク，ニーチェ，マルクーゼだけではなく，多様な思想家を思い浮かべることもできよう．例えば，ホルクハイマー・アドルノの文化産業論やフロムの『自由からの逃走』における疎外論等である．それらは，近代の中心的な思想，自律した個人に立脚する自由主義が，転換し転倒していくさまを描いている．しかしブラウンは，その転倒が，21世紀の始まりを境に新自由主義から権威主義にいたることによってさらに徹底したものとして描いている．ブラウンの本論の目的は，新自由主義的理性が権威主義へと展開していくことを分析しうる批判理論の予備的な試みをすることであったが，その課題は十分に果たされていると言えるだろう．

　ブラウンは，この論文末尾で，資本主義は，現実原則，命令，そして道徳的秩序を兼ね備えたものとなり，その明らかな荒廃にも関わらず，「そこにはいかなるオルタナティヴもない」とする．権威主義化した新自由主義はすべての領域を覆いつくしており，一見反抗的に見える者たちもそのなかに含みこんでいる．ブラウンが依拠したマルクーゼは，『一次元的人間』の結論において，一次元的管理社会が徹底しているなかで，民主主義的過程の外部にいるアウトサイダーたちによる「否定」に希望を託していた．しかし，ブラウンはそのようなアウトサイダーの反抗すらも新自由主義下では，体制を援護するエネルギーとなっている，と言うだろう．ブラウンの批判は徹底しており鋭敏である．しかし，その抵抗の立脚点はどこに見出せるのか．それについては私たちはまだ探求の途上にある，としか言えないだろう．

第5章　ピーター・E・ゴードン「権威主義的パーソナリティ再訪──トランプの時代にアドルノを読む──」

　ゴードンは，ハーヴァード大学歴史学部教授であり，カリフォルニア大学バークレー校出身でジェイをアドヴァイザーとし，ヨーロッパ精神史が専門である．本論は，本書所収の三つの論文（ブラウン，ゴードン，ペンスキー）を収めた小冊子『権威主義』のなかでも「権威主義」を前面に打ち出したものであり，本書の中でも中心的位置を占めている．本論も，トランプ大統領の成立を解明しようとする努力の一つである．

　ゴードンは，トランプを支持するかどうかを測る統計学的に重要な唯一の変数が「権威主義」であるとする．その際，彼は権威主義についてのマクウィリアムズの定義を援用する．「権威主義者たちは強い指導者を支持して集まり，それに従う．そして彼らは，特に脅威を感じるとき，よそ者に対して攻撃的に反応する」．私たちは，この権威主義者たちの姿を，反移民的なポピュリズムの浸透において容易に見ることができるだろう．

　ゴードンは，この権威主義を論じるために，アドルノらによる画期的な1950年の研究『権威主義的パーソナリティ』に遡及し，そこに二つの系列の議論を見出す．第1は，このプロジェクトが権威主義という新しい「心理学的類型」を認定したことである．第2は，権威主義的パーソナリティがたんなる類型を意味するだけでなく，現代社会の差し迫っている全般的な特徴をも意味することである．ゴードンはこの二つの議論を撚り合わせるように論述を進めていく．

　第1の心理学的類型を見出したことに関しては，アドルノ達フランクフルト学派とアメリカの社会科学者・心理学者たちの間で緊張関係があったことが指摘される．彼らはともに，Fスケールと呼ばれる指標によってファシズム的パーソナリティである「反民主主義的なプロパガンダを受容する多少とも持続的な構造」を特徴づけた．しかし，『権威主義的パーソナリティ』に収録されなかったアドルノの注記は，このような心理学的研究の方向に対する批判的内容を伝えている．彼によれば，権威主義的パーソナリティという概念は，「真の個人」というカテゴリーが社会的に解体し，人々が「反射の束」となりそのことが類型的な人格を作り出すがゆえに心理学的類型として探求されるのである．

　であるがゆえに，第2の議論である，新しい人間学的類型を説明するための社会的歴史的状況・私たちの社会の全構造を探求することは，アドルノにとって当然のことである．トランプ主義はある特殊なパーソナリティに固定された

ものではなく，アメリカの政治的文化に全般的に見られる病理の実例なのである．ゴードンは，このアメリカの現在の政治文化を解明するために，さまざまな批判理論の先行者の理論を参照する．例えば，ハーバーマスの社会の「再封建化」においては，公共性がたんなる著名人のパフォーマンスと化した実態を指摘する．アドルノ等の「文化産業」論は，公共圏においてスローガンが横行し，マスメディアを通じた規格化の現象は批判的意識そのものが解体することを示している．ゴードンは，トランプ主義は，文化産業の別名とも言いうるとする．そこではメディア化された公共圏において，すべての政治的問題はゆっくりと消耗されて，政治家たちはブランドと同じように評価されることになる．このようなマスメディアによって規格化され脱政治化する現象は，今日の先進諸国において幅広く見られるものである．

　アドルノによれば，心理主義が脱政治化という重大な危機を伴うがゆえに心理学がカテゴリーに訴えかけることによってファシズムが誤って説明されることになる．アドルノのラディカルな洞察とは，心理学的分析そのものが，歴史的に変異した社会的文化的な諸形式を条件としていることである．したがって，心理主義の根底にある，脱政治化する政治的社会的文化的条件の総体を批判的に究明しなければならないのである．ゴードンは，トランプ自身が選挙で敗北を被ったとしても，彼を可能とした社会現象は将来強力になるという粛然とした予想でこの論を閉じている．目指すべきは，真なる個人による政治的意志形成ということになろうが，そうした理想像を安直に語ることを許さない厳しい状況に私たちはいると考えるべきであろう．

第6章　マックス・ペンスキー「ラディカルな批判と遅れてきた認識論──トクヴィル，アドルノ，権威主義──」

　ペンスキーはニューヨーク州立大学ビンガントン校哲学教授であり，社会哲学と政治哲学，現代の大陸哲学を専門とする．本論においても，中心テーマとなっているのは，アメリカの現在のリベラルなはずの民主主義が，なぜその暗黒で潜在的な他者である権威主義，外国人嫌悪，ポピュリズムに転換してしまったのか，ということである．

　ペンスキーが，アメリカの現状を解明するために，トクヴィル，アドルノに共通に見出す方法は，「遅れてきた認識論」である．トクヴィルは，19世紀に，アドルノは20世紀にそれぞれアメリカにやってきた．両者ともに，新しい世界

アメリカとは異なる認識論的なツールとアプローチをそれ以前の世界から持ち込み，それらを慎重かつ批判的に再機能させた．それが「遅れてきた認識論」であり，彼らが直面したアメリカの陥りつつあった権威主義を明らかにするものだった．「遅れてきた認識論」は，全体を通して特殊なものを把握する能力であり，ミクロレベル（身体的なジェスチャーや動作，振舞いと身のこなし等）からマクロレベルの社会形成を読み取る手法であった．

ペンスキーによれば，トクヴィルは，『アメリカのデモクラシー』において民主主義的な専制主義の到来という最初の権威主義の登場を描き出している．トクヴィルが，当時のアメリカに見出した民主主義とは，中間団体などに一致団結して政治的な自由を行使する能力であった．しかし，そのなかで，自己を孤立させ組織的な生活から引きこもる傾向である個人主義が浸透することにより，民主主義的な専制が生まれてくる．諸個人は自分の満たされない欲望の充足のためにカリスマ的な指導者，万能な国家を求めるに至る．そして，標準的な「一般的な観念」によって認識的な近道を行い，思考を放棄するに至る．これが，当時における権威主義的なパーソナリティの登場なのである．

他方でアドルノにとっても，亡命時に出会ったアメリカ社会は，文化産業と匿名の行政権力が結託し，毛細血管上の権力を行使する管理社会であった．アドルノもまた，世界最後のブルジョワとしての地位にふさわしい弁証法的な思考という様式における「遅れてきた認識論」を行使する．アメリカという管理社会は，文化産業によって，市民社会における自発的な組織を空洞化した．そこでは人々は，ポスト民主主義的な愚かしさとして，思考を持続できないこと，情緒不安定，政治的なドグマへの感受性の高さを持つに至る．それに対してアドルノは，「十分な自我の強さ」を，全体を通して特殊なものを把握する能力である弁証法的な思考の形成に見出し，思考することこそが，新自由主義や権威主義への積極的な抵抗の典型である，と見なすのである．

ペンスキーのこのアドルノ論は，ゴードンのアドルノ論の続編にあたるものであろう．ゴードンのアドルノ論が『権威主義的パーソナリティ』における心理主義を批判したアドルノを扱っているのに対して，ペンスキーはそれ以降の『ミニマ・モラリア』で，ミクロレベルの現象学的記述を行ったアドルノを取り上げているのである．トクヴィルとアドルノの共通性と差異性，彼らの方法論の共通性と差異性，そこから導き出される「遅れてきた認識論」という方法論が，どの程度，現状批判のための装置として鍛えられるかは，さらなる検討

を必要とするだろう.

第7章　ロバート・カウフマン「アドルノの社会的抒情詩と今日の文芸批評
　　──詩学，美学，近代性(モダニティ)──」

　カウフマンは，カリフォルニア大学バークレー校比較文学准教授であり，
20・21世紀アメリカ詩学，哲学的美学，フランクフルト学派の批判理論を専門
とする. カウフマンは，アドルノの「抒情詩と社会」を取り上げ，アドルノに
おける詩学・美学と社会との関係を考察する. アドルノのこのエッセーは複雑
な二重の課題を果たそうとするものである. 一つは，ドイツのブルジョワ的な
支配的な芸術上の形式主義に異を唱えることである. もう一つは，芸術作品が
社会歴史的に決定されたと明らかにするような左派の還元主義的なイデオロ
ギー批判に反対することである. その限り，アドルノの立場は，高度ロマン主
義的詩学をブルジョワの社会政治的勢力の上に築かれたと批判する美的イデオ
ロギー批判とは異なっている. アドルノの立場は,「抒情詩形式主義」のうちに,
社会的なものからの逃避やエリート的な自己没入のみを見るのではなく，「近
代芸術の実験主義のるつぼ」を見，はかない繊細なもの，孤独あるいは独我的
なもの，壊れやすい音楽のような現象に関して社会学的なものを話すことにつ
いて考えることを求めるのである. つまり，アドルノがなそうとするのは，形
式の中に浸ることからそれを社会的なものへと拡張することであり，詩と社会
とを相互浸透させることである.

　アドルノが取り上げている「抒情詩」は，そうした芸術の中でも特に重要で
ある. なぜなら，抒情詩は，近代美学の（客観化を目指す）疑似概念性が行うよ
りも一般的な試みを，特別な強度を持って劇的に表現するからである. 抒情詩
には二重性があるのであり，一方では言語によって主観的感動を表現し，他方
では言語が概念の媒体であるがゆえに社会に対する関係を作り出す. 抒情詩が
示すのは，実験を行う芸術的努力であり，芸術家や観衆によって示される自発
性であり，社会に調子を合わせない性格である. アドルノにとって抒情詩を頂
点にもたらした芸術家はボードレールであり,彼の抒情詩の実験主義は,近代性(モダニティ)
において資本主義が全社会を覆いつくす歴史的現実を美的経験へともたらす.
アドルノによれば，美学は疑似概念的で疑似社会的な性質を持つ. すなわち，
美学は，社会的現実を客観的にありのままに表現しているようでいてそうでは
ない. 美学は，まだ存在していない新しい実験的な諸概念にたいする形式的で

創造的な原動機として役立つのである．新しい諸概念の構成のための素材を提出することによって，実質的な社会的現実のこれまであいまいでまだ決定されていない面を示すことになる．つまり，美学の実験は，新しいものに接近するための知的－感情的な原動機を構成し利用するのに役立つ．抒情詩はそうした試みのなかで，とりわけ，歌というはかないものから，近代性（モダニティ）の持つ流動的な内容を客観化しようとするのである．

　ボードレールは，芸術が持つ固有の一回性であるアウラの経験を，ラディカルに商品化された高速度で高度資本主義的な近代性（モダニティ）において不可能に見えると宣言しているように見える．しかしアウラはまさにそのなかで，消散し不可能に見える瞬間に発見されるのである（ここでは大量生産された缶詰の絵の中にアウラを見出したポップアートを想起してもよかろう）．アウラの危機は，ベンヤミンとアドルノの理論と実践をなす「星座〔布置連関〕」と「力の場」にとって重要である．「力の場」は，歴史的，社会経済的，文化的諸要素を非決定論的に位置づけ力動的に結び付ける試みであり，星座的に配置されるときに，有意味なものとなって想像され露呈される．その限り，力の場は，より広大な社会的現実を明らかにするものである．抒情詩によって示されたアウラの危機は，星座と力の場を持つ美学の理論と実践を媒介することによって，新しい現実を構成するに至る．ジェイが「序文」で述べていたように，カウフマンのアドルノ論は，芸術・美的なものが，新自由主義とは異なる新しい世界を構想する可能性を強調しているのである．

＊　　　　　＊　　　　　＊

　本書は，日暮がジェイと相談して持ち帰った諸論文を，立命館大学の教員・研究員からなるアメリカ批判理論研究会において定期的に翻訳し検討するなかから生まれた．訳者代表が全体を調整したが，各訳者の個性を尊重した部分もある．

　本書出版に当たって，晃洋書房編集部の西村喜夫氏と坂野美鈴氏には，言いようのないご努力・ご鞭撻を賜った．感謝申し上げる．本書の装丁の，度肝を抜くようなデザインを作画してくれた黒岩知里氏に感謝する．

　本書は，立命館大学2020年度学術図書出版推進プログラムの成果である．本書は，科研基盤研究（C）（一般）「批判的社会理論からのネオリベラリズム批判」（平成29年度～令和２年度）（研究代表者・日暮雅夫）の成果の一部である．

注

1）　マーティン・ジェイ／日暮雅夫「＜インタビュー＞アメリカ批判理論の発展と今日の課題——マーティン・ジェイに聞く——」（『思想』2020年第5号，第1153号，岩波書店，pp. 87-99）参照．

2）　Manfred B. Steger and Ravi K. Roy, *Neoliberalism: A Very Short Introduction*, Oxford University Press, p. xi．

3）　若森章孝・植村邦彦『壊れゆく資本主義をどう生きるか——人種・国民・階級2.0——』唯学書房，2017年，p. 2．以下，同書からは新自由主義の理解に関して多くを教えられた．

4）　權上靖男『新自由主義と戦後資本主義——欧米における歴史的経験——』日本評論社，2006年，pp. 48-49参照．

5）　Manfred B. Steger and Ravi K. Roy, *Neoliberalism: A Very Short Introduction*, Oxford University Press, p. 15.

6）　若森・植村前掲書，p. 7以下参照．

7）　若森・植村前掲書，p. 10．フリードマンは国家がやめるべき14の事業のリストを示している（ミルトン・フリードマン『資本主義と自由』村井章子訳，日経BP社，2008年，p. 85以下参照）．

8）　若森・植村前掲書，p. 17．

9）　投票率は日本で74.7％（1980年）から44.9％（1995年），イギリスは83.6％（1950年）から59.4％（2001年），アメリカは62.8％（1960年）から49.0％（1996年）へと下落した．コリン・ヘイ『政治はなぜ嫌われるのか』吉田徹訳，岩波書店，2012年，p. 19参照．

10）　若森・植村前掲書，p. 31．

11）　ミシェル・フーコー『生政治の誕生』慎改康之訳，筑摩書房，2008年．

12）　佐藤嘉幸『フーコーから現在性の哲学へ』人文書院，2009年，p. 32参照．

13）　同上，p. 50．

14）　ウェンディ・ブラウン『いかにして民主主義は失われていくのか』みすず書房，2017年，p. 31参照．

15）　同上，p. 38．

16）　永井務『現代資本主義の終焉とアメリカ民主主義』創風社，2017年，p. 227以下参照．

17）　「大統領選の最大のニュースはバイデン氏の勝利ではない．トランプ氏が47％もの票を得たことだ．投票率が1900年以来最高だったとはいえ，トランプ氏が前回から約1千万票を上積みして約7300万票を獲得したのは驚異だ．」園田耕司・記者解説「『トランプ時代』は続く」朝日新聞2020年11月23日朝刊7面．

18）　ジェイ自身も，最新の論考「トランプ，スコセッシ，そしてフランクフルト学派の『ならず者社会』の理論」（"Trump, Scorsese, and the Frankfurt School's Theory of Racket Society"）〈https://lareviewofbooks.org/article/trump-scorsese-and-the-frankfurt-schools-theory-of-racket-society/?fbclid=IwAR0Y8ZlUduBOX80dMgLtaL12FZpPzhnINjr7P-zDSK9va34BZtmaLMr9Ono〉（2020年11月26日閲覧）においてそれを中心的に考察している．

19）　宇野常寛『遅いインターネット』幻冬舎，2020年参照．
20）　大澤真幸『コミュニケーション』弘文社，2019年参照．

初 出 一 覧

序　文　M・ジェイ　書き下ろし

Martin Jay, Introduction.

第1章　自由主義——自然史としての批判理論——

C・プリュシック

Charles Prusik, "Neo-Liberalism: Critical Theory as Natural-History," in the *SAGE Handbook on Frankfurt School Critical Theory*, 2018

第2章　進歩的新自由主義からトランプへ——そしてそれを越えて——

N・フレイザー

Nancy Fraser, "From Progressive Neoliberalism to Trump—And Beyond," in *American Affairs* Winter 2017, Volume 1, Number 4.

第3章　新自由主義的想像力と理由の空間

M・ジェイ

Martin Jay, "The Neo-Liberal Imagination and the Space of Reasons," in *SALMAGUNDI-A QUARTERLY OF THE HUMANITIES AND SOCIAL SCIENCES*; FAL 2012, 176, p. 16, pp. 61-76.

第4章　新自由主義のフランケンシュタイン——21世紀「民主主義」における権威主義的自由——

W・ブラウン

Wendy Brown, "Neoliberalism's Frankenstein—Authoritarian Freedom in Twenty-First Century "Democracies"," in *Authoritarianism: Three inquires in Critical Theory*, The Universities Chicago Press, Chicago and London, 2018.

第5章　権威主義的パーソナリティ再訪——トランプの時代にアドルノを読む——

P・E・ゴードン

Peter E. Gordon, "The Authoritarian Personality revisited—Reading Adorno in the Age of Trump," in *Authoritarianism: Three inquires in Critical Theory*, 2018

第6章　ラディカルな批判と遅れてきた認識論——トクヴィル，アドルノ，権威主義——

M・ペンスキー

　Max Pensky, "Radical Critique and Late Epistemology—Tocqueville, Adorno, And
　　Authoritarianism," in *Authoritarianism: Three inquires in Critical Theory*, 2018

第7章　アドルノの社会的抒情詩と今日の文学批評——詩学，美学，近代性——

R・カウフマン

　Robert Kaufman, "Adorno's Social Lyric, and Literary Criticism Today," in: *The
　　Cambridge Companion to Adorno*, ed. Tom Huhn, (Cambridge U. Press,
　　Cambridge, 2004.

解　題　新自由主義から権威主義の批判へ　日暮雅夫　書き下ろし

人 名 索 引

226

《訳者紹介》(五十音順)

青柳 雅文 (あおやぎ まさふみ) [第5章, 第7章]
　　1974年生まれ.
　　立命館大学大学院文学研究科博士後期課程西洋哲学専攻修了. 博士 (文学).
　　現在, 立命館大学文学部・大阪経済大学人間科学部非常勤講師.
　主要業績
　　『間文化性の哲学』(共著) 文理閣, 2014年.
　　マックス・ホルクハイマー『初期哲学論集』(翻訳) こぶし書房, 2014年.
　　マーティン・ジェイ『うつむく眼──20世紀フランス思想における視覚の失墜──』(共訳) 法政大
　　　　学出版局, 2017年.

市井 吉興 (いちい よしふさ) [第6章 (共訳)]
　　1970年, 埼玉県生まれ.
　　立命館大学大学院社会学研究科博士後期課程修了. 博士 (社会学).
　　現在, 立命館大学産業社会学部教授.
　主要業績
　　"Creative Reconstruction" and the 2020 Tokyo Olympic Games : How Does the 2020 Tokyo
　　　　Olympic Games Influence Japan's Neoliberal Social Reform?, *International Journal of Japanese*
　　　　Sociology, 28, pp. 96-109, 2019.
　　『変容するスポーツ政策と対抗点──新自由主義国家とスポーツ──』(共著) 創文企画, 2020年.
　　「『創造的復興』と延期された2020 東京オリンピック─例外状態・ニュー・ノーマル・ライフスタイ
　　　　ルスポーツ」『大原社会問題研究所雑誌』724, pp. 67-83, 2020年.

小森(井上) 達郎 (こもり (いのうえ) たつろう) [第2章]
　　1980年, 福岡県生まれ.
　　立命館大学大学院社会学研究科博士後期課程修了. 博士 (社会学).
　　現在, 立命館大学産業社会学部初任研究員兼授業担当講師.
　主要業績
　　「アレント思想における『私的領域』概念の存立意義──『私有財産』論に着目して──」,『現代社
　　　　会学理論研究』, 第11号, pp. 81-93, 2017年.
　　『ハンナ・アレントの「私的領域」論──「共通世界」の安定的な存立を保障する思想として再構成
　　　　する──』, 学位論文 (博士：社会学), 立命館大学, 2019年.
　　『いま読み直したい思想家9人』(共著) 梓出版社, 2020年.

日暮 雅夫 (ひぐらし まさお) [序文, 第3章, 第4章 (共訳), 解題]
　　奥付編著者参照.

藤本 ヨシタカ (ふじもと よしたか) [第4章 (共訳), 第6章 (共訳)]
　　1985年, 京都府生まれ.
　　立命館大学大学院社会学研究科博士後期課程修了. 博士 (社会学).
　　現在, 立命館大学衣笠総合研究機構客員研究員, 佛教大学・大阪歯科大学非常勤講師, 立命館大学
　　　　授業担当講師.
　主要業績
　　「ダブル・バインド理論の生活史分析とその認識論的意義──ある精神疾患経験者の『語り』から見
　　　　出される直線的認識の内発的契機をめぐって──」『立命館産業社会論集』第54巻2号, 2018年.

『いま読み直したい思想家 9 人』（共著）梓出版社，2020年．
「批判理論と精神分析，そのつながりをめぐる一展望——アクセル・ホネットの『ポストモダン・ア
　イデンティティ』論から『本源的承認』論への展開に着目して——」『季報唯物論研究』150号，
　2020年．

百木　　漢（ももき　ばく）[第 1 章]
　1982年生まれ，奈良県生まれ．
　京都大学大学院人間・環境学研究科博士後期課程修了．博士（人間・環境学）
　現在，立命館大学専門研究員
主要業績
　『アーレントのマルクス——労働と全体主義——』人文書院，2018年．
　『漂泊のアーレント　戦場のヨナス——ふたりの20世紀　ふたつの旅路——』（共著）慶應義塾大学
　　出版局，2020年．
　『アーレント読本』（共著）法政大学出版局，2020年．

《編者紹介》

マーティン・ジェイ

　1944年，ニューヨーク州生まれ.
　1971年，ハーヴァード大学歴史学部博士号取得.
　現在，カリフォルニア大学バークレー校歴史学部教授

主要業績

『弁証法的想像力』荒川幾男訳，みすず書房、1975年.
『マルクス主義と全体性』荒川幾男他訳，国文社，1993年.
『うつむく眼』亀井大輔他訳，法政大学出版局，2017年等.

日暮雅夫（ひぐらし　まさお）

　1958年，埼玉県生まれ.
　早稲田大学大学院文学研究科博士課程修了，博士（文学）.
　現在，立命館大学産業社会学部教授.

主要業績

『討議と承認の社会理論——ハーバーマスとホネット——』勁草書房，2008年.
『現代社会理論の変貌——せめぎ合う公共圏——』（共編著）ミネルヴァ書房，
　2016年.
『批判的社会理論の今日的可能性』（共編著）晃洋書房，2021年刊行予定.

　　　　アメリカ批判理論
　　　　——新自由主義への応答——

2021年3月15日　初版第1刷発行　　　＊定価はカバーに
　　　　　　　　　　　　　　　　　　　表示してあります

　　　　　編　者　マーティン・ジェイ©
　　　　　　　　　日　暮　雅　夫

　　　　発行者　萩　原　淳　平

　　　　印刷者　河　野　俊一郎

発行所　株式会社　晃　洋　書　房

〒615-0026　京都市右京区西院北矢掛町7番地
　　　　電　話　075(312)0788番(代)
　　　　振替口座　01040-6-32280

カバーデザイン　黒岩知里　　　　印刷・製本　西濃印刷㈱
　　　　　ISBN 978-4-7710-3462-4